刑事申诉与
再审办案 十二讲

刘文峰 著

中国检察出版社

图书在版编目（CIP）数据

刑事申诉与再审办案十二讲/刘文峰著． —北京：中国检察出版社，2019.7
ISBN 978－7－5102－2311－2

Ⅰ.①刑… Ⅱ.①刘… Ⅲ.①刑事诉讼－申诉－研究－中国②刑事诉讼－再审－研究－中国 Ⅳ.①D925.218.4

中国版本图书馆 CIP 数据核字（2019）第 114043 号

刑事申诉与再审办案十二讲

刘文峰　著

出版发行：	中国检察出版社
社　　址：	北京市石景山区香山南路 109 号　（100144）
网　　址：	中国检察出版社（www.zgjccbs.com）
编辑电话：	（010）86423707
发行电话：	（010）86423726　86423727　86423728
	（010）86423730　68650016
经　　销：	新华书店
印　　刷：	北京中石油彩色印刷有限责任公司
开　　本：	710 mm×960 mm　16 开
印　　张：	19.5
字　　数：	278 千字
版　　次：	2019 年 7 月第一版　2019 年 7 月第一次印刷
书　　号：	ISBN 978－7－5102－2311－2
定　　价：	78.00 元

检察版图书，版权所有，侵权必究
如遇图书印装质量问题本社负责调换

序 一

　　古罗马法确立了"既决的事实即为真实"的原则，这一原则精神沿袭至今，"一事不再理"和"禁止双重危险"被现代刑事诉讼奉为圭臬。在此背景下，刑事申诉与再审程序作为特别救济程序而存在，司法实践中提起再审的刑事案件微乎其微，从而导致了长期以来法学、法律界对它的整体性忽视。近些年来国际国内掀起的"洗冤运动"，使得刑事错案的预防和纠正跃入公众的视野，成为一个被"热议"的公共话题，相应地学术界对它的研究也有所增强，一些学者还身体力行地加入了法律援助自愿者的行列，推动司法机关对疑似错案启动再审程序。但是，总体而言，学术界对于刑事申诉与再审程序实际运作状况的了解还较为有限；在司法机关内部，除了审判监督部门和刑事申诉检察部门等相关职能部门，其他职能部门的工作人员对于刑事申诉与再审案件的办案流程以及办案特点也缺乏充分了解；由于再审程序启动难，刑事律师往往不会将申诉与再审案件的代理作为其主打业务，可想而知精通此业务者人数不会太多。这种状况与刑事申诉与再审程序在刑事司法中的重要性不相适应。

　　虽然刑事申诉与再审程序属于特别救济程序，与普通程序相比，它具有例外性，所涉及的案件总体数量较少，但是影响力巨大，它是观察一个国家刑事司法状况的指示器和风向标。如果当事人对刑事生效裁判提出申诉的数量过大，那至少表明，当事人服判息诉率偏低，刑事生效裁判的质量有值得检讨之处。而一起刑事申诉与再审案件的审查与审理过程，也是对司法实践中刑事案件办理质量一次全方位的检验过程，除了检验办案机关是否严格依法办案，也能检验办案人员业务素质是否过硬，还能从中窥见刑事司法理念的变迁以及国家刑事司法政策的调整。"见微知著""窥一斑而见全豹"，透过对刑事申诉与再审案件的审查与审理，可以看到刑事司法的概貌以及导致错判的主要原因；而如何通过对刑事申诉与再审案件的审查与审理，有效识别和纠正冤假错案，更是一个值得深入研究的问题。

摆在读者面前的这本书——《刑事申诉与再审办案十二讲》，是最高人民检察院第十检察厅刘文峰检察官所著的一部力作，它对刑事申诉与再审程序及其实践现状作了深度解读，回应了刑事申诉与再审程序尽管重要但是学术界、实务界以及社会公众对其了解不深甚至还有些陌生的现实情况。刘文峰检察官曾先后在基层、省级和最高检察机关任职，任职部门包括公诉、死刑复核、司法改革和刑事申诉，对于检察实务有较为全面、系统的了解；自2015年担任最高人民检察院刑事申诉检察厅检察官以来，曾参与办理、直接承办或参与指导办理了多起重大刑事申诉与再审案件，积累了丰富的办案经验。在紧张、繁忙的工作之余，他善于思考、勤于笔耕，将自己多年来的办案经验进行了总结、归纳和提炼，形成了这部"心血之作"。

该书具有全面性。书中既有对刑事申诉与再审案件总体情况的介绍，也有对此类案件办案特点的梳理，还有对该类案件办案目的和办案要旨的归纳；既有对刑事申诉与再审案件办案流程——从申诉案件的审查与复查、再审案件的抗诉与启动、庭前会议的召开与参与到再审法庭的重点与策略的全面介绍，也有对特殊类型案件——存疑案件、产权错案主要特点和办案注意事项的总结；既有对再审裁判特点、类型、功能以及审查要诀的分析，也有对刑事冤错案件成因、防范对策以及纠正趋势的剖析。该书对于读者全面了解我国刑事申诉与再审案件的实践状况大有裨益。

该书具有实务性。作者从自己的办案经验出发,思考办理刑事申诉与再审案件的重点和难点,并进行了类型化的梳理。譬如,对检察机关办理一审公诉案件和刑事申诉再审案件进行对比分析,总结出九个不同点:职能定位不同、案件来源不同、工作内容不同、启动原则不同、启动方式不同、审前准备不同、庭前会议不同、庭审程序不同、庭审结果不同;指出再审抗诉文书制作,要把握好三个要点:树好靶子、找准抗点、讲足理由,其中讲足理由又可分别围绕事实证据类理由和法律适用类理由而展开;指出再审庭前会议具有诉讼化、程序性、协商性三方面特征,并具体分析了检察官和律师参加庭前会议各自的"要诀";指出再审案件的两种启动方式——检察机关抗诉启动和人民法院自行启动,对检辩双方办案有着不同的影响,检辩双方需要采取不同的办案"攻略"。作者结合鲜活的个案夹叙夹议,为司法实务工作者提供了刑事申诉与再审办案指南,同时为学者进行学术研究提供了原始素材。

该书具有启发性。与普通程序相比,刑事申诉与再审程序具有灵活性、多样性、复杂性,其规范化程度明显不足。只有深入了解司法实践状况,才能从中发现需要解决的问题进而思考如何对相关立法进行完善。作者长期工作在办案一线,对于刑事申诉与再审案件的办理有许多独特的体会和独到的见解。例如,他说刑事申诉案件是不像案件的案件、程序之外的案件、跨越历史的案件、很吃功夫的案件,而刑事再审案件是百里挑一的案件、引发关注的案件、难上加难的案件、值得反思的案件,刑事申诉与再审案件好比刑事司法这艘大船上的"桅杆",能够检测出刑事司法的整体平稳程度。这些洞见,无疑有助于深化读者对刑事申诉与再审案件的认识。

该书具有权威性。作者作为最高人民检察院控告申诉检察厅检察官，是多起重大刑事申诉与再审案件的亲历者，其对于刑事申诉与再审程序实际运作状况的观察和思考，建立在紧紧追踪刑事申诉与再审程序理论、立法与实践最新发展的基础上，从而保证了著述的前沿性。作者曾经参与检察系统《2012年刑事诉讼法修改立法建议》《2013—2017年检察改革规划》《人民检察院司法责任制》等重要司改文件的起草工作，这使得他能够将微观视角与宏观视角相结合，较为准确地把握刑事检察制度的发展方向，并将促进刑事申诉与再审程序的规范化和常态化运行作为自己的努力目标之一。该书的问世，正是这种努力的具体体现。

关于刑事申诉与再审程序，作者提出了一系列需要解决的问题，如刑事申诉与再审案件的管辖问题、冤错案件的预防和纠正问题、是否应赋予案外人申诉权问题、申诉复查复审制度改革问题、再审检察建议的适用问题、刑事再审案件中检察机关的证明责任问题、对未能启动再审的瑕疵案件如何处理问题、最高人民法院设立巡回法庭带来的刑事申诉与再审案件立审合一问题、检察机关内设机构改革带来的刑事申诉与再审案件办案权的重新配置与程序衔接问题等。对于这些问题，作者进行了初步思考，但最佳答案尚待学术界和实务界共同去寻找。

是为序。

中国社会科学院法学研究所研究员、博士生导师
熊秋红
2019年4月1日

序 二

刘文峰是我指导的第一位博士研究生，2012年入学，2015年获得博士学位。作为我的开门弟子，文峰开了一个好头儿！他品行端正、尊敬师长、团结同学，学习上积极主动，业务上踏实肯干、积极向上，先后在基层检察院、省级检察院和最高人民检察院工作，实践经验丰富。文峰读博期间不仅顺利完成了课程学习、发表论文、学位论文等各项要求，还参加了为期一年的公派赴法国学习项目。毕业后，他在工作之余坚持读书学习，还开了"京西法曹"微信公号，坚持每周写文章，日积月累成就了今天的这本书——《刑事申诉与再审办案十二讲》。毕业后，学习、思考和写作已经成了他的一种生活方式，这也许是博士生涯带给他的最大改变！

作为曾参与纠正多起重大冤错案件的检察官，文峰在这本书中认真梳理了党的十八大以来我国刑事申诉与再审的情况，结合大量一手真实案例深入总结了我国刑事错案的含义、特点、成因、趋势，对近年来我国刑事申诉与再审司法办案经验和智慧进行了提炼和概括，对如何发现、纠正和防范冤错案件提出了中肯的建议，体现了刑事司法人员特别是检察官们"让正义不再迟来"的法治追求！

当前，我国的司法改革正在深入推进，刑事申诉与再审办案机制也在发生变化，特别是检察机关内设机构改革后刑事申诉检察办案权限、程序进行了调整。在这一新形势下，曾长期从事公诉、司改工作的文峰集三年之力，以三月之功，从刑事申诉与公诉的区别出发，细心梳理了刑事申诉与再审，特别是检察人员如何审查复查刑事申诉案件、提出再审抗诉、参加庭前会议、出席再审法庭、查办存疑案件和产权申诉案件、审查再审裁判等实务问题，总结了具有刑事申诉与再审特点的办案新思维、新技巧，对接了当下司法改革特别是检察改革的新需求，体现了检察官支持改革的担当！

刑事申诉与再审案件数量不大，但社会影响重大，被称为刑事司法的"高端""小众"业务。随着最高人民法院六个巡回法庭的设立、检察机关内设机构改革的完成、律师代理申诉制度的推进，刑事申诉与再审业务得到拓展，法律界对该项业务的了解需求也日益增加。文峰顺应这一新形势，以刑事申诉与再审办案流程为主线，紧贴一线办案实际，采用检、辩等多重视角，穿插大量鲜活案例，突出了文书制作、沟通汇报、出席法庭等实用技能，为大家奉献了一本刑事申诉与再审的"实用办案手册"和"案例教科书"！

作为一位法学博士，虽然处于办案一线，仍然不忘其学术梦想和法学情怀！书中关于刑事申诉办案的目的、冤错案件的纠正和启示、刑事申诉审查复查程序的改革、再审检察建议的实践与未来、法院自行启动再审方式的评价、再审裁判的类型与功能等问题的讨论，无不体现了文峰的理论思考和学术立场，具有较高的学术价值。

作为一位法律人，关注司法实践，进行理论思考，做法学理论与司法实践的结合者、践行者、贯通者是件非常有意义的事情，其实现过程也是幸福的。希望文峰不忘初心，继续前行！

是为序。

中国人民公安大学法学院院长、教授、博士生导师
李玉华
2019年6月5日

目 录

序 一 /1

序 二 /1

导 论 /1

第一讲 别样的刑事申诉与再审 /6
  一、申诉与再审办案概览 /6
    (一)申诉与再审案件 /7
    (二)申诉与再审的办案主体 /11
  二、申诉与再审办案特点 /12
    (一)职能定位不同 /12
    (二)案件来源不同 /12
    (三)工作内容不同 /13
    (四)启动原则不同 /13
    (五)启动方式不同 /13
    (六)审前准备不同 /14
    (七)庭前会议不同 /14
    (八)庭审程序不同 /14
    (九)庭审结果不同 /15
  三、申诉与再审办案目的 /15
    (一)维持正确裁判 /16

（二）纠正冤错案件 /17
（三）规范执法司法 /18

第二讲 冤错案件的纠正与启示 /30

一、刑事错案的基本含义 /31
    （一）法学研究中刑事错案的多种面孔 /31
    （二）老百姓口中的冤假错案 /32
    （三）中央改革文件中的两种提法 /32
    （四）司法机关纠正的冤错案件 /33

二、冤错案件的八大特点 /35
    （一）总体数量较小 /35
    （二）分布地域广泛 /35
    （三）涉及罪名集中 /36
    （四）被告人身份多元 /36
    （五）枉纵问题均有体现 /36
    （六）纠正周期较长 /36
    （七）纠正原因多为实体错误 /37
    （八）错案赔偿和追责不到位 /37

三、导致冤错的五种成因 /38
    （一）收集核查证据不全面 /38
    （二）办案违反诉讼程序 /40
    （三）法律理解出现偏差 /41
    （四）受到外界因素干扰 /42
    （五）被不当办案机制制约 /42

四、错案纠正的六点启示 /43
    （一）树立正确司法理念 /43
    （二）落实证据裁判原则 /43

（三）破除司法办案迷信　／44
　　（四）纠正司法心理偏差　／45
　　（五）严守依法办案底线　／46
　　（六）革除不当办案机制　／47
五、错案纠防的五种趋势　／47
　　（一）错案的纠正数量可能继续走高　／47
　　（二）"疑案"将成为主要错案形态　／48
　　（三）程序违法将扮演重要纠错角色　／48
　　（四）错案发现机制将更健全　／49
　　（五）国家赔偿和追责将更到位理性　／50

第三讲　申诉案件的审查与复查　／51

一、难登大雅的关键一环　／51
二、申诉案件的主要来源　／53
　　（一）申诉人提出的刑事申诉　／53
　　（二）下级院提请抗诉　／56
　　（三）媒体网络关注及办案中的发现　／57
三、申诉案件的审查与复查　／57
　　（一）刑事申诉案件的审查　／58
　　（二）刑事申诉案件的复查　／60
四、法律文书的撰写技巧　／66
　　（一）突出焦点问题　／67
　　（二）写好复查情况　／67
　　（三）把好监督标准　／68
五、审查与复查制度的改革　／71
　　（一）刑事申诉审查制度的目标和定位　／71
　　（二）刑事申诉检察立案制度的利弊　／72

（三）刑事申诉办案权的重新配置与程序衔接 /74

第四讲　再审案件的抗诉与启动 /97

一、启动再审的双重路径 /97
　　（一）检察监督启动 /98
　　（二）法院自行启动 /99

二、再审抗诉的文书制作 /100
　　（一）树好靶子 /101
　　（二）找准抗点 /102
　　（三）讲足理由 /103
　　（四）亮明意见 /114

三、渐具刚性的检察建议 /115
　　（一）再审检察建议的"前世今生" /115
　　（二）再审检察建议的适用难题 /116
　　（三）值得期许的再审检察建议 /117

四、再审案件的自行启动 /118
　　（一）自行启动相对合理 /118
　　（二）注意避免"先入为主" /119
　　（三）检察监督不可或缺 /120

第五讲　庭前会议的召开与参与 /131

一、庭前会议的初步印象 /132
　　（一）诉讼化特征 /132
　　（二）程序性特征 /132
　　（三）协商性特征 /132

二、庭前会议的"四梁八柱" /133

三、庭前会议的实践样态 /136
　　（一）适用比率较高 /136

（二）启动方式单一　/136
　　（三）参加人员固定　/137
　　（四）会议事项集中　/137
　　（五）会议效果较好　/137
四、庭前会议的参加攻略　/138
　　（一）检察官参加再审庭前会议"三要诀"　/138
　　（二）律师参加再审庭前会议全攻略　/141

第六讲　再审法庭的重点与策略　/153
一、再审审判的基本规定　/154
二、再审开庭的基本程序　/156
三、再审法庭的双重面孔　/157
　　（一）启动主体不同　/157
　　（二）前置程序不同　/158
　　（三）庭审程序不同　/158
　　（四）说服责任不同　/158
四、颇具特色的法庭调查　/159
　　（一）存在一个生效裁判　/159
　　（二）有两种程序启动方式　/159
　　（三）可能的三种事实立场　/160
　　（四）特别的举证质证对象　/161
　　（五）不一样的检方称谓职责　/161
五、别有滋味的法庭辩论　/162
　　（一）说来说去还是事实证据　/162
　　（二）辩来辩去多是罪与非罪　/163
　　（三）是真是假再说程序违法　/163
　　（四）怼来怼去最终一锤定音　/164

六、再审法庭的出庭策略 / 165
　（一）确定出庭策略"三根据" / 165
　（二）进行庭前准备"七必做" / 168
　（三）开展法庭调查"四要决" / 170
　（四）参与法庭辩论"四要点" / 174

第七讲　存疑案件的调查与复核 / 186
一、存疑案件的五大表征 / 187
　（一）原审裁判以人证为主要定案依据 / 187
　（二）原审裁判事实认定可能有悖常理 / 188
　（三）原案办理中定罪量刑变化不合理 / 188
　（四）原审被告人不认罪且申诉不息 / 189
　（五）原审被告人服从监狱管理但拒绝减刑 / 190
二、存疑案件的四个切入点 / 190
　（一）不可小觑的发破案经过 / 190
　（二）仍待揭示的客观性证据 / 192
　（三）没有移送的关键证据 / 193
　（四）令人纠结的原案供述 / 194
三、"疑罪从无"的具体适用 / 195
　（一）"疑罪从无"的理论解读 / 195
　（二）"疑罪从无"的具体规定 / 196
　（三）"疑罪从无"的法条引用 / 197

第八讲　存疑案件实例剖析 / 200
一、存疑案件的两起实例 / 200
　（一）于某某案 / 200
　（二）丁某某案 / 202

二、存疑案件的错因分析 /206
　（一）侦查、起诉和审判以口供构建证据体系 /206
　（二）办案人员过于重视有罪证据且对无罪证据不认真审核 /207
　（三）办案中过于相信鉴定意见等科学证据 /208
　（四）移送审查起诉时隐匿、选择移送证据 /209
　（五）侦查中使用特情耳目不规范 /209
　（六）整个刑事诉讼活动以侦查为中心 /210

三、存疑案件的审查与复查 /210
　（一）存疑案件的审查 /210
　（二）存疑案件的复查 /212

第九讲　产权错案的发现与纠正 /215

一、产权错案的纠正概况 /215
　（一）产权保护的司法政策 /216
　（二）产权错案的纠正情况 /216

二、产权申诉的司法规则 /217
　（一）产权政策的基本导向 /217
　（二）产权申诉案件的范围 /219
　（三）产权申诉案件的类型 /221
　（四）产权错案的纠正标准 /223

三、产权错案的甄别发现 /224
　（一）抓住与民营企业产权结构相关的敏感点 /224
　（二）抓住与民营企业产权来源相关的敏感点 /225
　（三）抓住与民营企业经营发展相关的敏感点 /226
　（四）抓住与民营企业司法案件相关的敏感点 /228

第十讲　产权错案的案例与解读 /246

一、产权错案的两起实例 /246
　（一）张某甲案 /246

（二）赵某某案 /250
二、产权错案的相关分析 /252
　　（一）张某甲案 /252
　　（二）赵某某案 /255
三、产权司法的经济逻辑 /259
　　（一）中国产权界定的特殊性 /259
　　（二）尊重和保护企业家的原因 /260
　　（三）中国市场经济框架的确立过程 /262
　　（四）正确处理国家权力与市场的关系 /264

第十一讲　再审裁判的评鉴与审查 /267

一、再审裁判的七个特点 /268
　　（一）诉讼称谓更多样 /268
　　（二）案件由来需说明 /269
　　（三）原审裁判要交待 /269
　　（四）裁判焦点要突出 /269
　　（五）叙事说理宜二元 /270
　　（六）裁判说理更充分 /271
　　（七）裁判范围有限定 /271
二、再审裁判的两大类型 /271
　　（一）事实证据导向型 /272
　　（二）法律适用导向型 /272
三、再审裁判的三种功能 /273
　　（一）纠正冤错案件 /273
　　（二）确立再审规则 /273
　　（三）司法政策传导 /274
四、再审裁判的审查要决 /275
　　（一）诉讼称谓是否规范 /275
　　（二）事实认定是否准确 /275

（三）证据表述是否全面 /275
（四）法律分析是否正确 /275
（五）法条引用是否准确 /276

第十二讲 冤案纠正的比较与借鉴 /277
一、"无辜计划"与定狱后 DNA 鉴定 /278
二、定罪完善小组与冤案调查委员会 /279
三、错案登记中心与冤案学术研究 /281
四、美国洗冤运动的几点启示 /281
（一）洗冤运动需要社会组织的广泛参与 /281
（二）冤案调查机构需要增强中立性 /282
（三）定狱后 DNA 鉴定制度是发现和纠正冤案的有效途径 /282
（四）冤案实证研究需要重视 /282

附录 刑事申诉与再审办案规范索引 /284

参考文献 /287

后 记 /291

导 论

刑事申诉与再审办案，主要是指人民法院、人民检察院针对已经生效的刑事处理决定或刑事判决裁定提出的申诉进行审查，维持正确的决定和裁判，通过审查、复查发现可能存在错误的决定和裁判，并启动刑事再审程序予以纠正的职权活动，也包括律师代理刑事申诉和参与刑事再审的职业活动。刑事申诉与再审案件，既表现为绝大多数维持原处理决定或刑事裁判的申诉案件，又表现为极少数通过刑事再审程序纠正原审裁判的冤错案件，特别是后者，虽然数量很少，但影响极大，如近年来纠正的张文中案、聂树斌案、于英生案、黄家光案、呼格案等，往往成为当时的舆论焦点，成为推动法治进步的直接力量。

申诉与再审办案工作，对维护公正的司法裁判、发现和纠正冤错案件、促进申诉人服判息诉，维护法治权威、公平正义和社会稳定意义重大。笔者把刑事申诉与再审办案比作大船的"桅杆"！也就是说，如果把整个刑事司法看作一艘大船，刑事申诉与再审办案就好比是大船的"桅杆"！如此比喻，一方面是因为刑事申诉案件数量一般占年一审刑事案件数量的比率不大①，进入再审程序的案件数量更少，全国每年有千余件，与庞大的一审刑事案件相比，它显得"高端小众"；另一方面，刑事申诉特别是再审案件又非常重要，它是刑事司法的指示器、风向标。大船的轻微晃动都会引起"桅杆"的剧烈摇晃，一些重大政策和重大案件都能在刑事申诉与再审案件中找到身影。同时，刑事申诉与再审案件又是影响整个刑事司法的"牛鼻子"，牵一发而动全身，办理

---

① 据检察机关公开数据，2018年全国检察机关受理刑事申诉案件16672件；法院系统的刑事申诉案件数量尚未见到公开的数据。

典型的刑事申诉与再审案件，对整个刑事司法具有非常重要而独特的导向意义。

考虑到刑事案件所涉权益的重大性，目前法律对刑事案件的申诉原则上并无管辖级别、申诉年限上的限制，这意味着针对一个刑事裁判或决定可以分别逐级向四级法院、检察院申诉，实践中许多申诉人也是如此做的，这就导致我国近年来刑事申诉案件数量逐年攀升。而且，由于刑事案件一审、二审在基层和中级法院，加上申诉人"信上不信下"的心理，刑事申诉案件在分布上呈"倒三角"结构，主要集中在市级司法机关以上，特别是最高人民法院、最高人民检察院和省级法院、检察院两级，这导致上级司法机关的办案压力大，"案多人少"矛盾突出。

刑事申诉和再审案件原先主要由人民法院的审判监督庭、立案庭，人民检察院的刑事申诉（控告申诉）检察部门负责办理。近年来，随着申诉案件压力的增加和司法改革的推进，刑事申诉与再审的办案主体正在迅速扩展：一是最高人民法院相继成立了六个巡回法庭，其主要职能就是受理巡回区的申诉案件并对有错误案件启动再审程序，其中包括刑事申诉与再审案件。近年来，由巡回法庭启动再审的刑事申诉案件有孙宝国案、聂树斌案、王力军案、顾雏军案、耿万喜案、刘平华案、赵明利案等，社会影响很大。二是人民检察院新组建的刑事检察部门开始办理刑事申诉案件。随着2018年12月最高检机关内设机构改革启动，新组建的4个刑事检察厅不仅有审查批捕、审查起诉等诉讼职能，还要承担诉讼监督职能，其中就包括刑事申诉和再审案件办理职能。根据改革安排，各级检察机关内设机构设置原则上应与最高检相对应，这意味着全国所有的刑事检察部门都要办理刑事申诉与再审案件。三是律师开始关注和代理刑事申诉案件。近年来，随着律师代理申诉制度的试行和值班律师制度的设立，多数法院、检察院诉讼服务中心、检察服务中心（控申接待大厅）设立了值班律师，有的律师还开展了民间性质的"无辜者洗冤"项目，许多刑事申诉和再审案件中开始出现律师"大咖"的身影，代理申诉和再审案件正在成为刑事辩护的重要业务。

与刑事申诉和再审办案主体扩大不相适应的是大家对该类办案业务的不熟悉现状。因为刑事申诉与再审办案极具特殊性，它是针对已经生效、已经执行，甚至已经执行完毕的决定或刑事裁判而进行的审查、复查及庭审活动。特别是刑事申诉案件的审查与复查，都是在刑事诉讼程序已经终结的情况下进行的，实质上是一种刑事诉讼程序之外的重新调查活动，刑事申诉办案与侦查、起诉、审判等刑事诉讼程序内的活动存在显著不同。即使是启动再审后的再审案件办理，虽然处于刑事再审程序之中，由于针对已经生效的裁判，在法庭调查、辩论的程序和重点上也与一审法庭存在显著不同。且由于长期以来刑事申诉和再审案件多由最高人民法院、最高人民检察院和省高级法院、省检察院的审判监督部门、立案部门、刑事申诉检察部门负责办理，能够接触此类案件的人员比较少，这就造成许多法官、检察官、律师对刑事申诉与再审办案工作并不熟悉，特别是原来没有从事过此项工作的人就更为陌生。因此，急需一本既能全面介绍刑事申诉与再审案件总体情况，又能介绍相关办案实际情况和办案技能的实务性用书。

笔者近年来承办了几百件刑事申诉案件，参与、承办、指导了十几起重大冤错案件的复查、再审和纠正工作，积累了丰富的刑事申诉与再审办案经验。为了总结和宣传刑事申诉与再审工作，笔者开办了微信公众号"京西法曹"，阅读了大量国内外冤错案件专著译作，撰写了几十万字的读书笔记与办案心得，并就申诉与再审办案、典型案例、国外洗冤进行了专题总结，形成了大量关于刑事申诉与再审办案的一手素材。笔者还先后就相关专题向研究生、公安司法人员作过专题讲座。

鉴于刑事申诉和再审办案正在从一项"小众"业务转变为"大众"业务，整个法律职业以及社会大众对该项业务的了解需求越来越强，特别是检察改革后的刑事检察部门的需求更为迫切。为了回应这一迫切需求，将刑事申诉与再审办案业务介绍给大家，同时为了避免令人厌烦的说教，笔者在本书中采取专题讲座的方式，紧紧围绕刑事申诉与再审办案这一主题，突出办案实务和办案技巧，结合真实案例和一手办案经验，设置十二个专题，向大家介绍真实、管用、直观的刑事申诉与再审办案思维和方法，在保持一定理论性的同时，突出实务性、技巧性和可读性。

本书十二个专题按照"总分结构"介绍了我国刑事申诉与再审办案的主要流程，重点介绍了刑事申诉的审查、复查程序，庭前会议的参与技巧，再审出庭的特点和应对，存疑案件、产权错案等两类刑事申诉案件的办案思路与切入点，行文中大量穿插了办案思维与方法、法律文书制作与技巧及一手典型案例，这些都是对近年来刑事申诉与再审办案的真实写照和梳理总结。

十二个专题的具体内容是：第一讲"别样的刑事申诉与再审"，是对刑事申诉与再审案件及办案的概貌性介绍；第二讲"冤错案件的纠正与启示"，梳理了近年来我国冤错案件的纠正情况，是从结果意义上对刑事执法司法过程的审视和反思；第三讲"申诉案件的审查与复查"，对比介绍刑事申诉的两种办案程序——立案审查程序和复查程序，并对现行检察机关刑事申诉办案程序改革作了初步思考；第四讲"再审案件的抗诉与启动"，揭示再审双重启动路径对办案的影响，并介绍了再审检察建议和法院自行启动再审的实践情况；第五讲"庭前会议的召开与参与"，总结了再审庭前会议的特点，从检辩两个视角给出了参与庭前会议的建议；第六讲"再审法庭的重点与策略"，介绍了再审审理和庭审基本程序，对照一审法庭梳理了再审法庭的特别之处，从出庭检察员视角谈了出席再审法庭的基本策略；第七讲"存疑案件的调查与复核"，从感性到理性的认识深化过程中谈存疑案件的表征判断及调查复查，并对再审抗诉、再审裁判中如何适用"疑罪从无"规则谈了看法；第八讲"存疑案件实例剖析"，结合两起典型存疑案件，对存疑案件的致错原因进行了分析，总结了存疑案件发现与纠正的思路与技巧；第九讲"产权错案的发现与纠正"，简要总结了近年来我国产权错案的发现纠正情况，对产权申诉的司法规则进行了梳理，提出了办案中发现甄别产权错案的四个切入点；第十讲"产权错案的案例与解读"，在介绍两起产权刑事再审案件的基础上，对案件中涉及的证据采信、事实认定和法律适用问题展开讨论，并从经济体制改革的宏观角度进一步解读了产权司法的特殊性；第十一讲"再审裁判的评鉴与审查"，以评鉴的视角梳理了再审裁判不同于一审裁判的八个特点，总结了再审裁判纠正冤错案件、增补再审规则、传导司法政策等三大功能，这些可以使大家对再审裁判有个全新的认识，也为检察机关审查再审裁判提供了依据；第十二讲"冤案纠正的比较与借鉴"，介绍了美国的"无辜计划"与定狱后 DNA 鉴定、定罪完善小组与冤案调查委员会、错案登记中心与冤案学术研究情况，谈了美国洗冤运动对我国纠正冤错案件的启示。

  总之，笔者希望能给大家奉献一本既有用又有趣的小册子。让我们一起来守护刑事申诉与再审办案这个刑事司法大船的"桅杆"，发挥其对冤错案件的纠正作用，对刑事执法司法质量的指示作用，对刑事司法政策的传导作用，共同维护好中国刑事司法的公平正义！

第一讲　别样的刑事申诉与再审

笔者在导论将刑事申诉与再审办案比做大船的"桅杆"！如此比喻，主要是因为刑事申诉和再审办案与通常的刑事办案存在三方面的显著不同：一是小众！刑事申诉与再审案件数量虽然绝对值不小，但与庞大的一审刑事案件量相比，它属于"小众"类案件；二是高端！刑事申诉案件多集中在上层司法机关，以最高人民法院、最高人民检察院和省级法院、检察院为办案的主要主体，可谓"高端"类案件；三是别样！刑事申诉与再审案件中，最抢眼的是再审案件，特别是其中的宣告无罪案件，社会影响巨大，对通常的刑事办案以反向审视这种别样的方式发挥指导作用。

由于申诉与再审办案具有小众、高端、别样等特点，大家平时接触不多。因此，本书第一讲介绍三方面的问题：一是对刑事申诉与再审案件及办案作一概貌性介绍，使大家对这类案件及办案流程有个初步了解；二是总结刑事申诉与再审办案的特点，考虑到大家对公诉办案比较了解，刑事申诉与再审办案与检察机关公诉办案同属检察办案，不同点也最突出，所以笔者主要从公诉与申诉再审办案的区别上去讲；三是刑事申诉与再审办案的目的，主要是从纠正冤错案件与维护正确裁判的辩证关系上，思考刑事申诉与再审办案如何能更好地发挥维护法治、维护公正的作用。

一、申诉与再审办案概览

刑事申诉与再审办案，主要是指人民法院、人民检察院对申诉人提出的针对已经生效的刑事处理决定或刑事判决裁定的申诉进行审查，维持正确的决定和裁判,通过审查、复查发现可能存在错误的决定和裁判,并启动刑事再审程序予以纠正的职权活动,也包括律师代理刑事申诉和参与刑事再审的职业活动。了解刑事申诉与再审办案,需要首先了解何为申诉与再审案件。

（一）申诉与再审案件

刑事申诉与再审案件,实际上是指密切相关的两类案件:刑事申诉案件和刑事再审案件。刑事申诉案件,是对申诉人及其代理律师提出并被司法机关受理的作为案件进行审查复查的刑事申诉;① 刑事再审案件,是经过司法机关审查和复查,认为申诉人申诉针对的原审裁判确有错误可能,启动并进入刑事再审程序的申诉案件。近年来,在年约百万件的一审刑事案件中,每年进入申诉办案程序的刑事申诉案件约有几万件,进入刑事再审程序的约有千余件。可见,刑事申诉案件只占刑事一审案件的一小部分,刑事再审案件又是刑事申诉案件中的一小部分。

1. 何为刑事申诉案件

根据实务部门的分类,刑事申诉案件主要指如下两类案件:一是针对已经生效的法院刑事判决、裁定提出的申诉案件（以下简称"不服法判刑事申诉案件"）；二是针对检察机关已经生效终结性处理决定提出的申诉案件,这里的终结性处理决定包括检察机关作出的不批捕决定不起诉决定和撤案决定等。其中,针对已经生效的法院判决、裁定提出的刑事申诉案件可以向法院提出,也可以向检察院提出,经过审查、复查认为原审裁判确有错误的,应当启动刑事再审程序对案件进行重新审理。针对检察机关已经生效终结性处理决定提出的申诉只能向检察机关

---

① 当事人提出的刑事申诉在司法机关审查时是否是案件,理论和实践中存在一定争议,笔者认为在当前诉讼事项案件化办理的改革取向下,所有刑事申诉受理后均应作为案件办理。最高人民法院曾在电话答复中认为,审查处理刑事申诉是一个大概念,不能一概而论。刑事诉讼法上的案件,原则上应仅指刑事再审案件。但上级院对下级院调卷审查的、下级院向上级院送卷请示的刑事申诉,应作为案件处理。最高人民检察院 2014 年出台的《人民检察院受理控告申诉依法导入法律程序实施办法》中规定,对于涉及刑事诉讼权利救济,依法可以通过法律程序解决的申诉,应按照相关规定受理并移送有关部门办理。

提出，检察机关经审查、复查认为原处理决定确有错误的，应变更或撤销原决定，鉴于近年来司法实践中，不服法判刑事申诉案件占刑事申诉案件的绝大部分，而且这类刑事申诉案件进入再审程序的比较多，完成申诉与再审办案的整个流程，具有典型性。因此，本书以下将只对不服法判申诉案件进行分析，书中所提刑事申诉案件即指不服法判申诉案件，以下不再单独说明。

何为刑事申诉案件，上面说了半天，可能大家还是一头雾水。笔者根据自己初办刑事申诉案件时的印象总结了四个特点，帮助大家有个感性认识：

（1）不像案件的案件

申诉案件是最不像案件的案件，这是笔者对刑事申诉案件的最初印象。因为一提案件，大家首先的印象是有一大摞案卷，但许多刑事申诉案件一开始并没有案卷。由于案件审判程序已经结束并进入执行阶段，申诉人及其代理律师提出申诉时向法院、检察院提交的只是申诉材料，主要内容是申诉书、原审生效裁判及相关证据材料。申诉与上诉也不同，上诉后一审法院应当向二审法院报送案卷，但申诉并不引发原审法院向上级法院、检察院主动提交案卷。因此，作为案件承办人，你最初看到的就是一本申诉材料，而且多是复印件，这就是承办人首先要审查的"案件"。当然，并非所有的申诉案件都没有案卷，申诉人向作出原审生效裁判法院及其同级检察院首次申诉时，办案人员需要调取案卷。由申诉引发的提请抗诉案件，下级检察院向上级提请抗诉时需要报送原审卷宗。省级以上法院、检察院通过审查申诉材料，认为可能存在错误的，也要调取原审卷宗。各级法院、检察院立案复查刑事申诉案件，一律要求调阅原审全部卷宗。

（2）程序之外的案件

程序之外的案件，是笔者对刑事申诉案件的第二印象。审查逮捕、审查起诉、一审案件审理、二审案件审理及诉讼程序中的律师代理与辩护，都在刑事诉讼程序之中，都有法定的办案要求。但刑事申诉案件则不同，由于是在法院裁判生效之后提出，所有通常的刑事诉讼程序已经走完。在再审程序启动之前，针对申诉进行的审查和复查活动，实质上都是一种程序之外的办案活动。但千万不要小看了这种程序外办案活动，特别是对立案复查的刑事申诉案件，往往需要承办人审阅全部案卷、赴案发地进行亲历性调查复核，相比公诉和审判一点也不简单。

（3）跨越历史的案件

考虑到刑事案件所涉权益的重大性，目前法律、司法解释和司法文件对刑事案件的申诉原则上并无管辖级别、申诉期限、申诉理由上的限制，这意味着针对一个刑事生效裁判，申诉人可以分别逐级向四级法院、检察院申诉，穷尽一切审级，不受时间的限制。实践中许多申诉人也是如此做的，这就导致刑事申诉案件中有相当一部分是上了年头的案件，尤其是申诉到最高司法机关的案件，一般都经过了几个年头，十几年甚至几十年的"陈年老案"也不鲜见，历史感很强，要求办案人员了解案发时及案发后法律、政策、社会生活的变迁过程，对办案人员的素能要求很高。

（4）很吃功夫的案件

刑事申诉案件是针对生效裁判的案件，原案经过了侦查、起诉和审判。这么多程序都经过了，警官、检察官、法官和律师都见过了，申诉人仍不服，这种申诉案件肯定是很吃功夫的。如果案件事实认定、法律适用都没问题，释法说理的任务一定比较难。如果案件事实或法律适用有问题，一定是一个疑难、复杂案件。没有两把"刷子"，还真不一定能办好刑事申诉案件。

2. 何为再审案件

再审案件，指进入刑事再审程序的刑事案件。我国的刑事再审程序，正式叫法为"审判监督程序"，是人民法院、人民检察院对已经发生法律效力的判决和裁定，发现在认定事实或适用法律上确有错误，依法提起并由人民法院对案件进行重新审判的程序。为表述方便，本书对再审程序和审判监督程序不作区别。在我国，再审程序不是所有刑事案件的必经程序，一起刑事案件一般经过一审、二审程序即告终结，再审程序只是针对确有错误生效裁判的特殊程序和特别救济程序。其审理对象十分特殊——是已经发生法律效力的刑事裁判,可以是正在执行也可以是已经执行完结的裁判。启动再审需要特定的主体,包括三类:最高人民法院和上级人民法院、各级人民法院院长和审判委员会、最高人民检察院和上级人民检察院。刑事再审程序的提起原则上没有时间、次数的硬性限制,但最高人民法院对原审被告人经过再审加重刑罚有原则性的限制规定。笔者对再审案件的印象,大致可总结为以下四点:

(1) 百里挑一的案件

百里挑一,说的是刑事再审案件与刑事申诉案件的关系。前面已经说过,近年来我国每年进入申诉办案程序的刑事申诉案件约有几万件,进入刑事再审程序的约有千余件。这意味着,只有极小部分刑事申诉案件进入再审程序,变成了再审案件,比例不足百分之一。这一情况是符合司法规律的,因为经过原审办案程序后作出终局裁判的刑事案件,大多处理是正确的、公正的,存在错误的只能是极少数。这决定了再审案件的数量不大,也不能太大,否则会对生效司法裁判的权威性形成冲击。

(2) 引发关注的案件

刑事再审案件数量虽少,但影响极大。大家可以回想一下,每年一审民事案件几百万件、刑事案件约一百万件,你知道的能有几件。但近几年再审的刑事案件,如于英生案、聂树斌案、黄家光案、张氏叔侄案、呼格案、钱仁凤案、王力军案、张文中案、顾雏军案,有哪一件不引发社会关注,有哪一件不吸引眼球,这些案件往往是当年的年度十大刑事案件之一。

(3) 难上加难的案件

再审案件可以说是最难办理的案件,没有之一。有几方面的原因:一是案件本身有难度。再审案件,经过了侦查、起诉、一审、二审,有的甚至已经过再审,案件中的问题已经过多次审查和审理,多为疑难、复杂的证据把握或法律适用问题,处理难度很大。二是补充证据有难度。再审案件多为"陈年老案",时过境迁,证据多已灭失难以补充,有的甚至部分案卷也因保管不善而缺失,有的当事人、证人已经死亡或难以寻找,办案人员多有工作变动难以联系,复核证据的难度极大。三是启动再审有难度。再审案件启动,以原审裁判确有错误为前提,而一旦原审裁判被再审确认确有错误,则可能引发对原审办案人员的司法责任追究。因此,在复查原案的过程中,原案承办人员往往对复查工作有抵触情绪,这种抵触不仅来自外部,更来自复查机关内部,无论是法院,还是检察院。承办人提起一起案件,不仅需要说服自己,更需要向本部门、审判委员会(检察委员会)甚至原办案机关做层层说服工作,难度相当之大。

(4) 值得反思的案件

再审案件,最终多是纠正原审裁判的案件,有一部分是宣告无罪案件。这些案件中存在的问题,可以是说一个时期刑事办案中最需要反思、最需要规范的问题。因此,每个再审案件,特别是改判无罪的案件,都不仅仅是一个错案,更是一个反面教材,需要深入进行分析,深入查找致错原因,深入吸取其中的教训,并以此改进刑事诉讼程序,提高办案人员的法治思维和办案技术。

(二) 申诉与再审的办案主体

1. 传统的办案主体

从级别上看,我国刑事申诉案件在分布上呈"倒三角"结构,主要集中在市级司法机关以上。特别是最高人民法院、最高人民检察院和省级法院、检察院两级,成为刑事申诉与再审办案最多的主体。从办案部门上讲,刑事申诉和再审案件原先主要由各级人民法院的立案庭、审判监督庭,各级人民检察院的刑事申诉(控告申诉)部门负责办理。

2. 办案主体的扩展

近年来,随着申诉办案压力的增加和司法改革的推进,刑事申诉与再审的办案主体正在迅速扩展:

一是最高人民法院相继成立了六个巡回法庭,其主要职能就是受理巡回区的申诉案件并对可能的错误案件启动再审程序。近年来由巡回法庭启动并再审的刑事申诉案件有孙宝国案、聂树斌案、王力军案、顾雏军案、耿万喜案、刘平华案、赵明利案等,社会影响很大。

二是人民检察院新组建的刑事检察部门。随着 2018 年 12 月高检院机关内设机构改革启动，新组建的刑事检察厅不仅负责审查批捕、审查起诉等诉讼职能，还要承担诉讼监督职能，其中就包括刑事申诉和再审案件办理职能。随着检察改革的推进，全国所有的刑事检察部门都要办理刑事申诉与再审案件。

三是律师开始关注和代理刑事申诉案件。近年来，随着律师代理申诉制度的试行和值班律师制度的设立，多数地方法院、检察院诉讼服务中心、检察服务中心（控申接待大厅）设立了值班律师，有的律师还开展了民间性质的"无辜者洗冤"项目，许多刑事申诉和再审案件中开始出现律师"大咖"的身影，代理申诉和再审案件正在成为刑事辩护的重要业务。

二、申诉与再审办案特点

刑事申诉与再审办案，对于大多数法律人可能并不太熟悉。在传统的刑事办案业务中，有侦查、批捕、起诉、审判、死刑复核、抗诉、诉讼监督、刑事辩护等。笔者认为，检察机关办理一审公诉案件与申诉再审案件最具对比性，了解申诉与再审办案，可以从两者的区别入手。检察机关一审公诉与刑事申诉再审办案大致有九个不同点，体现在职能定位、案件来源、审查内容、办案程序和出席法庭等诸多方面。

（一）职能定位不同

办理一审公诉案件中，检察官承担两种职能，首先是控诉职能，其次是法律监督职责。申诉与再审案件办理中，检察机关只有一种职能，即法律监督职能，且是对生效裁判的监督。承担职能的不同，对检察官客观公正的程度有一定影响，再审案件中检察官承担职能的单一性，是检察机关通过提出抗诉或再审检察建议的方式启动一大批案件的再审程序，促进纠正于英生、黄家光、陈满、钱仁凤、沈六斤等重大冤错案件的动因，凸显了检察官的客观公正义务。

（二）案件来源不同

一审公诉案件来源于侦查机关的移送。刑事诉讼法规定，侦查机关在侦查终结后，认为案件事实已经查清，需要追究犯罪嫌疑人刑事责任的，移送检察机关审查起诉。因此，检察机关面对的一审公诉案件，表现为公安机关移送的侦查卷宗。通过这些侦查卷宗，检察机关可以详细了解在案证据情况、侦查过程以及侦查机关对案件提出的法律适用建议。申诉与再审案件则有两个主要来源：第一个来源是当事人及其法定代理人、近亲属提出的申诉主要表现为原审裁判复印件为主的申诉材料，所反映的信息具有不完整性；第二个来源是下级检察机关提请抗诉或者法院自行启动再审案件，这类案件反映的信息类似于一审公诉案件，是比较完整的。但司法实践中，申诉案件大多是第一类案件，检察人员经初步审查发现原审裁判存有疑点的，需要调取原案全部案卷，进一步调查了解，才能作出准确判断。

（三）工作内容不同

办理一审公诉案件的主要工作内容是审查起诉、提起公诉（含不起诉）和出庭支持公诉。申诉与再审案件办理的主要工作内容是审查申诉（含立案复查）、提出抗诉（含驳回申诉）、再审出庭支持抗诉或提出检察意见（对于法院自行启动的再审案件）。

（四）启动原则不同

对于一审公诉案件，检察机关应当根据"起诉法定原则为主、起诉裁量原则为辅"的原则进行把握，凡符合法定起诉条件的，一般应当将案件提起公诉，交付审判。申诉与再审办案面对的是已经生效的法院裁判，应当遵循"尊重司法权威和裁判既判力"的原则，凡不是"确有错误"的，一般不启动再审程序。

（五）启动方式不同

一审公诉案件的审判程序只能由检察机关提起公诉启动。再审案件的启动则有两种方式：一种是检察机关提出抗诉启动；另一种是法院根据检察机关的再审检察建议或当事人的刑事申诉自行启动。从实践情况看，目前法院自行启动是再审程序启动的主要方式。审判程序启动方式的不同，对检察机关出庭的立场有重大影响。检察机关通过抗诉启动的再审案件庭审中,检察机关的立场是明确的,那就是原审裁判"确有错误",对原审裁判持否定立场。法院自行启动的再审法庭中,检察机关的立场具有两种可能,对原审裁判的态度既可以是否定的,也可以是肯定的。

(六) 审前准备不同

一审公诉案件,检察官发现侦查工作不充分的,一般是将案件退回侦查机关,由侦查机关进行补充侦查,只有极为特殊的情况下,检察机关才会自行补充侦查。办理申诉与再审案件,由于原审程序已经结束,检察机关不可能将案件再退回侦查机关补充侦查。因此,在发现原审裁判可能"确有错误"后,应当立案复查,并在复查过程中对案件中发现的所有疑点,穷尽一切调查手段,自行补充调查。即使是法院自行启动的再审案件,检察机关也要审阅全部案卷,核实原案中的关键证据,以便在再审法庭上提出准确的检察意见。

(七) 庭前会议不同

一审公诉案件,由于绝大多数案情并不复杂、证据材料不多、双方争议不大,没有必要召开庭前会议。所以,在一审程序案件中召开庭前会议的比例很低,据公开的数据,一般不超过百分之一。而再审案件则不同,再审案件特别是可能的冤错案件,一般是重大、复杂、疑难案件,社会关注度高。为了保证庭审的稳妥,法院一般都会主动召开庭前会议,提前处理程序问题,并协调检辩双方梳理证据,确定庭审中的举证、质证重点、明确庭审中的事实和法律焦点,特别是要组织检辩双方就非法证据排除问题进行协商,确定再审程序中是否启动非法证据的排除程序。

(八) 庭审程序不同

刑事一审庭审与再审庭审的程序不同。主要表现在两方面:一是在举证、质证以及发表意见的先后顺序不同。一审公诉案件的举证和发表意见,公诉人在先,辩护方再后。而再审案件的上述顺序则正好相反,辩方在先,检察员在后。二是庭审问题的涉及面不同。一审公诉案件的庭审，检察人员为了完成指控犯罪的任务，需要对指控犯罪的证据进行全面举证，全面发表定罪量刑意见。即便对于庭前会议中双方无异议的证据，虽可以简化出示，但仍是要向法庭出示的，否则不能作为定案依据。再审案件的庭审则不同，对于庭前会议中检辩双方无异议的证据，由于在原审程序中已经向法庭出示过，无须再逐个重复出示。法庭中，检辩双方仅就双方有争议的证据及再审程序中的新证据进行举证、质证，只对双方有争议的事实和法律问题进行辩论，庭审的集中性更强。

(九) 庭审结果不同

一审庭审与再审庭审后的审判结果也有差别。也主要表现在两个方面：一是庭审后在是否否定前期办案机关工作成果的态度不同。实践中，一审公诉案件经过庭审，法庭绝大多数情况下是支持检察机关的公诉请求，改变定性或者无罪判决率很低。再审案件则不同，由于是以原审裁判"确有错误"为启动再审的条件，特别是检察机关提出再审抗诉的案件，实践中法庭最后一般都否定了原审裁判，无罪判决率很高。二是宣判方式不同。对于一审公诉案件，特别是适用速裁程序、简易程序的案件，最高人民法院的司法解释和改革文件要求以当庭宣判为原则，实践中这些案件的一审当庭宣判率也较高。再审案件则不同，考虑到再审案件一般社会影响大，经过庭审后这些案件还要提交审判委员会讨论决定，一般采取定期宣判的方式。

三、申诉与再审办案目的

我国刑事审判实行两审终审制，一般来讲，一起刑事案件经过两级法院的审判即告终结，法院裁判生效并进入执行阶段。对已经诉讼终结并进入执行阶段的刑事裁判，为什么还要设置刑事申诉与再审制度，其意义何在？笔者认为，司法之所以是公正的最后一道防线，就在于司法过程的公开性、参与性和裁判结论的可质疑性，特别是裁判结论的可质疑性是设置上诉审和复审程序的理论基础。而且，现代司法是人对人的司法，不是神对人的司法，人总不可能百分之百地避免错判，这也为申诉与再审提供了一定的正当性。加之，相对于国外的三审终审制，我国实施两审终审制，对刑事裁判的质疑少了一道程序，特别是少了一道向最高司法机关寻求司法救济的途经，这也是我国申诉案件数量较多的重要制度原因。因此，在我国司法制度和司法实践中，刑事申诉与再审对维护司法公正有着独特的作用。刑事申诉与再审办案，目的就在于维护司法公正。只不过，刑事申诉与再审办案维护司法公正的方式比较特别，有的是通过维持和补正原审裁判的方式进行的，有的是通过否定原审裁判的方式进行的。

（一）维持正确裁判

维持正确的裁判，是大多数刑事申诉案件的办案结论，也是刑事申诉办案维护司法公正的最主要方式。从近年来刑事申诉办案实际看，经过对申诉人提交的申诉材料、法律文书以及调阅案卷后的审查，甚至有一部分进入再审程序的案件，得出的是原审裁判正确的审查结论或再审裁判。对这类刑事申诉案件，办案机关的主要工作是通过释法说理，让申诉人感受到公平正义，促进申诉人服判息诉。释法说理，是这类申诉办案的"重头戏"！

释法说理，可以考虑多种方式。首先，注重刑事申诉法律文书的说理性。办案人员制作刑事申诉法律文书，应当在案件事实清楚、结论正确的基础上，对申诉人的主要申诉理由进行全面梳理，根据案件事实、证据和法律适用情况，逐一进行回应，有针对性地释法说理。其次，保障文书宣布送达的亲历性。办案人员应当尽可能地向申诉人当面宣布、送达文书，当面进行释法说理。特别是对于久诉不息、有重大社会影响的案件，办案人员更应当面宣布、送达申诉法律文书，认真听取申诉人的对审查结论的意见，有针对性地开展说服工作。最后，增加申诉办案公开性。申诉办案，可以考虑采取公开审查、公开听证、公开论证、公开答复等方式进行。对于申诉人对原审裁判的证据采信、事实认定不服的申诉案件，可以组织公开听证、公开示证，公开向申诉人解疑释惑。对于申诉人不服原审裁判法律适用的申诉案件，可以邀请法律专家和社会人士参与进行公开审查，有针对性地对原审裁判定罪量刑的依据、理由进行释明和说明。对于经过当面宣告送达以及释法说理后，申诉人仍有不同意见的案件，可考虑邀请申诉人亲属、所在单位代表等社会代表参与，公开进行答复，通过引入申诉人身边的家庭、社会力量，促进申诉人服判息诉。

维持正确的裁判，也包括补正原审裁判。补正原审裁判，是针对原审裁判存在执法瑕疵情况的应对措施。实践中，一些原审裁判的证据采信、事实认定和法律适用是正确的，但可能存在一些文字错误，如对原审被告人的情况表述不准确，或者在诉讼程序上存在一些执法司法瑕疵，这些问题并不符合启动刑事再审的条件，但又被一些申诉人抓住不放，并作为原审裁判不公的主要申诉理由。对这些执法司法瑕疵问题，申诉办案时必须予以回应，需要纠正的，检察机关可以提出纠正违法或检察建议，法院可以出具补正性的裁定。

（二）纠正冤错案件

推翻原审裁判，纠正冤错案件，是极少数刑事申诉与再审的办案结果，也是刑事申诉与再审办案维护司法公正的最为特别的方式。根据既判力理论，刑事裁判一经发生法律效力就具有普遍约束力，未经法定程序不得擅自更改和撤销。这意味着，通常情况下国家和社会必须尊重已经生效的裁判，不应当启动再审程序。但在例外的情况下，当已经生效的裁判在罪与非罪的判断或者法律适用上存在严重错误，已经冤枉无辜或法律适用严重影响司法公正时，就须启动再审程序，推翻原审错误裁判，经过重新审判作出新的、正确的裁判。

推翻原审裁判，纠正冤错案件，不仅恢复了个案的司法公正，让司法正义不再缺席，对错案的反思还能促进相关办案制度改革完善，从源头上防范冤错案件的再次发生，这是纠正冤错案件更为根本性的目的。当然，推翻原审裁判，纠正冤错案件，也是一把"双刃剑"，它在维护司法公正的同时也会对司法权威造成一定的损害。因此，申诉办案人员必须把握好冤错案件的纠正标准，历史地看待过去的案件，以当时的证据标准去评判原判的事实认定，用当时的法律规定去评价原审被告人行为的性质，绝不能以现在的证据标准和法律规定去衡量过去的案件，以维护正义之名轻易否定原审裁判，以维护个别公正牺牲法律公正。此外，办案人员还必须把握好纠正冤错案件的办案方式和宣传方式，谦抑、平和、理性地纠正冤错案件，正确、适度、适当的宣传冤错案件。总之，在刑事申诉办案中既要坚决、尽快、彻底地复查有冤错可能的案件，又要防止过度纠正倾向和不当宣传方式，以防损害司法公正和法治权威。

（三）规范执法司法

"一个案例胜过一打文件"，纠正冤错案件具有极为重要的反向审视价值和规范刑事执法司法作用。通过刑事申诉与再审办案，反向审视刑事执法司法中的不规范问题，具体方式有三：一是个案传导，即通过个案纠正和追责赔偿，规范具体办案机关和人员的具体执法司法行为；二是类案分析反馈，即通过对一个时期某一地区某类案件中共性问题的梳理、分析，提出有针对性的对策建议，重点在于提高公安司法机关类案精办能力，完善和改进执法司法办案机制；三是对全国某一时期刑事申诉与再审办案的综合分析报告，能够反映某一时期刑事执法司法的整体水平和共性问题，致力于改进刑事诉讼制度，提高整个国家的刑事法治水平。

从实践情况来看，刑事申诉与再审办案的反向审视和规范司法作用，对我国的刑事法治进程已经发挥了巨大的促进作用。近年来，正是由于发现和纠正了聂树斌、呼格、陈满等一批重大冤错案件，才促进了以审判为中心的刑事诉讼制度改革、司法人员分类管理改革、人财物省级统一管理改革、排除非法证据规则的建立以及律师辩护全覆盖等改革措施的出台落地。因此，在刑事申诉与再审办案中，我们不仅要关注具体办案，还要追求"办理一案、治理一片"的法律效果和社会效果，促进整个国家刑事法治水平的提高。

综上，从直观层面上看，刑事申诉与再审办案无论是维持和补正原审裁判，还是通过再审推翻原审裁判、纠正冤错案件，以及通过反向审视促进司法规范，其目的都是维护司法公正。其中，通过再审推翻原审裁判、纠正冤错案件，是以一种特别的方式向社会传递强烈的法治信号，就是要让大家相信，正义或许可能迟来，但正义绝不会缺席，并以此维护社会公众对法律的尊重、对法治的信仰！从国家和社会层面上看，刑事申诉与再审办案的目的绝不仅在于纠正冤错案件，因为这只是看得见的海平面之上的冰山一角，更在于化解原审办案中仍未化解的矛盾，消解当事人及社会对司法、法律乃至国家的误解和不满，消融隐藏在海平面之下的冰山主体，在于通过刑事申诉与再审办案提高整个刑事司法的规范性、公正性，从源头上减少刑事案件，促进国家和社会的和谐稳定！

法律链接

一、中华人民共和国刑事诉讼法（1979年7月7日公布，自1980年1月1日起施行　全国人大常务委员会委员长令第6号　1996年3月17日、2012年3月14日、2018年10月26日分别修正）（节录）

第五章　审判监督程序

第二百五十二条　当事人及其法定代理人、近亲属，对已经发生法律效力的判决、裁定，可以向人民法院或者人民检察院提出申诉，但是不能停止判决、裁定的执行。

第二百五十三条　当事人及其法定代理人、近亲属的申诉符合下列情形之一的，人民法院应当重新审判：

（一）有新的证据证明原判决、裁定认定的事实确有错误，可能影响定罪量刑的；

（二）据以定罪量刑的证据不确实、不充分、依法应当予以排除，或者证明案件事实的主要证据之间存在矛盾的；

（三）原判决、裁定适用法律确有错误的；

（四）违反法律规定的诉讼程序，可能影响公正审判的；

（五）审判人员在审理该案件的时候，有贪污受贿，徇私舞弊，枉法裁判行为的。

第二百五十四条　各级人民法院院长对本院已经发生法律效力的判决和裁定，如果发现在认定事实上或者在适用法律上确有错误，必须提交审判委员会处理。

最高人民法院对各级人民法院已经发生法律效力的判决和裁定，上级人民法院对下级人民法院已经发生法律效力的判决和裁定，如果发现确有错误，有权提审或者指令下级人民法院再审。

最高人民检察院对各级人民法院已经发生法律效力的判决和裁定，上级人民检察院对下级人民法院已经发生法律效力的判决和裁定，如果发现确有错误，有权按照审判监督程序向同级人民法院提出抗诉。

人民检察院抗诉的案件，接受抗诉的人民法院应当组成合议庭重新审理，对于原判决事实不清楚或者证据不足的，可以指令下级人民法院再审。

第二百五十五条 上级人民法院指令下级人民法院再审的，应当指令原审人民法院以外的下级人民法院审理；由原审人民法院审理更为适宜的，也可以指令原审人民法院审理。

第二百五十六条 人民法院按照审判监督程序重新审判的案件，由原审人民法院审理的，应当另行组成合议庭进行。如果原来是第一审案件，应当依照第一审程序进行审判，所作的判决、裁定，可以上诉、抗诉；如果原来是第二审案件，或者是上级人民法院提审的案件，应当依照第二审程序进行审判，所作的判决、裁定，是终审的判决、裁定。

人民法院开庭审理的再审案件，同级人民检察院应当派员出席法庭。

第二百五十七条 人民法院决定再审的案件，需要对被告人采取强制措施的，由人民法院依法决定；人民检察院提出抗诉的再审案件，需要对被告人采取强制措施的，由人民检察院依法决定。

人民法院按照审判监督程序审判的案件，可以决定中止原判决、裁定的执行。

第二百五十八条 人民法院按照审判监督程序重新审判的案件，应当在作出提审、再审决定之日起三个月以内审结，需要延长期限的，不得超过六个月。

接受抗诉的人民法院按照审判监督程序审判抗诉的案件，审理期限适用前款规定；对需要指令下级人民法院再审的，应当自接受抗诉之日起一个月以内作出决定，下级人民法院审理案件的期限适用前款规定。

二、最高人民法院关于适用《中华人民共和国刑事诉讼法》的解释

（2012年12月20日公布，自2013年1月1日起施行　法释〔2012〕21号）（节录）

第十七章　审判监督程序

第三百七十一条　当事人及其法定代理人、近亲属对已经发生法律效力的判决、裁定提出申诉的，人民法院应当审查处理。案外人认为已经发生法律效力的判决、裁定侵害其合法权益，提出申诉的，人民法院应当审查处理。

申诉可以委托律师代为进行。

第三百七十二条　向人民法院申诉，应当提交以下材料：

（一）申诉状。应当写明当事人的基本情况、联系方式以及申诉的事实与理由；

（二）原一、二审判决书、裁定书等法律文书。经过人民法院复查或者再审的，应当附有驳回通知书、再审决定书、再审判决书、裁定书；

（三）其他相关材料。以有新的证据证明原判决、裁定认定的事实确有错误为由申诉的，应当同时附有相关证据材料；申请人民法院调查取证的，应当附有相关线索或者材料。

申诉不符合前款规定的，人民法院应当告知申诉人补充材料；申诉人对必要材料拒绝补充且无正当理由的，不予审查。

第三百七十三条　申诉由终审人民法院审查处理。但是，第二审人民法院裁定准许撤回上诉的案件，申诉人对第一审判决提出申诉的，可以由第一审人民法院审查处理。

上一级人民法院对未经终审人民法院审查处理的申诉，可以告知申诉人向终审人民法院提出申诉，或者直接交终审人民法院审查处理，并告知申诉人；案件疑难、复杂、重大的，也可以直接审查处理。

对未经终审人民法院及其上一级人民法院审查处理，直接向上级人民法院申诉的，上级人民法院可以告知申诉人向下级人民法院提出。

第三百七十四条 对死刑案件的申诉，可以由原核准的人民法院直接审查处理，也可以交由原审人民法院审查。原审人民法院应当写出审查报告，提出处理意见，层报原核准的人民法院审查处理。

第三百七十五条 对立案审查的申诉案件，应当在三个月内作出决定，至迟不得超过六个月。

经审查，具有下列情形之一的，应当根据刑事诉讼法第二百四十二条的规定，决定重新审判：

（一）有新的证据证明原判决、裁定认定的事实确有错误，可能影响定罪量刑的；

（二）据以定罪量刑的证据不确实、不充分、依法应当排除的；

（三）证明案件事实的主要证据之间存在矛盾的；

（四）主要事实依据被依法变更或者撤销的；

（五）认定罪名错误的；

（六）量刑明显不当的；

（七）违反法律关于溯及力规定的；

（八）违反法律规定的诉讼程序，可能影响公正裁判的；

（九）审判人员在审理该案件时有贪污受贿、徇私舞弊、枉法裁判行为的。

申诉不具有上述情形的，应当说服申诉人撤回申诉；对仍然坚持申诉的，应当书面通知驳回。

第三百七十六条 具有下列情形之一，可能改变原判决、裁定据以定罪量刑的事实的证据，应当认定为刑事诉讼法第二百四十二条第一项规定的"新的证据"：

（一）原判决、裁定生效后新发现的证据；

（二）原判决、裁定生效前已经发现，但未予收集的证据；

（三）原判决、裁定生效前已经收集，但未经质证的证据；

（四）原判决、裁定所依据的鉴定意见，勘验、检查等笔录或者其他证据被改变或者否定的。

第三百七十七条 申诉人对驳回申诉不服的，可以向上一级人民法院申诉。上一级人民法院经审查认为申诉不符合刑事诉讼法第二百四十二条和本解释第三百七十五条第二款规定的,应当说服申诉人撤回申诉;对仍然坚持申诉的,应当驳回或者通知不予重新审判。

第三百七十八条 各级人民法院院长发现本院已经发生法律效力的判决、裁定确有错误的,应当提交审判委员会讨论决定是否再审。

第三百七十九条 上级人民法院发现下级人民法院已经发生法律效力的判决、裁定确有错误的,可以指令下级人民法院再审;原判决、裁定认定事实正确但适用法律错误,或者案件疑难、复杂、重大,或者有不宜由原审人民法院审理情形的,也可以提审。

上级人民法院指令下级人民法院再审的,一般应当指令原审人民法院以外的下级人民法院审理;由原审人民法院审理更有利于查明案件事实、纠正裁判错误的,可以指令原审人民法院审理。

第三百八十条 对人民检察院依照审判监督程序提出抗诉的案件,人民法院应当在收到抗诉书后一个月内立案。但是,有下列情形之一的,应当区别情况予以处理:

(一) 对不属于本院管辖的,应当将案件退回人民检察院;

(二) 按照抗诉书提供的住址无法向被抗诉的原审被告人送达抗诉书的,应当通知人民检察院在三日内重新提供原审被告人的住址;逾期未提供的,将案件退回人民检察院;

(三) 以有新的证据为由提出抗诉,但未附相关证据材料或者有关证据不是指向原起诉事实的,应当通知人民检察院在三日内补送相关材料;逾期未补送的,将案件退回人民检察院。

决定退回的抗诉案件,人民检察院经补充相关材料后再次抗诉,经审查符合受理条件的,人民法院应当受理。

第三百八十一条 对人民检察院依照审判监督程序提出抗诉的案件,接受抗诉的人民法院应当组成合议庭审理。对原判事实不清、证据不足,包括有新的证据证明原判可能有错误,需要指令下级人民法院再审的,应当在立案之日起一个月内作出决定,并将指令再审决定书送达抗诉的人民检察院。

第三百八十二条 对决定依照审判监督程序重新审判的案件，除人民检察院抗诉的以外，人民法院应当制作再审决定书。再审期间不停止原判决、裁定的执行，但被告人可能经再审改判无罪，或者可能经再审减轻原判刑罚而致刑期届满的，可以决定中止原判决、裁定的执行，必要时，可以对被告人采取取保候审、监视居住措施。

第三百八十三条 依照审判监督程序重新审判的案件，人民法院应当重点针对申诉、抗诉和决定再审的理由进行审理。必要时，应当对原判决、裁定认定的事实、证据和适用法律进行全面审查。

第三百八十四条 原审人民法院审理依照审判监督程序重新审判的案件，应当另行组成合议庭。

原来是第一审案件，应当依照第一审程序进行审判，所作的判决、裁定可以上诉、抗诉；原来是第二审案件，或者是上级人民法院提审的案件，应当依照第二审程序进行审判，所作的判决、裁定是终审的判决、裁定。

对原审被告人、原审自诉人已经死亡或者丧失行为能力的再审案件，可以不开庭审理。

第三百八十五条 开庭审理的再审案件，再审决定书或者抗诉书只针对部分原审被告人，其他同案原审被告人不出庭不影响审理的，可以不出庭参加诉讼。

第三百八十六条 除人民检察院抗诉的以外，再审一般不得加重原审被告人的刑罚。再审决定书或者抗诉书只针对部分原审被告人的，不得加重其他同案原审被告人的刑罚。

第三百八十七条 人民法院审理人民检察院抗诉的再审案件，人民检察院在开庭审理前撤回抗诉的，应当裁定准许；人民检察院接到出庭通知后不派员出庭，且未说明原因的，可以裁定按撤回抗诉处理，并通知诉讼参与人。

人民法院审理申诉人申诉的再审案件，申诉人在再审期间撤回申诉的，应当裁定准许；申诉人经依法通知无正当理由拒不到庭，或者未经法庭许可中途退庭的，应当裁定按撤回申诉处理，但申诉人不是原审当事人的除外。

第三百八十八条 开庭审理的再审案件，系人民法院决定再审的，由合议庭组成人员宣读再审决定书；系人民检察院抗诉的，由检察人员宣读抗诉书；系申诉人申诉的，由申诉人或者其辩护人、诉讼代理人陈述申诉理由。

第三百八十九条 再审案件经过重新审理后，应当按照下列情形分别处理：

（一）原判决、裁定认定事实和适用法律正确、量刑适当的，应当裁定驳回申诉或者抗诉，维持原判决、裁定；

（二）原判决、裁定定罪准确、量刑适当，但在认定事实、适用法律等方面有瑕疵的，应当裁定纠正并维持原判决、裁定；

（三）原判决、裁定认定事实没有错误，但适用法律错误，或者量刑不当的，应当撤销原判决、裁定，依法改判；

（四）依照第二审程序审理的案件，原判决、裁定事实不清或者证据不足的，可以在查清事实后改判，也可以裁定撤销原判，发回原审人民法院重新审判。

原判决、裁定事实不清或者证据不足，经审理事实已经查清的，应当根据查清的事实依法裁判；事实仍无法查清，证据不足，不能认定被告人有罪的，应当撤销原判决、裁定，判决宣告被告人无罪。

第三百九十条 原判决、裁定认定被告人姓名等身份信息有误，但认定事实和适用法律正确、量刑适当的，作出生效判决、裁定的人民法院可以通过裁定对有关信息予以更正。

第三百九十一条 对再审改判宣告无罪并依法享有申请国家赔偿权利的当事人，人民法院宣判时，应当告知其在判决发生法律效力后可以依法申请国家赔偿。

三、最高人民法院、最高人民检察院、司法部关于逐步实行律师代理申诉制度的意见（2017年4月1日公布　法发〔2017〕8号）

实行律师代理申诉制度，是保障当事人依法行使申诉权利，实现申诉法治化，促进司法公正，提高司法公信，维护司法权威的重要途径。

为贯彻落实《中共中央关于全面推进依法治国重大问题的决定》和中央政法委《关于建立律师参与化解和代理涉法涉诉信访案件制度的意见》，对不服司法机关生效裁判和决定的申诉，逐步实行由律师代理制度。根据相关法律，结合人民司法工作实际，制定本意见。

一、坚持平等、自愿原则。当事人对人民法院、人民检察院作出的生效裁判、决定不服，提出申诉的，可以自行委托律师；人民法院、人民检察院可以引导申诉人、被申诉人委托律师代为进行。

申诉人因经济困难没有委托律师的，可以向法律援助机构提出申请。

二、完善便民工作机制。依托公益性法律服务机构和法律援助机构，运用网络平台，法律服务热线等多种形式，为当事人寻求律师服务和法律援助提供多元渠道。

三、探索建立律师驻点工作制度。人民法院、人民检察院可以在诉讼服务大厅等地开辟专门场所，提供必要的办公设施，由律师协会派驻律师开展法律咨询等工作。对未委托律师的申诉人到人民法院、人民检察院反映诉求的，可以先行引导由驻点律师提供法律咨询。法律援助机构安排律师免费为申诉人就申诉事项提供法律咨询。

四、明确法律援助范围条件。申诉人申请法律援助应当符合《法律援助条例》、地方法律援助法规规章规定的法律援助经济困难标准和事项范围，且具有法定申诉理由及明确事实依据。

扩大法律援助范围，进一步放宽经济困难标准，使法律援助范围逐步拓展至低收入群体。

五、规范律师代理申诉法律援助程序。申诉人申请法律援助，应当向作出生效裁判、决定的人民法院所在地同级司法行政机关所属法律援助机构提出，或者向作出人民检察院诉讼终结的刑事处理决定的人民检察院所在地同级司法行政机关所属法律援助机构提出。申诉已经人民法院或者人民检察院受理的，应当向该人民法院或者人民检察院所在地同级司法行政机关所属法律援助机构提出。

法律援助机构经审查认为符合法律援助条件的，为申诉人指派律师，并将律师名单函告人民法院或者人民检察院。

六、扩大律师服务工作范围。律师在代理申诉过程中，可以开展以下工作：听取申诉人诉求，询问案件情况，提供法律咨询；对经审查认为不符合人民法院或者人民检察院申诉立案条件的，做好法律释明工作；对经审查符合人民法院或者人民检察院申诉立案条件的，为申诉人代写法律文书，接受委托代为申诉；经审查认为可能符合法律援助条件的，协助申请法律援助；接受委托后，代为提交申诉材料，接收法律文书，代理参加听证、询问、讯问和开庭等。

七、完善申诉立案审查程序。律师接受申诉人委托，可以到人民法院、人民检察院申诉接待场所或者通过来信、网上申诉平台、远程视频接访系统、律师服务平台等提交申诉材料。

提交的材料不符合要求的，人民法院或人民检察院可以通知其限期补充或者补正，并一次性告知应当补充或者补正的全部材料。未在通知期限内提交的，人民法院或者人民检察院不予受理。

对符合法律规定条件的申诉，人民法院、人民检察院应当接收材料，依法立案审查。经审查认为不符合立案条件的，应当以书面形式告知申诉人及代理律师。

八、尊重代理申诉律师意见。人民法院、人民检察院应认真审查律师代为提出的申诉意见，并在法律规定期限内审查完毕。

对经审查认为申诉不能成立的，依法向申诉人出具法律文书，同时送达代理律师。认为案件确有错误的，依法予以纠正。认为案件存在瑕疵的，依法采取相应补正、补救措施。

九、依法保障代理申诉律师的阅卷权、会见权。在诉讼服务大厅或者信访接待场所建立律师阅卷室、会见室。为律师查阅、摘抄、复制案卷材料等提供方便和保障。对法律援助机构指派的律师复制相关材料的费用予以免收。有条件的地区，可以提供网上阅卷服务。

十、依法保障代理申诉律师人身安全。对在驻点或者代理申诉过程中出现可能危害律师人身安全的违法行为，人民法院或人民检察院要依法及时制止，固定证据，并做好相关处置工作。

十一、完善律师代理申诉公开机制。对律师代理的申诉案件,除法律规定不能公开、当事人不同意公开或者其他不适宜公开的情形,人民法院、人民检察院可以公开立案、审查程序,并告知申诉人及其代理律师审查结果。案件疑难、复杂的,申诉人及其代理律师可以申请举行公开听证,人民法院、人民检察院可以依申请或者依职权进行公开听证,并邀请相关领域专家、人大代表、政协委员及群众代表等社会第三方参加。

十二、探索建立律师代理申诉网上工作平台。运用信息技术,探索建立律师事务所、法律援助机构与人民法院、人民检察院之间视频申诉系统,鼓励律师通过视频形式开展工作;开发律师申诉接待平台,实现与人民法院、人民检察院可公开申诉信息的互联互通、共享共用。

十三、建立多层次经费保障机制。对符合法律援助条件的申诉人,纳入法律援助范围。律师代理申诉属于公益性质的,依靠党委政法委,协调有关部门争取经费,购买服务。全额支付律师在提供服务过程中产生的费用,并给予适当补助及奖励。

对申诉人自行聘请律师代理的,可以按照《律师服务收费管理办法》,由双方自愿协商代理费用。

加强法律援助经费保障,明确申诉法律援助案件补贴标准,确保经费保障水平适应开展法律援助参与申诉案件代理工作需要。

十四、建立申诉案件代理质量监管机制。司法行政部门指导当地律师协会将律师代理申诉业绩作为律师事务所检查考核和律师执业年度考核的重要指标。

十五、强化律师代理申诉执业管理。对律师在代理申诉过程中,违反《中华人民共和国律师法》《律师执业管理办法》等规定,具有煽动、教唆和组织申诉人以违法方式表达诉求;利用代理申诉案件过程中获得的案件信息进行歪曲、有误导性的宣传和评论,恶意炒作案件;与申诉人签订风险代理协议;在人民法院或者人民检察院驻点提供法律服务时接待其他当事人,或者通过虚假承诺、明示或暗示与司法机关的特殊关系等方式诱使其他当事人签订委托代理协议等行为的,司法行政部门或者律师协会应当相应给予行业处分和行政处罚。构成犯罪的，依法追究刑事责任。

人民法院、人民检察院发现律师存在违法违规行为的，应当向司法行政部门、律师协会提出处罚、处分建议。司法行政部门、律师协会核查后，应当将结果及时通报建议机关。

十六、建立健全律师代理申诉激励机制。人民法院、人民检察院、司法行政部门要营造支持律师开展代理申诉工作的良好氛围。全面加强律师代理申诉业务培训和指导，通过将代理申诉业绩作为评选优秀律师事务所、优秀律师等重要条件，定期开展专项表彰，在人才培养、项目分配、扶持发展、办案补贴等方面给予倾斜，同等条件下优先招录表现优异的律师作为法官、检察官等措施，调动律师代理申诉的积极性。

十七、加强有关部门协调配合。各地区有关部门要依靠党委领导，形成工作合力。根据地区实际，进一步细化相关制度，推动工作全面开展，促进形成理性表达、依法维权的导向，切实维护人民群众合法权益。

人民法院、人民检察院、司法行政部门、律师协会建立联席会议制度，定期沟通工作情况，共同研究解决律师代理申诉工作中的重大问题，根据各地实际，积极推进律师代理申诉立法工作，提高法治化水平。

第二讲 冤错案件的纠正与启示

刑事申诉与再审办案的一项重要任务是纠正冤错案件。冤错案件，是刑事司法实务中对刑事错案的通俗叫法，主要表现为通过刑事审判监督程序被纠正的再审案件。近年来我国刑事再审案件约占同期一审刑事案件的千分之一。重大冤错案件的比例更低一些，约占同期一审刑事案件的百万分之七。但冤错案件的影响却巨大而深远，它是刑事司法的指示器、风向标，近年来被媒体评出的历年十大年度刑事案件中，每每都有冤错案件，如河北聂树斌案、内蒙古呼格案、张氏叔侄案、张文中案等，一些重大政策如产权保护等也都能在冤错案件中找到身影。

冤错案件，特别是重大冤错案件，正在深刻地改变着中国的刑事司法制度。笔者发现，近年来我国进行的司法改革可以说是围绕两个目标设计的，一个是最高目标，就是习近平总书记所说的"让人民群众在每一个司法案件中感受到公平正义"，核心在于提高司法的公正性。另一个是基本目标，即防范冤错案件，核心是提高司法的准确性，准确司法是公正司法的前提。因此，当前已经出台的司法改革措施或多或少都与防范冤错案件相关。比如，"以审判为中心"的刑事诉讼制度改革、司法人员分类管理改革、人财物省级统一管理改革、律师辩护全覆盖等改革措施，都直接或间接与防范冤错案件相关。

了解和研究冤错案件，对于办理申诉和再审案件，乃至规范所有刑事执法司法活动也十分重要。冤错案件，是刑事司法办案的一面镜子。以冤错案件作为"范例"，从中梳理刑事司法活动中最迫切、最需要规范的问题，揭示冤错案件的致错原因，学习发现和纠正冤错案件的方法和技巧，是掌握刑事申诉与再审办案思维与方法的捷径。了解冤错案件，对于所有刑事执法司法办案人员也意义重大。冤错案件，可以说是刑事司法不规范的最极端结果。根据当前的司法责任追究制度，一旦出现错案，案件的承办警察、检察官、法官都可能受到责任追究。2015年"两高"分别出台了司法责任制改革意见，要求法官、检察官要对所办案件质量终身负责。因此，冤错案件的话题不仅"高大上"，而且也很"草根"。它不仅关乎每位公民的命运，也连着司法者的身家前途。

为了使大家对我国的冤错案件有一个总括性的认识，本讲中笔者将介绍以下几个问题：一是刑事错案的含义，即刑事错案在我国应作何理解的问题；二是我国冤错案件的特点，笔者总结了八个方面；三是我国司法实践中导致冤错案件的五种成因，主要想谈谈实践中导致错案的直接原因；四是我国错案纠正的六点启示，目的在于发挥刑事申诉与再审办案的反向审视功能，回应本书的刑事申诉与再审办案主题；五是我国错案纠防的趋势，笔者也总结了五个方面。

一、刑事错案的基本含义

冤错案件是实务部门的叫法，老百姓多叫"冤假错案"，学界则称之为刑事错案。

（一）法学研究中刑事错案的多种面孔

近年来，刑事错案一直是刑事诉讼法学研究的一个重点问题，但大家对刑事错案的概念并未达成一致意见。关于刑事错案的代表性观点有以下几种：

1. 主张区分刑事错案的广义概念与狭义概念。广义的刑事错案既包括过程性错误，也包括法院终审判决结果的错误。狭义的刑事错案仅指生效判决发生错误。

2. 主张从多种视角审视刑事错案概念，如从刑事错案纠正、刑事错案国家赔偿、刑事错案责任追究、民众申诉上访等不同视角观察，刑事错案呈现出不同含义和样态。

3. 从刑事错案的判断标准对其进行界定，包括客观说、主观说、主客观结合说、三重标准说。客观说主张判断某一案件是否是刑事错案关键是看案件的处理结果,结果错误即为刑事错案。主观说以办案人员主观上是否有过错作为判断案件是否为刑事错案的标准。主客观结合说主张刑事错案判断不仅要看案件处理结果,同时也要看办案人员主观上是否有过错。三重标准说,是从刑事错案纠正、刑事错案赔偿和刑事错案追究三个角度来判断错案。

4. 从国际视角看,国外的刑事错案多指冤案,就是法院错误将无罪之人定罪处刑。如在美国,刑事错案被称为对无辜者的误判,主要是故意杀人、强奸、抢劫等案件,一般通过DNA鉴定技术得到纠正。在英国、法国和加拿大,刑事错案也多指冤案。

(二)老百姓口中的冤假错案

"冤假错案",是老百姓平时用的比较多的一个词汇,但这个概念实际上包含三层意思:

1. 冤案,就是实际无罪的人被错误定罪的案件,具体是指有犯罪事实存在,但把犯罪人给搞错了,"张冠李戴",冤枉了好人,如历史上的窦娥冤案。

2. 假案,指无中生有的案件,一般指司法人员栽赃陷害或者当事人替人入罪的刑事案件。

3. 错案,笼统的指存在错误的刑事案件,这里的错误包括程序上的严重错误、事实认定错误、法律适用错误等。

冤案、假案、错案,从表现上看是并列关系,但实际上是包含被包含的关系,错案包含了冤案和假案。

"冤假错案"的提法在我国有历史悠久,中华人民共和国成立后对冤假错案的关注主要是20世纪70年代末80年代初对"文化大革命"中酿成的冤假错案的平反活动。正式提法为1978年召开的十一届三中全会中提出的"坚决地平反假案,纠正错案,昭雪冤案"。

(三)中央改革文件中的两种提法

近年来,中央对纠正和防范刑事错案高度重视,改革文件中对刑事错案有明确表述,但表述上并不统一,有时使用"错案"的提法,有时又用了"冤假错案"的提法。如十八届三中全会《关于全面深化改革若干重大问题的决定》中提出,要"健全错案防止、纠正、责任追究机制",此处用的是"错案"。十八届四中全会《关于全面推进依法治国若干重大问题的决定》中两处提到错案:一处用的是"错案",在推进"严格司法"部分,提出要"实行办案质量终身负责制和错案责任倒查问责制";另一处用的是"冤假错案",在"加强人权司法保障"部分,提出要"健全冤假错案有效防范、及时纠正机制"。最高人民法院的《人民法院第四个五年改革纲要》和最高人民检察院《关于深化检察改革的意见(2013—2017年工作规划)》中又都使用了"健全冤假错案防范、纠正、责任追究机制"的提法。可以看出,中央改革文件中对于"错案"与"冤假错案"是混用的,并未严格区分。

(四)司法机关纠正的冤错案件

司法机关通常将刑事错案称为"冤错案件"。如2018年3月,最高人民法院在全国人大所作工作报告中讲到,2013年至2017年,全国各级人民法院"坚持实事求是、有错必纠,加强审判监督,以对法律负责、对人民负责、对历史负责的态度,对错案发现一起、纠正一起,再审改判刑事案件6747件,其中依法纠正呼格吉勒图案、聂树斌案等重大冤错案件39件78人,并依法予以国家赔偿,让正义最终得以实现,以纠正错案推动法治进步"。此外,最高人民法院还强化产权司法保护,坚决纠正涉产权冤错案件,决定再审3起重大涉产权案件,其中直接提审张文中案、顾雏军案。①

2018年3月,最高人民检察院在全国人大所作工作报告中提到,2013年至2017年,检察机关对受理申诉或办案中发现的"张氏叔侄强奸杀人案""沈六斤故意杀人案""卢荣新强奸杀人案""李松故意杀人案"等18起重大冤错案件,及时提出抗诉或再审检察建议,人民法院均改判无罪。对人民法院再审的聂树斌案、呼格吉勒图案、王力军无

---

① 参见2018年3月9日十三届全国人大一次会议审议的《最高人民法院工作报告》。

证收购玉米案等案件，检察机关同步成立专案组，重新复核证据、明确提出纠正意见，共同纠错。此外，最高人民检察院加强企业平等保护和产权司法保护，"专项部署涉产权刑事申诉案件清理，对赛格集团申诉案等21件案件依法甄别纠正。最高人民检察院成立张文中案、顾雏军案专门办案组，与最高人民法院同步审查，依法提出检察意见"。①

从"两高"报告中，我们可以得到如下信息：一是司法实践中纠正的刑事错案，主要是指冤案，特别是重大冤案，就是被错误判处10年以上有期徒刑、无期徒刑、死刑的案件，也包括存在其他错误的刑事错案，但假案比较少。实践中，近年来纠正的冤案主要是自然犯和传统犯罪，比如故意杀人、抢劫等，但2016年来随着国家对产权保护的重视，经济犯罪中的冤错案件也陆续开始得到纠正。二是错案的范围比较宽泛。可以指实体上出现错误的案件，也可以指程序上发生严重错误的案件。其中，实体错误包括证据采信错误、事实认定错误和法律适用错误。在事实认定方面，又包括放纵犯罪的有罪判无罪，冤及无辜的无罪判有罪。在法律适用方面，可以是罪名适用错误，也可以是量刑畸轻畸重。三是错案可以发生在刑事诉讼的多个环节，包括立案、侦查、审查批准逮捕、审查起诉和审判等，并不单单指错误的法院判决。四是对于最高司法机关来讲，主要纠正的是重大典型案件和重大冤错案件。最高人民法院再审改判的张文中案等涉产权申诉和再审案件，就属于重大典型案件。

笔者认为，我国司法机关所用的"冤错案件"提法，比较真实地反映了当下我国刑事错案发现和纠正的基本情况，可以称之为中国式的刑事错案，所以本书主要用冤错案件来指称刑事错案，认为两者基本含义是相同的。

目前，冤错案件的发现途径主要有三种：一是检察机关和法院通过当事人申诉发现错案；二是公安机关、检察机关和法院在办案中自行发现错案；三是其他途径，如人大代表通过"个案转交"、媒体关注等。

---

① 参见十三届全国人大一次会议审议的《2018年最高人民检察院工作报告》。

纠正冤错案件主要有两种途径：一是检察机关纠正刑事诉讼中的违法行为，提出再审抗诉；二是法院主动启动再审程序纠错。

二、冤错案件的八大特点

本讲对冤错案件的分析主要依据"两高"的公开数据、实务部门公布的案例、实务人士发表的文章等进行。① 根据上述资料，笔者认为我国近年来的冤错案件呈现出八方面的特点：

（一）总体数量较小

关于冤错案件的数量，以近年的数据为分析依据。据最高人民法院公开的数据，2013年至2017年五年间，全国各级法院再审改判刑事案件6747件，其中重大冤错案件39件78人，而同期的一审刑事案件约为548.9万件。② 由此推算，再审案件占同期一审刑事案件的比例约为千分之一，重大冤错案件的比例为百万分之七。这说明我国再审案件的比例还是比较高的，但重大冤错案件的比例则很低。需要注意的是，再审改判案件并非都是冤错案件，其中既有实体错误案件，也有量刑不当、程序错误案件，既有改判无罪、轻罪案件，也有改判有罪、重罪案件，并不都是冤案，这一点与国外不同。

（二）分布地域广泛

这一分析来源于刑事申诉实务人士对2016年以来30起重大冤错案件的分析，其结果是比较客观的。③ 笔者也认为，目前我国冤错案件的地域分布具有普遍性，没有表现出明显的地域分布特点。从刑事申诉实务人士的分析情况看，30起重大冤错案件分布在十多个省区，占近一

---

① 数据、案例主要来源于"两高"的工作报告、最高人民检察院原刑事申诉检察厅主编的《刑事申诉检察工作指导》系列丛书，以及该厅主编的《精品的魅力——全国刑事申诉检察精品案件选》一书（中国检察出版社2017年版）。

② 详见2018年3月9日十三届全国人大一次会议《最高人民法院工作报告》。

③ 参见鲜铁可、高锋志：《刑事申诉检察视角下强化错案防范的若干思考》，载《刑事申诉检察工作指导》2016年第2期；高锋志、李建革：《刑事错案防范之检察对策性思考》，载《人民检察》2016年第16期。

半省级行政区域。从发现错案的地区看，既有直辖市如北京，也有边远省份如云南、贵州；既有东部沿海经济发达地区如广东、浙江，也有内陆的经济不发达省份如内蒙古、河南等。这说明冤错案件的分布并没有因经济发展水平、地域风俗习惯而出现明显的差别。

（三）涉及罪名集中

根据上述 30 起重大冤错案件的分析，冤错案件的罪名主要集中在传统刑事犯罪上，其中故意杀人、故意伤害、抢劫、强奸等罪名比例最高。这说明，我国目前发现和纠正的错案以自然犯为主，且多为侵犯公民人身权利的犯罪。2016 年以来，由于"两高"集中办理了一批涉产权申诉和再审案件，包括张文中案、顾雏军案、耿万喜案、赵明利案等，诈骗、挪用资金、单位行贿、虚报注册资本、违规披露、不披露重要信息等经济罪名开始频频出现，其中以诈骗罪的比例最高。

（四）被告人身份多元

根据公开案例和笔者掌握的情况，冤错案件的被告人以男性为主，被告人几乎涵盖了各个职业领域，排前四位的分别是：第一个层次为农民、工人；第二个层次是教师、编辑、医生等知识分子；第三个层次是警察、公务员等；第四个层次是商人、学生、司机等。

（五）枉纵问题均有体现

根据实务部门公开的案件和笔者平时办案的了解，在冤错案件中，冤枉无辜和放纵犯罪问题都是存在的。冤枉无辜的主要包括无罪判有罪、轻罪判重罪、量刑畸重等情况；放纵犯罪案件主要是原先作出的撤案、无罪不捕、存疑不诉等决定错误，需要重新追究刑事责任的案件，以及重罪轻判、量刑畸轻等错误裁判案件。这一情况与大家平时的直观感受不同，因为大家关注比较多的是那些冤枉无辜的案件。但纠正错案的实践表明，放纵犯罪的问题同样也很突出，这类错案也不容我们轻视。

（六）纠正周期较长

根据对上述 30 起重大冤错案件的分析和相关案例，冤错案件特别是重大冤错案件的纠正周期都比较长，平均纠正时间在10年以上。如浙江张氏叔侄案，从张辉、张高平二人2003年被拘留到2013年浙江高院再审改判二人无罪，用了近10年的时间；云南钱仁凤投毒案，被告人2002年被刑拘，2015年被云南省高级人民法院宣告无罪，历时整整13年之久；还有，内蒙古呼格案的纠正用了18年时间，海南陈满案则在时隔23年后才得以纠正。涉产权再审案件中，张文中案的纠正用了9年时间，赵明利案用了20年时间，耿万喜案纠正的时间最长，达32年之久。

（七）纠正原因多为实体错误

根据对上述30起重大冤错案件的分析，绝大多数的案件是因为证据采信和事实认定方面出现错误而被纠正的，单纯因程序方面错误如存在刑讯逼供等违法侦查行为而被纠正的案件并不多见。在事实认定方面，出现新证据和原案证据发生重大变化如"真凶出现""亡者归来"，以及原定罪证据体系不确实、不充分是案件纠正的主要原因。但2016年来纠正的涉产权申诉与再审案件有了变化，其纠正理由既有证据事实问题，也有法律适用问题，特别是罪与非罪问题比较突出，如最高人民法院纠正的张文中案、耿万喜案、赵明利案，主要是认为原审判决对相关事实没有把握好罪与非罪的界限。

（八）错案赔偿和追责不到位

国家赔偿和责任追究是冤错案件纠正的后续措施。1995年，我国实施了《国家赔偿法》，公检法三机关均建立了执法过错或错案责任追究制度。但实践中国家赔偿与错案责任追究的情况并不理想，许多地方公安司法机关对国家赔偿存在排斥、遮掩心态，有的将错案长期搁置形成所谓的"挂案"，为此"两高"不得不于2015年12月专门出台司法解释，将办案机关终止侦查的案件，或解除强制措施后超过一年未移送起诉、未作出不起诉、不撤销案件等情形，一并纳入应予国家赔偿的范围。在追责方面，根据公开报道的情况，有一些案件的办案人员被追究了责任，如呼格案对有责任的27名办案人员追责（除时任呼和浩特公安局新城分局副局长的冯志明因涉嫌职务犯罪依法另案处理之外，其他

26人均为党内严重警告、行政记大过等处分)、河南赵作海案对5名原办案警察追究刑事责任,但更多的案件并没有追责。

三、导致冤错的五种成因

错案的形成原因比较复杂,在不同国家错案形成的主要原因也不同。如美国有学者将错案原因归结为目击证人的误认、不当的鉴定、被告的虚假自白或供述、不可靠的检举,此外还有警察和检察官的失职、无效的律师辩护和种族歧视等。英国有学者认为错案的原因依次为:伪造证据、警察或目击证人的误判、专家证人的证言价值被高估、不可靠的口供、警察或检察官不及时向被告披露证据、法官裁判不公或对被告有偏见、缺少律师帮助等。① 法国有学者将错案的原因归结为10个方面,依次是法律推理错误、死因判断错误、法庭被被告人欺骗、法庭被错误的书证误导、诬告、证言虚假、辩论错误、司法鉴定错误、品格证据引起的偏见、法官的疏忽等。②

那么,我国冤错案件的原因是什么呢?通过对上述30起重大冤错案件和相关案例的分析,笔者认为主要有以下几方面:

(一)收集核查证据不全面

如上面已经讲到的,我国冤错案件形成的第一位原因是事实认定错误,而导致事实认定错误的主要原因是办案人员收集证据不全面、不及时核查无罪或罪轻证据、任意取舍采信证据等,最终导致原审裁判因发现新证据、定罪证据出现重大变化或原证据链断裂而被推翻。

第一个表现是司法办案人员过分重视口供、证人证言等主观性证据,并以口供等主观性证据构建证据体系。当然,目前国内司法实践中完全忽视口供的作用还是不现实的,在没有口供只有间接证据的情况下,案件起诉定罪难度很大。但是如果办案人员过分重视口供,甚至在

---

① 转引自胡铭:《错案是如何发生的——转型期中国式错案的程序逻辑》,浙江大学出版社2013年版,第11页。

② [法]勒内·弗洛里奥:《错案》,赵淑美、张洪竹译,法律出版社2013年版,第2~4页。

没有可靠物证等客观性证据的情况下，主要以口供等言词证据定案则是十分危险的。

再审改判无罪的许某某等四人抢劫案，原审判决的定案依据主要是同案犯的口供，其他物证在办案中则未得到认真鉴定和核实。如对于现场提出的鞋印，只是就被告人穿的鞋与现场鞋印的造型客体（也就是同类的球鞋）作了种类认定（结论为同一类型的鞋），就认为系被告人所留，而没有进一步作同一认定；对所扣押的作案工具（刀）与门上的撬痕也没有作痕迹比对鉴定。

王某等三人故意伤害案中，原审判决主要是凭三名被告人的口供定案，没有组织被害人进行辨认，也没有调取被告人案发时通话记录。结果复查时发现，其中两名被告人是应另一名同案犯的要求替人顶罪，而这两个人在案发时根本没在案发地出现过。

第二个表现是司法办案人员过分重视有罪证据，对被告人提出的无罪辩解不重视，对辩护人提出的被告人不在犯罪现场、没有作案时间等无罪证据不认真审核。

黄某某故意杀人案，原审过程中黄某某曾多次辩解其没有作案，案发时其不在犯罪现场，而是在外地打工，并提供了多名证人线索，原案多名同案犯也供认案发时黄某某不在犯罪现场，但均未引起办案人员的重视，原审判决在未核实上述证据线索的情况下，凭目击证人辨认认定黄某某参与作案，最终导致错案。

在钱某某投放危险物质案中，钱某某及其他多名证人在原审办案过程中曾多次提供过其他人员作案线索，比如有可能是因感情问题报复作案，生意对手恶意竞争作案等，但均未引起办案人员的重视，最终也导致错判。

第三个表现是司法办案人员过分相信鉴定意见、测谎结论等科学证据，对鉴定意见、测谎结果的科学性、客观性不作实质性审查。

在徐某强奸杀人案中，原审判决认定徐某强奸杀人的主要客观性证据有两份：一是被害人身体中所留精斑的DNA鉴定意见；二是通过警犬确定的弃尸现场提取的足迹气味与徐某拖鞋气味系同一的鉴别意见。但是，被害人身体中所留精斑的鉴定意见的内容是不排除系两人所留（徐某和周某），不能进行同一认定。警犬气味的鉴别意见，由于是人犬结合的结果，无法予以量化，科学性、可靠性低，且不属于法定的刑事证据范畴。由于原案办案人员对于这些"科学证据"未作实质审查而是"照单全收"，最终使错案未能避免。

（二）办案违反诉讼程序

冤错案件的形成有一个重要原因——与办案机关权力滥用有关。这些权力滥用行为，有些是严重违反刑事诉讼法的行为，如刑讯逼供、暴力取证，有些是不规范的取证行为，如辨认、勘验检查、侦查实验、测谎严重违反程序，还有"狱侦耳目"使用不规范等。

第一个表现是办案人员刑讯逼供、暴力取证，这是辩护律师、媒体报道和学者们讨论最多的错案话题。司法实践中，也确实有一部分错案的刑讯逼供行为是得到证实的。

赵某某案纠正后，原承办该案的6名警察中有5人被以刑讯逼供罪或玩忽职守罪追究刑事责任。但司法实践中，虽然几乎每起案件再审时辩护律师都会提出存在刑讯逼供，但再审法院明确认定侦查人员存在刑讯逼供的案件并不多，往往是在再审裁判中以原审被告人时供时翻、供述不稳定，或者供述与其他证据之间不能印证为由否定口供的真实性。

第二个表现是办案人员违法组织辨认以及勘验检查、侦查实验、测谎严重违反法定程序，以及侦查中使用"狱侦耳目"不规范。目击者辨认错误在国外是一个重要致错因素，我国同样如此。但与国外相比，我国辨认的主要问题是违法辨认或者辨认程序不规范。

沈某某故意杀人一案中，原审被告人方某某被公安机关错误抓捕并认定为犯罪嫌疑人沈某某移送起诉，最终被以故意杀人罪判处死缓入狱服刑，原审裁判主要定案依据就是被害人的辨认笔录。但复查发现，侦查人员组织的被害人对嫌疑人的两次辨认中，一次使用的12张照片中犯罪嫌疑人的照片与其他照片色调明显不同，另一次辨认中其余7人与犯罪嫌疑人的年龄明显悬殊。

勘验检查活动违反程序的问题也比较多。

在李某某故意杀人案中，作为该案关键证据的犯罪现场勘验检查笔录，存在对提取的足迹没有表明来源、重点部位没有拍摄细目照片、没有附文字说明等一系列问题。

李某故意杀人案中，公安机关对犯罪现场所作的勘验检查分两次进行，第二次勘验检查中提取关键物证但却未作补充笔录，而是将两次勘查活动合并写在一个笔录里，且见证人是在勘验检查活动结束时才到达现场，所附照片中还出现了4个不同日期。

使用狱情耳目不规范的问题近年来也屡见不鲜。在浙江张氏叔侄案中，公安机关不规范使用狱侦耳目是错案的直接原因之一。

第三个表现是侦查人员故意隐匿无罪、罪轻证据，对重要证据不入卷。

在于某某故意杀人一案中，公安机关出具的现场手印检验报告结论为：犯罪中心现场提取了26枚手印，均为于某某及其家人所留，没有他人手印。但在复查时发现，最初勘查中心现场时痕检员发现的是28枚手印，其中有2枚新鲜的外来成年人指纹，这个十分重要的情况被公安机关故意隐匿没有移送检察机关。还有，该案中关于于某某是否具有作案时间的另一个重要物证，于某某于案发期间曾接到传呼的一个传呼机，公安机关也没有向检察机关移送。再有，对于于某某是否在杀人后有时间点燃蜡烛引燃室内的液化气瓶，公安机关曾进行侦查实验并得出相反结论，但这一重要证据同样没有入卷。

（三）法律理解出现偏差

错案中有相当一部分是法律适用错误导致的，这种情况主要发生在法律对犯罪有特别规定、易混淆罪名适用以及正当防卫等无责化事由的认定环节，由于办案人员对相关法律规定不了解、不熟悉而导致出现法律适用上的偏差。

吴某（犯罪时系已满14不满16周岁的未成年人）因进入被害人家中偷盗啤酒时被发觉，为掩盖罪行，持刀威胁被害人并致其轻微伤，司法机关以转化型抢劫罪对其定罪处刑。该案后被再审法院认定为适用法律错误，原因是根据最高人民法院2006年《关于审理未成年人刑事案件具体应用法律若干问题的解释》，已满14不满16周岁的未成年人盗窃他人财物后，为窝藏赃物、抗拒抓捕或者毁灭罪证而当场使用暴力的，并不适用转化型抢劫犯的规定。如果有故意伤害致人重伤或死亡，或者故意杀人情节的，应分别以故意伤害或故意杀人罪定罪。

（四）受到外界因素干扰

实践中，外界因素的干扰是导致冤错案件的重要原因。这些外界因素包括案件协调、媒体监督、民怨民愤等。

在李某某故意杀人案中，被害人母亲杜某频频上访，给当地办案机关形成了巨大压力，最后不得不由一审法院与杜某签订了一份保证书，保证判处李某某死刑，结果导致冤案发生。

佘某某故意杀人案曾因该案事实不清、证据不足多次退回公安机关补充侦查，但由于被害人亲属以200多名当地群众签名"联名上书"，不断上访，要求严惩凶手，后佘某某被判处15年有期徒刑，该案后因"亡者归来"而再审改判无罪。

（五）被不当办案机制制约

在司法实践中，司法办案机关、司法办案人员被不科学的办案机制制约也是导致错案发生的一个重要制度因素。这些机制包括特殊时间的"命案必破"要求，以办案量、办案率进行绩效考核，办案责任制不明，行政审批式或者集体讨论式办案模式等，这些不科学的要求和机制，虽然并不直接导致错案，但对于错案的发生往往起着推波助澜的作用，是错案形成的制度原因。

四、错案纠正的六点启示

冤错案件,使原审被告人承受了数年的牢狱之灾,甚至付出了生命的代价,让每个有良知的人痛心疾首,也让司法蒙羞!而且,每起冤错案件的发生,都与司法办案人员直接相关。因此,纠正和防范冤错案件,是每一名司法办案人员义不容辞的责任!防范冤错案件,需要发挥刑事申诉与再审办案的反向审视职能,从冤错案件中总结刑事司法不规范、不当甚至是错误之处,深刻反思并提出防冤纠错的对策。笔者主要从司法办案角度谈几点启示:

(一) 树立正确司法理念

错案的发生,首先是司法理念出了问题。防范冤错案件,也需要首先从树立现代司法理念开始。刑事司法办案,需要树立和强化法治理念、人权保障理念、程序公正理念等,司法办案人员要从这些理念出发,处理好打击与保护、监督与配合、实体与程序的关系。司法办案必须摈弃"疑罪从轻""疑罪从挂"的错误观念,真正树立和践行"疑罪从无"规则,守住防范冤错案件的底线。

(二) 落实证据裁判原则

如前所述,我国的冤错案件成因中事实证据问题是首位的,这与司法办案中未能严格落实证据裁判原则有关。从实际发生冤错案件看,对于司法办案人员来讲,落实证据裁判原则关键是抓好以下三条:一是要以客观性证据为中心建立证据体系,不轻信口供。这就需要改变传统的以口供为中心构建定罪证据体系的办案模式,更加重视刑事科技工作,强化刑事科技队伍建设,加大经济投入,充分发挥刑事科技对司法办案的支撑作用。二是重视取证合法性的审查。司法办案中要更加重视保证取证的合法性,并将取证是否合法作为审查、审判的重点,将有罪供述和证人证言的取得是否有刑讯或暴力取证可能,辨认、勘验检查的组织是否合法、程序是否规范、文书是否完备,鉴定意见的主体和程序是否合法、鉴定依据是否科学、结论是否客观唯一等,作为合法性审查的重点。对于有非法取证可能的要调查核实,对发现的非法言词证据要坚决排除，对取证程序不合法的物证要及时补正，不能补正也不能作出合理解释的，也要依法排除。三是重视证据体系和证明标准的把握，案件达不到事实清楚、证据确实充分证明要求的，要及时组织补充侦查，不能带病移送起诉，更不能带病作出裁判。

（三）破除司法办案迷信

通过刑事错案的分析，笔者发现在各国的司法办案中都或多或少存在司法迷信，这些错误的观点深深植根在司法办案人员的脑海里，从根本上影响着办案的走向。如美国俄亥俄州的前检察总长佩特罗先生将美国式错案的司法迷信归纳为八个方面：一是监狱里的每个罪犯都会声称自己无罪，真实的情况是大多数罪犯都不会声称自己是无辜的，因此对于犯罪嫌疑人的无罪辩解或罪犯的无辜申诉一定要调查核实。二是司法体制很少冤枉好人，但真实的情况是美国也存在许多冤案。三是有罪的人才会认罪，真实情况是警察的讯问技巧可以导致虚假供述。而在我国目前刑讯或变相刑讯的情况还时有发生，司法办案人员一定要对不可靠的有罪供述保持高度警惕，套用一句投资用语就是"口供有风险，采信须谨慎"。四是发生冤案是由于合理的过失，但真实情况是冤案常常是由于警察和检察官的违法行为导致的，这种情况在中国也是存在的。五是目击证人是最好的证据，但实际上许多冤案正是由于目击证人的错误证言导致的。这种情况在我国也是适用的，有些错案是由于被害人的指认错误导致的，特别是在辨认程序违法的时候，发生错误指认的可能性更大。六是错误的有罪判决会在上诉程序中被纠正，而真实情况是上诉程序的纠错功能往往发挥不到位。这种情况在我国也存在。七是质疑一个有罪判决会伤害被害者，但真实情况是无辜者服刑并不能使被害人感到欣慰，因为真正的犯罪人逃脱了司法制裁，并可能正在实行新的犯罪。八是如果司法体制存在问题，体制内的职业人士会改善他们，但实际情况并非如此，因此他呼吁公民要参与司法改革。①

---

① ［美］吉姆·佩特罗、［美］南希·佩特罗：《冤案何以发生：导致冤案的十大司法迷信》，苑宁宁、陈效等译，顾永忠校，北京大学出版社2012年版，前言第3页。

有学者总结了中国式的八大司法迷信：一是严禁刑讯逼供以及威胁、引诱、欺骗就可以遏制错案，实际情况是刑讯一直没有被杜绝，而威胁、引诱、欺骗更被作为侦查手段使用。因此，在司法改革中要采取更为严格和可行的措施，比如对所有刑事案件的讯问过程要求全程录音录像，甚至允许律师介入，对于威胁、引诱、欺骗与正当的侦查策略要进行合理区分。二是"命案必破"加上指标考核是破案的法宝，这一点已经被证实是不符合司法规律的。三是办成"铁案"就可以避免错案。但"铁案"既可能是证据确凿、事实清楚的公正裁判，也可能是不留下任何翻案机会的错误判决，如销毁原案证据使案件真相无法重现等，司法办案中更需要警惕后一种"铁案"。四是通过自我监督和法律监督就可以发现并纠正错案，而实际上每一起错案的纠正都是十分困难的，因为每纠正一起错案都意味着有一批执法者、司法者受到影响甚至被追究责任。这提示我国的司法改革设计者，不仅要改革错案纠正机制，更要重视错案发现机制。五是严厉的错案追究可以避免错案，但实际情况是许多可能的冤案正是由于存在错案追究制度更难以得到纠正。这提示大家，要合理确定司法办案责任，明确司法办案的责任范围和豁免情形，还要建立独立、公正、透明的责任调查和惩戒机制，否则错案责任可能成为司法办案人员"不能承受之重"。六是错案国家赔偿的标准越低越好，范围越广也好。因为实践中公安司法机关不愿意赔偿，因此标准低一些范围广一些，更容易执行。七是提高办案人员的素质是关键。但实践表明，在经济发达地区办案人员素质一般比较高，仍会出现错案。这提示大家，必须重视诉讼制度建设，只有靠制度才能更好地避免错案。八是学习、反思错误就可以防止错案的发生，但实际情况表明这并不能从根本上防止错案，缺乏制度层面的改革，学习与反思很容易成为一种形式。①

（四）纠正司法心理偏差

关于错案成因，有学者认为办案人员的心理偏差是更为根本的原

---

① 参见胡铭：《错案是如何发生的——转型期中国式错案的程序逻辑》，浙江大学出版社2013年版，第228～230页。

因。违法取证行为是法律明令禁止的,但为什么还一而再、再而三的有人违反,其根本原因正是在于办案人员存的心理偏差,违法取证行为多是心理偏差的外在表现,环境原因则对办案人员的心理偏差起强化作用。

比如"隧道视野"的心理偏差,指司法办案人员将注意力选择性地集中于某一目标而不考虑其他可能性的心理,就像人在隧道中只能看到隧道内的情景一样。"证实偏差"也是一种心理偏差,指司法办案人员习惯于证实而不是证伪自己的观点。在这两种心理偏差影响下,办案人员往往在证据不充分的情况下过早确定某人为犯罪嫌疑人,进而将调查集中于该嫌疑人,尽可能地收集可以证明该嫌疑人有罪的证据,对符合自己假设的有罪证据给予比较高的证明力,对与自己观点不符的无罪证据更倾向于认为不相关、不可靠、不可信。

又如"正当事业腐败"的心理偏差,指如果司法办案人员认为自己所追求的目标具有正当性,更可能去采取不正当手段达成该目标,并用该目标为不正当手段辩护。这往往是司法机关在办案压力下,对刑讯逼供、违法辨认等行为"睁一只眼、闭一只眼"的心理原因。

还有"情感附着"的心理偏差,指对于犯罪手段凶残、危害极大的案件,司法办案人员容易产生同情被害人,痛恨犯罪嫌疑人的心理。这种心理偏差客观上使得司法办案人员更努力地去打击犯罪,但同时也可能遮蔽司法办案人员的眼睛,形成对犯罪嫌疑人的"偏见"和"先入为主"心理。

目前,我国理论和实务界还很少运用心理学方法进行错案分析,办案人员的心理偏差还没有引起人们的足够重视。但大量的研究已经表明,这些心理偏差是客观存在的而且对办案有重要影响。因此,我们必须重视这些心理偏差,通过强化教育使司法办案人员认识这些心理偏差,主动在办案中克服这些心理偏差。

(五) 严守依法办案底线

随着中国法治的进步,警察、检察官和法官的执业风险正在加剧,特别是随着中央司法责任制改革的推进,司法办案人员将对所办案件终身负责。内蒙古呼格案、河南赵作海案中相关司法办案人员被追究责任,也提醒公安司法办案人员,在履行执法司法职责的同时,必须建立执法司法风险防范机制,有效地防范职业风险。笔者认为,刑事诉讼法等法律、司法解释和办案程序规定,不仅是防范冤错案件的保障线,也是避免司法办案人员承担错案责任的保障线。根据"两高"出台的司法责任制改革意见,司法责任是指"故意违反法律法规的,或者因重大过失导致司法错误并造成严重后果依法应当承担的违法责任",司法办案人员不存在重大主观过错或已经尽到法定职责的其他行为,是可以获得司法豁免的。这提示大家,在司法办案活动中必须严守依法办案的底线,严格依法办案,就是严守了错案防范的底线,也是严守了执业风险的底线。

(六)革除不当办案机制

前述冤错案件成因分析中,笔者曾提到了现有的一些不符合司法办案规律的办案机制,如"命案必破"要求,以办案量、办案率进行绩效考核机制,行政审批式或者集体讨论式办案模式等,这些不科学的办案机制无疑应作为执法规范化的重要对象予以审视。关于司法办案机制如何改革,中央司法改革方案中已有明确要求,有的改革项目正在落实和推进,比如办案考核机制的改革,平常大家关注也比较多,这里不再展开。

五、错案纠防的五种趋势

随着司法改革的深入推进,刑事错案发现、纠正和防范正面临新的形势。笔者认为,当前刑事错案的纠正和防范呈现出五方面的趋势:

(一)错案的纠正数量可能继续走高

之所以得到这样的判断,根据有以下几个方面:第一,是当前我国对纠正冤错案件高度重视,将健全错案纠正和防范机制、完善错案责任追究制度作为了两项重大改革举措,"两高"改革规划中对这两项改革任务都作了具体分解。随着这些改革措施的出台和落地,司法机关发现和纠正错案的积极性和能力将会得到很大提升。第二,随着社会和媒体对错案的广泛关注,以及司法机关纠正错案所形成的附带"鼓励"效应,近年来到法院、检察院上访、申诉的案件数量出现了大幅攀升,有的地方是成倍的增长,这也为司法机关发现错案增加了可能性。第三,随着上一阶段"诉访分离"改革措施的实施,有更多的上访案件作为刑事申诉案件纳入了司法机关的办案程序,这会直接促使错案的发现、纠正及数量的上升。而且,考虑到我国原来发现错案的途径比较单一、错案纠正的难度也比较大,随着司法改革的推进和司法文明的进步,我国未来发现和纠正错案的数量有可能会继续走高。

(二)"疑案"将成为主要错案形态

当前刑事错案的主要形态是冤案和错案,也就是根据新证据或已经变化了的证据可以证明原案判决或处理决定"确有错误"的案件。但将来这一状态将发生较大的变化,"疑案"将成为主要的错案形态。"疑案",就是案件事实真伪不明的案件,根据刑事诉讼法的规定,"疑案"本应当"从无",但在很长一段时间里这一原则并未得到完全落实,"疑案从轻"或"留有余地"成为众多"定放两难"案件的主要处理方式。但随着"以审判为中心"的诉讼制度改革的推进,法院将更有决心和能力贯彻"疑罪从无"原则,因此将来会有更多的原案以"疑案从轻"和"留有余地"判决结案的案件被重新审视,这将会导致越来越多的"疑案"被作为错案纠正。实际上,这种形势在近几年的错案纠正中已经初步显现,如浙江张氏叔侄强奸案、安徽于英生杀妻案、云南钱仁凤投放危险物质案均是在真凶没有出现的情况下,以原审裁判认定被告人有罪的证据不足而被宣告无罪的,都是典型的"疑案"。

(三)程序违法将扮演重要纠错角色

程序错误在这里主要指办案机关和办案人员在侦查、检察和审判活动中严重违法、严重侵犯当事人诉讼权利的行为,如侦查人员刑讯逼供、暴力取证、勘验检查和鉴定严重违反程序,法庭组成人员违法、应当回避不回避、将未经质证的证据材料作为定案依据等。程序违法在以往的错案纠正中往往是实体违法的"附庸",案件因实体上出错被纠正,程序错误才得以浮出水面。但随着非法证据排除规则的运用,将会有更多的案件因存在严重程序违法而得到纠正。

李某故意杀人案中,李某因涉嫌猥亵杀害一名3岁女童被一审法院以故意杀人罪判处无期徒刑,但该案上诉后两次发回重审,最终被宣告无罪。主要原因是侦查人员在对犯罪现场的勘验检查时将两次勘验检查的情况写在一个笔录里,对尸体的检验严重违反法定程序,从白骨化的尸体检验中,在没有进行毒物鉴定的情况下,直接结合案情推测死因为机械性窒息。

(四)错案发现机制将更健全

冤错案件的及时发现是纠正的前提,我国目前错案的发现主要通过当事人申诉、办案机关发现、其他渠道移送三种渠道。而在国外,除官方发现机制外,还存在专业的第三方发现力量。如在美国,到2014年2月已经有76个民间性"无辜者项目",通常以高校法学院为依托,由教授、学生、律师等组成,主要通过DNA技术为当事人提供帮助,已成功为250人洗冤。[①] 在英国,成立有独立于内政大臣和司法机关的"刑事案件审查委员会"(CCRC),专门负责错案发现和调查,到2009年9月30日该委员会向上诉法院移送444件涉嫌错判的案件,290件案件的在罪判决已经被撤销。[②]

随着我国对错案防范、纠正、追责机制改革的推进,第三方错案发现力量也在逐渐形成。据了解,国内目前至少已经有4个民间洗冤项目,包括"蒙冤者援助计划""拯救无辜者洗冤行动""无辜者计划"和"冤弱法律援助中心",多由著名律师和学者组织,旨在为那些重罪疑似冤案中的贫弱者提供免费的法律援助。此外,近年来DNA数据库系统在国内发展也比较快,公安机关建立了犯罪嫌疑人DNA系统,也将大大提升错案发现的机率。

---

① 转引自黄士元:《正义不会被缺席——中国刑事错案的成因与纠正》,中国法制出版社2015年版,前言第4页。

② [加]肯特·罗奇:《错案问题比较研究》,蒋娜译,中国检察出版社2015年版,第2页。

（五）国家赔偿和追责将更到位理性

我国的国家赔偿法实施于 1995 年，经过 2010 年的修正，2012 年刑事诉讼法修改，以及 2015 年 12 月"两高"关于赔偿法解释的修补，在赔偿范围、程序、标准方面越来越趋向成熟，赔偿的可得性、便利性、确定性和公正性已大大提高，冤狱赔偿正逐渐成为常态。同时，为了改变过去公安司法机关"办案权与决定权"分离、通过集体决定规避办案责任导致出现错案无人负责的局面，中央决定推行司法责任制改革，"两高"已相继出台司法责任制的改革意见，制定了法官、检察官权力清单，明确办案人员、庭（厅）长、院长或检察长、审委会或检委员的办案责任，成立法官检察官遴选惩戒委员会，明确了违法办案责任追究程序，"谁办案谁负责，谁决定谁负责"的责任体系和符合司法规律的责任追究程序正在形成。可以预见，随着刑事错案发现和纠正渠道的畅通以及错案数量的增加，未来的错案追责将更为理性，同时力度也会加大，出现错案后办案人员被追责的机会将大大增加。

第三讲　申诉案件的审查与复查

申诉人及其代理律师提交的申诉材料被法院、检察院受理后是如何处理的？恐怕没几个人能真正说清楚，原因是大家对于刑事申诉与再审办案程序，特别是刑事再审程序启动前的刑事申诉审查、复查程序关注不多。但笔者认为，这些难登刑事诉讼法大雅之堂的再审前置程序的作用却不容小觑，它们实际上担负着检验原审裁判正确与否和发现确有错误裁判并启动再审程序的实质审查功能，而能否启动刑事再审程序又是冤错案件得以纠正的前提和关键。

因此，本书第三讲申诉案件的审查和复查主要讲五方面的问题：一是难登大雅的关键一环，说的是刑事申诉审查、复查程序虽然在刑事诉讼法中规定很少，但作用却非常关键；二是申诉案件的主要来源，主要讲了提出申诉、提请抗诉等几种方式；三是申诉案件的审查复查，讲刑事申诉案件审查、复查的主要流程及办案要领，重点是案件的复查；四是申诉文书的撰写技巧，主要选择复查终结报告来讲，重点是撰写过程中应当注意的问题；五是司法改革中刑事申诉审查、复查程序面临的问题及其应对。

一、难登大雅的关键一环

根据司法文件的规定，刑事申诉实行"同级审查、逐级申诉"的原则，即申诉人不服原审裁判的，一般应当先向作出生效裁判的法院或其同级检察院提出申诉，经原审法院或同级检察院审查或复查后申诉人仍不服的，可以分别逐级申诉到最高人民法院、最高人民检察院。受理刑事申诉的法院、检察院层级不同，但刑事申诉被受理后的审查、复查程序却是类似的。

审查和复查，是笔者对检察院处理刑事申诉两种基本程序的概括。从最高人民检察院制定的《人民检察院复查刑事申诉案件规定》看，审查程序在规范层面并不独立存在，审查只是复查立案的附属准备程序。在该文件中，有关审查的条文规定在复查之前的"立案"一章中。立案，才是一个单独的办案阶段。刑事申诉经过审查后不符合立案条件的，处理结果为"审查结案，不予立案"。但在实践层面，审查却可视为一个独立的程序，因为大多数刑事申诉经过审查就被处理了，审查不仅是复查立案前的附属筛查程序，更是刑事申诉的实质处理程序。复查，无论是规范还是实践层面，都是一个独立的刑事申诉处理程序。在《人民检察院复查刑事申诉案件规定》中，大量法条是规范复查程序的。在司法实践中，复查程序主要承担发现冤错案件的实质审查功能，是刑事再审的准备程序。

法院对刑事申诉的审查和复查，原先分别称为"立卷审查"和"立卷复查"，2002年也改为审查和立案复查，但实践中两者的界线未作清楚区分。相比而言，检察机关对刑事申诉的处理比较严格地区分了审查与复查，因此以下主要以检察院为例进行说明。审查，可看作对刑事申诉的书面审查程序，目的是审查刑事申诉是否符合立案复查条件。一般的办案流程：原审生效裁判的法院及其同级检察院，应对受理的首次刑事申诉案件阅卷或调卷审查；上级法院、检察院对受理的刑事申诉，办案人员先对申诉材料进行审查，必要时可以调阅下级院申诉办案的审查或复查报告，向下级院审查或复查办案人员了解情况，仍有疑问难以作出判断的，调阅原审全部案卷进行审查。复查，是对刑事申诉案件的全面复核程序。一般的办案流程：办案人员发现原审裁判确有错误可能的，需要履行立案手续，正式启动复查程序。在复查程序中，办案人员应当阅卷，会见申诉人、原审被告人，询问证人、鉴定人，向原案办案人员特别是侦查人员了解情况，调查复核主要证据，经过上述调查复核工作，认为申诉案件已经查清的，撰写复查终结报告，提出对申诉案件的处理意见。

实践中，大部分刑事申诉经过审查程序即告终结，进入复查程序的只是少数，启动再审程序的更少一些，但审查和复查程序仍然十分重要。审查程序，是多数刑事申诉的实质处理程序，特别是最高法、最高检对刑事申诉的审查，是原审生效裁判监督和申诉人权利救济的最后一环，对于维护司法公正和保障申诉权利都十分重要。复查程序，是审查的后续程序，再审程序的前置程序，以原审裁判有错误可能为启动条件，承担着发现冤错案件、准备启动刑事再审程序的重要使命，虽然在刑事申诉中所占比重不大，但对于冤错案件的纠正极为关键。因此，审查和复查程序虽然在刑事诉讼法中着墨不多，也可以说是难登刑事诉讼程序的大雅之堂，但对刑事申诉的处理却可谓极为关键的一环。

二、申诉案件的主要来源

根据法律规定和司法实践，刑事申诉案件主要有以下几种来源：申诉人提出的刑事申诉、下级院提请抗诉、媒体网络关注及办案中的发现、其他机关转交等。其中，申诉人提出刑事申诉是最主要的来源。

（一）申诉人提出的刑事申诉

申诉，在我国是一个使用十分宽泛的概念，既见于宪法正文、三大诉讼法中，也见于党纪政纪规定。刑事申诉，则具有特定的含义，指刑事诉讼当事人及其法定代理人、近亲属等因对生效刑事判决、裁定、终结性处理决定不服，而向法院、检察院提出的要求重新审查、复查并改变原裁判、决定的请求。

1. 哪些人有权提出刑事申诉？

根据刑事诉讼法、相关司法解释和司法文件的规定，合格的刑事申诉主体包括三大类：一是原案的当事人，包括原审被告人、被害人、自诉人及附带民事诉讼原告人、被告人；二是原案当事人的法定代理人，包括原案当事人的父母、养父母、监护人和负有保护责任的机关、团体的代表；三是原案当事人的近亲属，包括夫、妻、父、母、子、女、同胞兄弟姊妹。由于上述三类人员与案件处理结果有直接或间接的利害关系，对案件也比较关心，赋予其申诉权是必要的。为了充分保障申诉权利，刑事诉讼法对上述三类申诉主体的申诉顺位没有明确限制。

2. 案外人有无申诉权？

目前法院和检察院的做法并不统一。根据最高人民法院《关于适用〈中华人民共和国刑事诉讼法〉的解释》第371条的规定，案外人认为已经发生法律效力的判决、裁定侵害其合法权益，提出申诉的，人民法院应当审查处理。但《刑事诉讼法》第252条规定的刑事申诉主体，仅指当事人及其法定代理人、近亲属，不包括案外人。最高人民检察院制定的《人民检察院复查刑事申诉案件规定》第12条规定的申诉主体也仅限于当事人及其法定代理人、近亲属，不包括案外人。

3. 刑事申诉的对象有哪些？

一般认为，申诉人可以针对生效的刑事司法裁判或终结性处理决定提出申诉。生效的刑事司法裁判，是指人民法院作出的、已经发生法律效力的刑事判决、裁定。终结性处理决定，是指检察机关作出的刑事不立案、撤案、不批捕决定、不起诉决定等。本书中讨论的刑事申诉的对象，主要是人民法院生效的裁判和裁定，这也是实践中数量最多的刑事申诉类型。

4. 提出刑事申诉可以采取哪些方式？

最主要、最传统的方式是来信、来访，实践中称为"涉诉来信来访"，指人民群众向司法机关提出的与诉讼相关问题的反映，其中包括对生效刑事裁判、决定的刑事申诉。近年来，随着通讯网络技术的发达，法院、检察院大力推进信息化建设，开通了诉讼（检察）服务专线电话、互联网诉讼（检察）服务平台、微信、微博、检察新闻客户端以及远程视频接访系统等，申诉人通过上述平台提出的刑事申诉，与传统的来信、来访具有同等作用，只要有明确的申诉请求和理由，符合级别管辖的规定，申诉材料齐全的，都应当作为刑事申诉受理。

5. 实践中，申诉与举报、控告等经常混在一起，应当注意区分。

申诉，主要是由当事人提出的，针对的是涉及本人权益的生效裁判或处理决定。举报，是公民选择一定的方式，就其知道的违法犯罪人和违法犯罪事实向有关的国家机关检举、报告，并要求依法受理、查处的行为。控告，是由遭受犯罪行为直接侵害的被害人或其近亲属提出的，基于维护自身权益而要求追究被控告人刑事责任的请求，当事人及其辩护人、诉讼代理人对于诉讼中侵犯其诉讼权利的行为也可提出控告。司法实践中，很多人在提出申诉的同时，又举报、控告公安司法工作人员涉嫌贪污受贿，徇私枉法，非法拘禁等犯罪，希望通过对公安司法工作人员的查处达到改变原裁判或处理决定的目的。此类举报、控告如果明显缺乏根据的，是名为举报、控告，实为申诉。

6. 关于刑事申诉的效力，也需要特别注意。

刑事申诉与上诉不同。上诉，是上诉人在刑事诉讼中针对一审法院尚未生效的裁判、裁定，在法定期限内提起上诉的活动。上诉，无论理由是否充分，都必然产生两种效力：一是阻止一审裁判生效；二是引起第二审程序。但刑事申诉则不同，其只能引发审查或复查程序，但不能直接引发再审程序，也不能停止原审判决、裁定的执行。《刑事诉讼法》第253条从事实认定、证据采信、法律适用、诉讼程序等方面规定了刑事申诉可能引发再审的条件，但即便是申诉人提出的刑事申诉已经实质上符合上述条件，仍需要由人民法院、人民检察院进行审查、复查，决定是否启动再审，刑事申诉只是引发再审程序的一个条件。

7. 刑事申诉原则上并无期限的限制，但也存在一些例外情况。

根据最高人民法院《关于规范人民法院再审立案的若干意见（试行）》第10条的规定，人民法院对刑事案件的申诉人在刑罚执行完毕后两年内提出的申诉，应当受理；超过两年提出申诉，如原审被告人可能无罪的，两年期限内提出申诉但人民法院未受理的，案件疑难、复杂、重大的，也应当受理。实践中，为了规范刑事申诉的级别管辖，司法机关一般按"分级负责、就地处理"原则，规定由作出生效裁判的人民法院或同级的人民检察院受理申诉，未经该级司法机关处理的，上级人民法院和人民检察院一般不予受理。为了从程序上适当限制申诉的提起次数，对于经过两级司法机关处理，并经过省级司法机关复查的，如果没有新的事实和理由，可以根据案件情况作出终结处理决定，终结后对申诉不再受理。

8. 关于律师代理申诉制度。

根据最高人民法院《关于适用〈中华人民共和国刑事诉讼法〉的解释》第371条的规定，申诉可以委托律师代为进行。律师代理申诉制度是党的十八届四中全会提出的改革措施，近年来人民法院、人民检察院会同司法行政部门、律师协会等单位制定了一系列规范性文件，加快推动律师代理申诉制度的实施。建立普遍的律师代理申诉制度，有利于保障申诉权和公正解决合理诉求，促进社会矛盾化解，是未来刑事申诉办案制度改革的方向之一。实践中，随着法律援助全覆盖的全面推行和2018年刑事诉讼法对法律值班制度的确认，已经有越来越多的律师参与到刑事申诉处理过程中。但遗憾的是，目前在刑事诉讼法层面，对于司法机关审查、复查刑事申诉中听取代理律师的意见并无明确规定，特别是在司法机关立案复查确有错误可能的刑事申诉案件后，代理申诉的律师如何行使会见权、阅卷权、调查权等，亟待进一步明确。

（二）下级院提请抗诉

下级检察院提请抗诉是上级检察院刑事申诉案件的重要来源。为了实现审判监督的目的，我国再审程序的提起职责主要赋予生效裁判法院的上级法院、检察院，但刑事申诉案件的初次受理又是原审法院及其同级检察院，这就形成了审查、复查权与抗诉权、启动再审权的相对分离。由于刑事诉讼法同时也赋予了原审法院院长和审判委员会再审启动权，这一矛盾在法院并不明显，而主要表现在检察院办理申诉案件过程中。也就是说，原审生效裁判的同级检察院受理、审查或复查申诉案件后，认为原审生效裁判确有错误，应当启动再审程序重新审理的，只能向其上级检察院提请抗诉。因此，审查办理下级检察院提请抗诉的申诉案件，成为上级检察院申诉案件的一个重要来源。实践中，下级检察院提请抗诉，不仅要报送提请抗诉书，还要报送原审全部案卷，使这类刑事申诉案件一开始就成为"最正式"的申诉案件。

当然，为了缓和刑事申诉案件过度向上级检察院聚集，最高人民检察院制定的《人民检察院复查刑事申诉案件规定》中确立了作出原审生效裁判的同级人民检察院可以提出再审检察建议，与法院共同启动再审程序的监督方式，在实践中运用已经十分广泛，甚至最高人民检察院的许多监督案件都是通过这一方式启动再审的，取得了良好的法律和社会效果，但这一做法仍待立法的确认。

（三）媒体网络关注及办案中的发现

我国信息网络发展已经进入新的时期，以手机为载体的新媒体如微信、微博、新闻客户端在信息传播和社会交往中的作用越来越大，信息传播的迅速也越来越快，如山东辱母案、昆山龙哥案、张扣扣案、空姐滴滴打车案等，在案发后很短的时间就广泛传播，引发社会关注，甚至对案件处理产生了一定影响。刑事申诉与再审案件更是如此，如内蒙古王力军收购玉米案、天津赵春华涉枪案、黑龙江汤兰兰案等，均曾引发媒体网民的热议和围观，有的还引发了上级法院、检察院对案件的审查或复查。

公安司法机关和律师在办理此案中发现了彼案的线索，牵扯到已经办理完毕的刑事案件，也往往成为申诉案件的来源。如内蒙古呼格案是在赵志红案办理中被发现的，河北聂树斌案则与王书金案的办理有一定关联。此外，司法机关为保证办案质量，经常开展定期不定期的案件质量评查活动，通过这些活动也可以发现已经办理完毕案件可能存在错误的线索，也成为对案件进行申诉、复查的重要来源。当然，无论是通过媒体网络关注引发，还是其他案件办理中引发的申诉案件，一般都以申诉主体提出申诉为前提条件。在没有提出申诉的情况下，司法机关能否直接办理申诉案件，理论上还存在一定的争议。

此外，党委机关、纪委监察委、政府机关、人民团体等在接待信访、执纪监督和执法办案等工作中，发现原审裁判可能有错误，向法院、检察院移送材料的，也是刑事申诉案件的重要来源。

三、申诉案件的审查与复查

根据现行规定，目前法院、检察院的审查、复查程序的设置，均以纠正错判和启动再审为主要目标，但在程序设置上略有区别。检察院对刑事申诉的审查、复查最终目的是决定是否提出抗诉，对审查、复查有比较严格的区分。审查程序是复查程序的前置筛查程序，通过审查认为原审裁判"有错误可能"的，案件进入复查程序，由审查进入复查时需要履行立案手续，此处的立案指复查的立案；法院的审查程序与复查程序原先分别称为"立卷审查"与"立卷复查"，2002年后也改为审查和立案复查，如果认为原审裁判"有错误可能"的，则直接裁定再审立案，转入刑事再审程序。

鉴于笔者对检察机关审查、复查程序更为了解，下面主要以检察院的审查、复查程序为例进行说明。在检察机关办理刑事申诉案件时，审查是所有受理的刑事申诉的前置书面审查程序，复查是部分原审裁判有错误可能刑事申诉案件的后续复核程序。审查与复查，实际上是检察院处理刑事申诉的前后接续的两个阶段。前者偏重于书面审查，重点围绕裁判文书和申诉理由进行，实践中多数刑事申诉经过审查可以办结，否则应当进入复查程序。后者是审查的后续程序，以原审裁判"有错误可能"为实质启动条件，需要先立案后复查，办案中需要全面、亲历复核证据和重新评判原审事实认定、证据采信、法律适用问题，实践中只有少数刑事申诉能进入复查程序。

（一）刑事申诉案件的审查

如前所述，审查是处理刑事申诉的书面审查程序，也是多数刑事申诉的实质处理程序。作出原审生效裁判的法院及其同级检察院，应对受理的首次刑事申诉阅卷或调卷审查；上级法院、检察院对受理的刑事申诉，办案人员先对申诉材料进行审查，必要时可以调阅下级院申诉办案的审查或复查报告，向下级院审查或复查办案人员了解情况，认为原审裁判有错误可能的，调阅原审全部案卷进行审查。审查的主体为审判人员或检察人员，但不要求是合议庭或办案组的形式，实践中多由一人单独审查办理。审查要点如下：

1. 针对原审裁判

审查程序中，除作出原审生效裁判的法院及其同级检察院应对受理的首次刑事申诉阅卷或调卷审查外，上级法院、检察院的办案人员首先是对受理的申诉材料进行审查，审查的重点是原审生效裁判文书。主要审查两方面：一是对原审裁判本身的审查。主要审查原审生效裁判文书认定的事实是否有充足的证据，对原审被告人行为的定性是否正确、量刑是否适当、诉讼程序是否合法等。二是对前后处理裁判进行对照审查。如审查一审、二审裁判在事实认定、证据采信、法律适用等方面是否一致、不一致的原因。原案有过多次起诉、变更管辖、发回重审、再审等情形的，应重点比对审查裁判的变化情况及原因。

2. 围绕申诉理由

申诉人提交的申诉书或接待申诉时办案人员所作接待笔录，是申诉人申诉请求和申诉理由的主要载体，也是申诉审查办案的重点。审查内容主要是三方面：一是申诉主张的指向及申诉理由本身是否具有合理性；二是与原审裁判相对照，申诉人提出的申诉理由与原审裁判事实认定、证据采信及法律适用上是否存在无法排除的矛盾；三是申诉人是否提供了新证据或者证据线索。

3. 书面审查为主

申诉审查程序中，无论是作出原审生效裁判的法院及其同级检察院直接阅卷审查，还是上级院办案人员针对申诉人提供的原审裁判文书副本或复印件、申诉书及相关证据材料进行审查，主要是书面审查。当然，这一原则并不影响办案人员在有必要时调阅下级院申诉办案人员的审查或复查报告，向下级院审查或复查办案人员了解情况。经上述审查工作，仍对原审裁判有疑问的，应调阅原案全部案卷。

4. 及时作出决定

鉴于审查是复查的前置程序，以筛查有错误可能的原审裁判进入复查程序为重要目标，又以书面审查为原则，要求相关审查工作应尽快完成并及时作出审查决定，对不能审查结案的，应及时启动复查程序。最高人民检察院在《人民检察院复查刑事申诉案件规定》中明确，审查刑事申诉，应当在受理后2个月内作出审查结案或立案复查的决定，调卷审查的审查期限从卷宗齐备之日起算。

刑事案件案件经过审查后，有两种处理结果：一是办案机关认为原审裁判没有错误、应予维持的，法院将作出驳回申诉的通知，检察院将作出不予支持抗诉或不予支持申诉的决定；二是认为原审裁判有错误可能的，法院、检察院将启动立案复查程序。

(二) 刑事申诉案件的复查

复查，在法院、检察院办理刑事申诉案件中意义不同。复查，是检察院对刑事申诉的全面复核程序，是审查的后续程序，以原审裁判"有错误可能"为启动条件，在立案后进行。复查，是人民法院在再审立案前对刑事申诉的实质调查复核活动，认为原判有错误需要改判的，直接裁定再审立案，案件进入再审程序。复查，是极为正式的办案活动，相关调查复核活动均应当组成合议庭或者由两名以上检察人员负责，原案承办人员不再参与办理，以下主要以检察机关为例进行说明。复查的要点如下：

1. 严把立案关口

复查，是针对已生效刑事裁判发起的极为正式、严肃的审前办案程序，复查办案活动主要围绕原审裁判是否正确展开，最终目标是确定是否需要再次启动刑事审判程序。生效刑事裁判，是在公安、检察、法院三机关相互配合、相互制约的情况下，经历了侦查、起诉、一审、二审等多个诉讼环节，经过了法庭调查和辩论的最终结果，具有极强的既判力，不容轻易否定。因此，为了维护司法裁判的确定性和既判力，各国都对启动复审设置了严格的程序和实体条件。但与国外相比，我国对刑事申诉限制不多，申诉人提出刑事申诉只要符合程序条件的，法院、检察院都要受理并进行审查。但对审查后的刑事申诉启动立案复查程序则要求司法机关严格把握"有错误可能"标准，必须履行立案手续。具体办案中，重点是把握两方面：

一是何种错误属于原审裁判"有错误"。参照最高人民检察院制定的《人民检察院办理不服法院生效刑事裁判申诉案件工作指南》第20条的规定，笔者总结为事实认定错误、证据采信错误、适用法律错误、严重违法办案错误四个方面。事实认定错误，指影响定罪或量刑的关键事实认定不实或严重不准确；证据采信错误，指出现了足以影响原判定罪量刑的新证据，原判定案的证据之间有无法排除的矛盾、主要证据系非法证据必须排除、主要证据未经法庭质证即被采信、定案证据体系没有达到确实充分证明标准等；适用法律错误，指原判在罪与非罪、此罪与彼罪、罪数方面有错误并影响量刑，以及量刑畸轻畸重的；严重违法办案错误，指审判人员有贪污受贿、徇私枉法行为，或者原审过程中存在违反合议、回避等基本诉讼制度或剥夺辩护权等违反基本诉讼程序要求的情况。办案中，把握"有错误"的标准，关键是区分足以影响原审裁判正确性、公正性的"严重错误"与一般执法司法瑕疵，把握错误的实害性标准，拿捏好立案复查的必要性。

二是何为"有错误可能"。大家知道，在刑事诉讼程序的不同阶段证据标准是不同的，立案、逮捕、起诉、审判，对证据标准的要求是依次提高的。在刑事申诉中也是如此，从审查、立案、复查、启动再审到再审改判，证据要求也依次提高，只不过办理刑事案件以犯罪嫌疑人、被告人有罪为指向，办理刑事申诉案件以原审裁判有错误为指向。具体到复查的立案环节，对原审裁判有错误的证据标准是"有可能"，而不是"有错误"或"确有错误"。这里的"有可能"，指经过对原审裁判、申诉材料、原审全部案卷的审查，办案人员有合理根据地认为原审裁判存在错误，需要进行复查。有错误可能，并不要求错误已经查实，否则可能会放过发现错案的机会。

2. 坚持全案复查

复查刑事申诉案件，适用"全案复查"原则。在具体办案时，审查范围包括申诉材料和全部案卷，审查内容包括原案所事实认定、证据采信、法律适用等，均不受申诉请求和申诉理由的限制。这里全部案卷不仅包括原审的诉讼案卷，也包括侦查、检察和法院内卷，特别是侦查内卷，反映了侦查阶段原审被告人作为犯罪嫌疑人被发现和锁定的情况，还可能存在侦查机关已经获取但未向检察机关移送的证据等，是发现冤错案件线索的重要依据，在办案中要引起特别的重视。此外，有数名原审被告人，其中只有部分原案被告人提出申诉的，也应当对全案进行复查，不受申诉人数的限制。

全案复查，有利于发现原案错误，保证复查结论的正确性，也可以避免未提出申诉的其他人再次提出申诉时导致重复劳动，符合诉讼经济原则。当然，全案复查与重点复核并不矛盾，每个刑事申诉案件都有自己的重点问题，有的是原案以有罪供述定案但口供难以判断真伪，有的是原案缺少锁定原审被告人作案的客观性证据，有的是经济纠纷与刑事犯罪的界线难以把握，办案人员在全案复查的基础上，更要重点针对原案中的问题开展调查复核。

3. 亲历复核证据

亲历性复核，是近年来检察机关公诉工作为应对"以审判为中心的改革"而提出的，要求检察官在审查起诉中运用现场复勘、走访核实、听取意见等方式复核主要证据的审查模式。公诉案件数量大，要求每案均亲历复核既不现实，也无必要。复查案件则不同，复查案件通常是复杂、疑难案件，且多是不认罪案件或事实证据发生重大变化的案件，必须进行亲历性复核。实践中，法院、检察院复查刑事申诉案件中需要做的亲历性复核工作主要包括：会见原审被告人等原案当事人，询问证人、鉴定人等原案诉讼参与人，向原审办案人员特别是侦查人员了解情况，调查复核主要证据，在此基础上全面梳理全案证据、重新认定案件事实并进行法律评价。对于原案中的一些物证及其鉴定意见有疑问的，办案人员可委托重新鉴定，不具备重新鉴定条件的，可以委托专门技术人员进行证据审查。

4. 注重沟通协调

最近微信上一篇文章说司法人员不仅是在办案，更是在办别人的人生！话虽有点煽情，但道理不错。司法办案实质上是在和人打交道，刑事申诉复查更是如此，办案中需要做大量的亲历性复核工作，需要与案件当事人、其他诉讼参与人、原案侦查人员、检察人员、审判人员、代理律师等打交道，向院长、检察长、审判委员会、检察委员会汇报案件。这些沟通发生在原案诉讼之外，甚至是原案办理的多年、数十年之后，复查人员在复查中缺乏强制相关人员到案的措施，必须讲究沟通协调技巧。以下以检察人员复查案件为例简要说明：

(1) 会见原案当事人

原案当事人，主要指原审被告人、被害人等。检察官复查申诉案件，应当听取申诉人的意见，申诉人不是原审被告人本人的，一般需要会见原审被告人，听取意见、核实相关情况。根据案件情况，需要核实相关问题或听取意见的，可以会见被害人。检察官与当事人沟通需要注意两点：

首先，要提前摸底联系。与公诉案件不同，申诉案件的复查往往发生在原案诉讼结束几年、十几年甚至数十年之后，原审被告人、被害人的情况与原案诉讼时发生了很大变化。原审被告人有的正在服刑，有的已经服刑完毕，被害人的住所、联系方式也往往会有变化，办案人员一般无法通过原审案卷的记载找到他们。因此，在调查复核前要先了解当事人的现状，上级检察院复查案件的要提前与原案当地检察院联系。原审被告人仍在服刑的，应提前办好会见手续。还要提前了解申诉人、原审被告人、被害人的情绪情况，提前做好风险防控预案。

其次，注意调查方式。刑事申诉案件的复查中，办案人员手中并无强制手段可用，特别是对于被害人、已经服刑完毕的原审被告人。因此，在调查时间和地点的选择上可与被害人、原审被告人进行沟通，为保障会见和调查安全，相关会见、调查工作一般应当选择在当地检察院的询问室进行，被害人、原审被告人强烈反对的，也可以在保障安全的情况下选择其住所或其他地点进行。在会见、调查中，要做到理性、平和，不要与他们辩论原案事实、定性问题，避免产生抵触和对抗情绪。办案人员在调查结束后，还要进行适当的情绪疏导，告知当事人其所涉原案正在复查，让其耐心等待结果，不要反复申诉、越级上访。

(2) 向原审办案人员了解情况

原审办案人员主要是指原案侦查人员，包括负责讯（询）问、现场勘察、伤情鉴定、尸体检验、物证鉴定、司法会计鉴定的相关技术人员，公诉人及二审检察员、一审、二审的主审法官及其他合议庭成员，其中的重点是侦查人员。实际沟通中需要注意以下几点：

首先，做到充分尊重。复查办案人员与原案办案人员都是法定的办案人员,只是所处办案环节不同。复查并不意味着原案就是错案,即便原审裁判最终被确认为错判,原办案人员的司法责任也是由其他部门认定的,复查办案人员并无此权限。因此,在向原办案人员调查相关情况时,复查办案人员应做到充分的尊重,争取原案办案人员的理解和配合。

其次,突出调查重点。由于每个案件的情况不同,调查的重点人员与重点问题也不同。原案主要涉及言词证据问题的,应将侦查讯(询)问人员作为重点调查人员。原案主要涉及物证及鉴定问题的,应将侦查技术和鉴定人员作为重点调查人员。原案主要是证明标准把握和法律适用问题的,应将原案检察人员、审判人员作为调查的重点人员。

最后,讲究调查方式。复查人员办案中要结合具体案情,针对不同调查对象,提前设计调查提纲,关键是从办案细节入手,多提具体问题,避免笼统提问。如向原案侦查讯问人员了解情况,应了解原审被告人作为犯罪嫌疑人被锁定的根据,有无其他人员先期被锁定为犯罪嫌疑人后又被排除的情况及其原因,原审被告人作为犯罪嫌疑人的到案情况,首次讯问的时间、地点、供述情况,讯问的次数,有无讯问笔录不入卷的情况,侦查阶段口供的整体变化情况,变化的关键节点、具体内容和原因,讯问持续的时长,保障饮食情况,使用戒具情况,使用侦查耳目情况等等,避免直接问原案供述是否真实,有无刑讯逼供等笼统性问题。

(3)向检察长、检委会汇报案件

复查案件后拟提出抗诉等监督意见的,需要向检察长或检委会汇报并由其作出决定。检察官就案件向检察长、检委会汇报主要有两种方式:提交复查终结报告和口头汇报,其中向检委会口头汇报案件比较有挑战性。汇报的基本要求是:讲证据、说实话,坚持法律规定,提供决策思路。特别是在案件事实和证据上,必须客观反映,不能模棱两可,更不能为迎合领导口味而违背客观事实,隐瞒案件的真实情况。对于法律处理意见,主要是提出参考意见,供领导决策。

经过复查,也有两种处理结果:一是原审裁判没有错误的,人民法院应作出驳回申诉的决定，人民检察院作出不予支持抗诉或不予支持申诉的决定；二是认为原审裁判确有错误的，法院应报经院长批准裁定再审，检察院应报请检察长提交检察委员会讨论决定提出抗诉等监督意见。

复查的期限相对于审查期限较长。最高人民法院《关于适用〈中华人民共和国刑事诉讼法〉的解释》第375条规定，人民法院受理申诉后，应当在3个月内作出决定，至迟不得超过6个月。最高人民检察院《复查刑事申诉案件规定》也规定，人民检察院复查刑事申诉案件，应当在立案后3个月内办结。案件重大、疑难、复杂的，最长不得超过6个月。法院、检察院复查期限的区别是起算点不同，法院是从受理后起算，检察院是从立案复查后起算，由于立案复查前还有2个月的审查期限，检察院的整个刑事申诉办案期限长于法院。

此外，为了保障处理刑事申诉的社会效果，法院、检察院都更加注重办案的公开性和说理性，法院推广了申诉复查听证制度，检察院推行了公开审查制度并正在推进相关审查结案文书的改革。为了确保重大刑事申诉案件办理的公正性，检察院还推行了异地审查工作机制。

公开审查，是近年来检察机关力推的刑事申诉案件审查新形式。刑事申诉案件的公开审查，是指人民检察院在办理刑事申诉案件过程中，根据办案工作需要，采取公开听证以及其他公开形式，依法公正处理案件的活动。公开审查案件，包括公开听证、公开示证、公开论证、公开答复等形式，同一案件可采用一种公开形式，也可以多种公开形式并用。公开审查适用于对案件事实、适用法律存在较大争议的案件或者有较大社会影响的刑事申诉案件。近年来，检察机关力推此项制度，公开审查了一批案件，促进了当事人的服判息诉。据公开数据，2018年全国检察机关刑事申诉检察部门公开审查案件2116件，同比上升32.7%。公开审查的案件类型不仅包括不起诉申诉案件、不服法院判决申诉案件，还包括司法求助案件，公开审查时往往邀请当地人大代表、政协委员和人民监督员参加，取得了良好的法律和社会效果。①

异地审查，是法院和检察院正在推行的一项刑事申诉案件办理制度改革措施。根据最高人民检察院 2017 年 10 月 10 日出台的《人民检察院刑事申诉案件异地审查规定（试行）》，异地审查是指最高人民检察院将省级人民检察院管辖的刑事申诉案件，指令由管辖地检察机关以外的同级检察机关办理的审查方式。异地审查是申诉案件管辖权通过上级检察机关的指令在同级检察院之间的转移制度。建立异地审查制度，主要是因为近年来一些重大冤错案件由原作出生效判决的司法机关审查纠正面临的困难多、地方阻力大等问题，严重影响了纠错工作。根据最高人民法院的指令，由山东省高级人民法院进行复查的河北聂树斌案，是法院异地复查的一个典型案例。

四、法律文书的撰写技巧

法律文书制作是法官、检察官、律师的基本功。刑事申诉法律文书种类很多，既有对内的，也有对外的，既有文书式的，也有填写制式的。其中，比较见功夫的有复查终结报告、抗诉书（再审检察建议书）、（再审）出庭检察员意见书、再审判决书等。下面，主要谈谈检察官如何撰写好刑事申诉案件的复查终结报告：

复查终结报告，是检察官在完成复查工作后要起草的一种内部法律文书，在刑事申诉检察内部文书中最见功夫，也最难写。撰写复查终结报告，必须在全面调查复核证据、梳理原案主要问题的基础上进行，它能促进检察官认真思考和评价原审裁判，还承担着案件审批的功能，特别是对于一些重大、敏感、复杂、疑难的刑事申诉案件，复查终结报告还是向检察委员会汇报和制作抗诉书或再审检察建议书的基础，对于办好刑事申诉案件十分重要。笔者认为，撰写复查终结报告，应重点关注以下几点：

---

① 参见最高人民检察院第十检察厅关于新时代四大检察访谈相关内容，即"以群众来信件件有回复为突破　全力维护人民群众合法权益"载最高人民检察院公众微信号，2019 年 3 月 1 日。

(一) 突出焦点问题

关于复查终结报告的格式，应当适用最高人民检察院制定的有关文书格式。但实践中办案人员制作复查终结报告，多有借鉴公诉案件审查报告风格的倾向，这与申诉办案人员多有公诉办案经历有关。近年来，公诉案件审查报告进行了改革，公诉案件审查报告内容非常全面，其中证据罗列和分析占了很大一部分，常常长达几十甚至上百页。从改革目的看，是想让审批者只看审查报告就可全面了解案件，不必再审查案卷。笔者认为，这种案件审查报告全面有余，重点却不突出，案件分析等最精彩的内容往往淹没在繁杂的证据罗列中。刑事申诉复查案件与公诉案件不同，虽然是全案复查，但需要解决的往往是其中的几个焦点问题，更应当突出重点。笔者主张，复查终结报告应当是一篇有观点、有侧重、有逻辑的报告，要围绕复查中的争议问题，或突出事实认定，或突出证据分析，或突出法律适用分析，不要平均用力而缺乏针对性，证据罗列完全可以作为证据摘录附在复查终结报告之后。

(二) 写好复查情况

复查终结报告在内容上应突出复查的情况。复查终结报告内容上主要包括以下几部分：一是申诉人及原案当事人的基本情况；二是原案诉讼经过及认定事实、证据采信、法律适用情况；三是主要申诉请求及理由；四是复查经过及重新认定的事实和梳理证据情况；五是复查处理意见；六是需要说明的问题等。报告的前半部分主要是说明原案诉讼过程和原审裁判认定事实、适用法律情况，后半部分主要是说明申诉理由、复查情况，其中对"三类证据"的梳理、经过复查后重新认定的事实、复查处理意见及需要说明的问题是复查终结报告的"重中之重"。具体制作要点如下：

1. 重新认定案件事实。需要强调的是，检察机关复查刑事申诉案件并不拘泥于原审裁判认定的事实和定案证据，而是要在审查全部案卷、全面调查和亲历复核基础上，对原审裁判已经采信的定案证据、原审案卷中已有但原审裁判未采信的证据以及调查复查中发现的新证据等"三类证据"进行全面梳理和评价，并根据上述证据重新认定案件事实。

2. 认真写好复查处理意见。复查处理意见是整个复查终结报告最需要下功夫的部分，因为对原审裁判的评价、对在案证据的综合分析、对案件事实的重新定性都可以写到这一部分。复查处理意见要做到观点明确、依据合法、说理充分，这一部分的写法应是围绕案件处理意见进行理由阐释。具体写作中要根据具体个案的焦点问题论述说理，最忌面面俱到和说理不充分。

如何撰写处理意见的理由？笔者认为，实践中应先区分事实证据问题与法律适用问题，然后再根据复查中发现的情况确定具体理由。实践中，针对原审裁判提出的事实证据问题的理由主要有原审裁判锁定性证据严重缺失、原审裁判生效后发现颠覆性新证据、原审被告人有罪供述真实性高度存疑、原审裁判主要证据取证合法性严重不足，定罪证据不充分，案件主要事实认定有悖常理等，法律适用类理由主要有原审裁判定罪错误、量刑畸重畸轻、办案程序严重违法等。撰写复查终结报告时，上述理由可以综合运用。

3. 莫要小视"需要说明的问题"。需要说明的问题，主要是不便在其他部分说明但对案件处理又非常重要的非诉讼事项，比如原审被告人的服刑情况及诉后表现、舆论对案件的关注情况、关联案件的处理情况、被害人的情况、涉案财物的现状、原案办理中的违法情况等，这些问题对于判断原审裁判是否正确、如何处理刑事申诉更为适当具有重要参考价值。实践中，原审被告人在服刑过程中有长期申诉、拒绝减刑，原审裁判关联案件中"发现真凶"，被害人在原案处理过程中是否态度过激、案件是否引发舆论关注等，都可以写在"需要说明的问题"部分。

（三）把好监督标准

复查终结后主要有两种处理结果：一是认为原审裁判应予维持，不予支持抗诉或申诉；二是认为原审裁判确有错误，应予提出抗诉或再审检察建议。前一种情况无需多说，提出监督意见，则应把握好"确有错误"标准，因为检察机关启动再审程序以原审生效裁判"确有错误"为实质条件。复查的主要工作，就是发现原审裁判的"确有错误"所在，复查终结报告主要任务就是要归纳好原审裁判的"错误所在"，为说服自己、说服领导、说服法官做好准备。

我国刑事诉讼法和相关司法解释对原审裁判的错误类型都有明确的规定，主要体现在《刑事诉讼法》第254条、最高人民法院《关于适用〈中华人民共和国刑事诉讼法〉的解释》第375条第2款、《人民检察院刑事诉讼规则（试行）》第591条、最高人民法院《关于审理人民检察院按照审判监督程序提出的刑事抗诉案件若干问题的规定》第3条等规定中。原审裁判"确有错误"在具体理解上可做如下把握：

1. 确有错误包括认定事实、适用法律两大方面。根据《刑事诉讼法》第254条的规定，法定主体启动再审程序的理由包括两个大的方面，即"认定事实错误""适用法律错误"。但需要注意的是，办案中需要首先区别这两个问题，搞清是事实认定有问题还是仅法律适用错误，然后再有针对性的提出处理意见。

2. 认定事实错误及其判断标准。所谓认定事实错误，是指原审生效裁判认定的案件事实不清或者对案件事实作了错误认定。在刑事司法中，准确认定案件事实是正确适用法律、准确定罪量刑的基础，如果案件事实不清，甚至是事实认定错误，冤枉了无辜，必须依法启动再审程序予以纠正。认定事实错误包括两种情形：一是认定事实不清，即原审裁判认定的事实真伪不明，实践中被称为"疑案"；二是认定事实错误，即有新证据证明原审裁判认定的事实可能确有错误，如"亡者归来""真凶出现"。认定事实不清或认定事实错误，是指案件的主要事实没有查清或认定错误。具体包括：原审认定的犯罪事实是否发生，原审被告人是否系作案人，原审被告人实施犯罪行为的时间、地点、手段、后果等主要情节，影响原审被告人定罪的身份情况，原审被告人的罪过，是否共同犯罪及原审被告人在共同犯罪中的地位、作用等。

判断事实认定是否清楚或正确的标准，是原审生效裁判对主要事实的认定是否达到了证据确实、充分的程度。具体有四方面：一是定罪量刑的事实是否都有证据证明；二是每一个定案的证据是否均已经法定程序查证属实；三是证据与证据之间、证据与案件事实之间是否存在矛盾或者矛盾是否得到合理排除；四是根据证据认定案件事实的过程符合逻辑经验规则，由证据得出的结论是否唯一。对案件事实的证明没有达到确实、充分标准的，即为事实不清、证据不足。实践中，原审裁判认定事实不清的表现多种多样，如原审被告人是否系作案人；只有口供证明，没有能锁定其的客观证据；据以定罪的主要证据之间存在矛盾，无法排除合理怀疑；出现了新证据，或者据以定罪的证据被依法排除或被依法变更、撤销后，致使原案证据无法形成闭合锁链等。

3. 法律适用错误及其情形。所谓法律适用错误，是指原审生效裁判的定性错误、量刑畸重畸轻、严重程序违法并影响公正审判等实体和程序适用方面的错误。定性错误，包括在罪与非罪、此罪与彼罪、单独犯罪与共同犯罪、一罪与数罪等方面出现的错误。量刑明显不当，是指量刑畸重、量刑畸轻两种情形，具体表现为刑罚种类、量刑幅度等方面的适用错误，如对应判处无期徒刑的被告人适用有期徒刑，对应并处附加刑的没有适用附加刑，以及没有经过最高人民法院核准对原审被告人在法定量以下量刑等。需要注意的是，法官对量刑具有裁量权，在法定刑罚种类、量刑幅度内的量刑不属于量刑畸轻畸重，不是提起再审程序的理由。法律适用错误包括程序法适用错误，但限于严重程序违法并影响公正审判的范围，如违反公开审判、回避制度、审判组织不合法，剥夺、限制当事人法定权利可能影响审判公正的，以及审判人员审理中有贪污受贿、徇私枉法、枉法裁判等情形。刑事附带民事诉讼适用法律错误的，也属于法律监督的范围。

4. 何为新证据。关于再审程序中的新证据的范围，与通常理解不同，不仅指原审裁判生效后新发现的证据，还包括原审裁判生效前已发现但由于客观原因未收集的证据，已收集但庭审中未质证、认证的证据，以及原生效裁判所依据的定案证据中被改变或否定的证据。上述证据可归为两大类，即原审生效裁判未采信证据和原审生效裁判采信但发生重大变化的证据。实际办案中，首先要判断申诉人提出的是否属于新证据，然后再判断该证据的价值，对原审裁判主要事实不具有颠覆性的所谓"新证据"，对申诉与再审办案并无多少价值。

五、审查与复查制度的改革

当前,我国正在持续推进司法体制改革,刑事申诉审查与复查制度正在发生变化和调整。

法院系统,近年来随着最高人民法院六个巡回法庭的相继设立,刑事申诉案件办案主体开始多元化。原来只能由立案庭和审判监督庭负责的刑事申诉与再审办案,巡回法庭也可以负责。原先基本上由立案庭负责审查、复审和再审立案,审判监督庭负责再审的分工格局,在巡回法庭则合为一体,由同一承办法官或合议庭负责。

检察系统,随着2018年12月最高人民检察院机关内设机构改革启动,新组建的刑事检察厅开始承担刑事申诉办案职能,地方检察机关内设机构改革计划在2019年3月前完成,以后全国各级检察机关的刑事检察部门都要办理刑事申诉案件。这意味着,检察机关刑事申诉案件原先归刑事申诉检察部门"集中管辖、一办到底"的格局已不复存在,控告申诉检察部门主要负责刑事申诉案件受理和初审、刑事检察部门主要负责刑事案件办理的新格局正在形成。

由于上述改革措施改变了原有刑事申诉检察办案制度和办案权力配置格局,有些问题亟待研究:

(一)刑事申诉审查制度的目标和定位

党的十八大以来,我国集中纠正了一批冤错案件,彰显了司法机关坚决纠正错案、维护司法公正的决心,在社会上影响很大,总体效果很好。这一结果,一定程度上得益于目前以发现冤错案件为基本导向的刑事申诉办案制度。但不容否认的是,一方面是司法机关不断的纠正冤错案件;另一方面是刑事申诉数量逐年升高,许多刑事申诉从基层一直办到最高层,仍没有实现服判息诉,大多数维持原审裁判结论的刑事申诉办案效果并不理想。这一结果,也与现有刑事申诉办案制度更重视发现和纠正冤错案件,对维护原审裁判正确性、权威性发挥作用不够有关。

为了解决上述问题,更好地通过刑事申诉办案维护司法公正,笔者建议司法机关改变过去过于重视刑事申诉复查程序发现和纠正冤错案件功能的导向,在保障及时发现和纠正冤错案件的前提下,重新审视审查程序的作用,更多关注大多数被维持原审裁判结论的刑事申诉案件,更加重视发挥刑事申诉办案对促进服判息诉、案结事了的社会功能。为此,需要司法机关提高对刑事申诉审查程序重要性的认识,统一审查流程,提高审查质量,规范审查结案文书,引入公开审查制度,提高办案的公开性、透明度、说理性,充分发挥刑事申诉审查办案对维护司法公正、促进社会稳定的正向作用。

(二)刑事申诉检察立案制度的利弊

立案,有立案登记制和立案审查制两种模式。立案登记制,指对符合法律规定的起诉、自诉等,司法机关一律接收诉状,当场登记立案,或者在法律规定的期限内决定是否立案。立案审查制,是对于符合法律规定条件的案件应先行受理,然后经过一定的实质性审查再决定是否立案。对于刑事申诉来讲,立案登记制与立案审查制的关键区别在于受理与立案的关系,前者是将受理与立案合二为一,受理即立案;后者是将受理、立案相分离,进行两次审查。受理时只审查形式,审查的重点是看刑事申诉指向的原审裁判是否可能有错误,是否符合立案复查的条件,立案复查后刑事申诉才是真正意义上的案件。

长期以来,我国对刑事申诉实行立案审查制,但法院与检察院的立案所处阶段不同,意义也不同。法院对刑事申诉受理后,由立案庭负责立卷审查或立卷复查,认为原审裁判有错误可能的,才再审立案,形成刑事再审案件,转审判监督庭审理。检察院受理刑事申诉后,由刑事申诉(控告申诉)检察部门审查,认为有错误可能的,决定立案复查,并依据复查情况提出处理意见,由检察长和检察委员会决定是否向法院提出抗诉或再审检察建议。从以上制度设置可以看出,法院、检察院虽都有刑事申诉立案制度,但法院的立案是再审立案,是审查或复查后的结论,再审立案的结果是形成再审案件。检察院的立案是复查立案处于刑事申诉处理程序前端,是开启全面调查复核的入口,立案复查并不代表最终必然提出抗诉,更不代表可形成再审案件。

实践中,法院的再审立案问题不大,因为再审立案就意味着刑事申诉案件正式进入再审程序。检察院的立案却存在一定的问题，因为立案只是开启了全面复查程序，但不立案则意味着案件根本就没有进入案件办理程序。因为受理后的刑事申诉在检察机关立案复查前，一般不调阅案卷，并不是真正意义的办理，而大多数案件又未经立案即被审查结案，这就造成一方面检察机关特别是上级检察机关感到刑事申诉审查工作"压力山大"，另一方面是申诉人又感到其刑事申诉未经立案即被结案，刑事申诉没有受到严格审查，申诉权没有受到应有的尊重。

当然，检察院对刑事申诉先受理审查再决定是否立案，也是有合理性的，毕竟刑事申诉与一审起诉不同，已经有一个生效的刑事裁判，不容轻易置疑。而且，刑事申诉检察办案资源有限，也不可能对所有案件都立案复查进行全面调查复核，只能通过立案筛选出有错误可能的案件进行复查。

在当前检察机关内设机构改革的大形势下，刑事申诉办案格局已经发生变化，鉴于立案只是一种内部控制程序，而这一程序又产生了诸多弊端，可考虑取消刑事申诉立案环节，将立案前的审查明确设置为一种刑事申诉办案程序，形成检察机关处理刑事申诉前后衔接的两种程序——审查程序和复查程序，所有刑事申诉受理后先进入审查程序，有错误可能的再转入复查程序。这样既可以解决所有刑事申诉案件化办理的要求，也不影响对有错误可能的案件集中力量进行调查复核，发现和纠正冤错案件。程序改造的具体设想如下：

一是完善受理程序。对申诉人提出的符合法律规定条件的刑事申诉一律受理，并向申诉人出具受理通知书。

二是取消刑事申诉立案环节，将立案前的审查明确设置为一种刑事申诉办案程序。受理的刑事申诉一律进入审查程序，进行案件化办理，由控告申诉检察部门负责刑事申诉案件的审查，经审查未发现错误或不需要纠正的，直接审查结案，答复申诉人。

三是增加移送环节，经控告申诉检察部门审查，发现原审裁判有错误可能的，根据职责分工移送相关刑事检察部门继续审查或复查。复查刑事申诉案件，应当全案复查，采取阅卷、调查、复核等措施，并根据复查情况提出处理建议。需要提出抗诉或再审检察建议的，报检察长和检察委员会决定。

四是做实首次审查。由作出生效裁判法院的同级检察院负责首次刑事申诉的审查，首次刑事申诉审查要求全部阅卷、全案审查或复查，需要提出抗诉或再审检察建议的，按相关程序办理。不支持刑事申诉诉求的，对申诉理由要逐一回应，将矛盾化解在当地。

五是增强刑事申诉法律文书说理性。要求申诉法律文书梳理主要申诉理由，逐一进行回应，充分释法说理。

六是完善宣告送达机制。充分利用现代通讯技术，拓展答复途径。引入公开审查机制，动员社会力量作申诉人的释法说理工作，让申诉人在具体案件中感受到公平正义，促进申诉人服判息诉。

（三）刑事申诉办案权的重新配置与程序衔接

法院、检察院当前都存在重新配置刑事申诉办案权的问题。

法院刑事申诉办案机制的变化，主要发生在最高人民法院设立巡回法庭后由其自行启动的刑事再审案件中。巡回法庭设立前，在全国各级法院都贯彻了"立审分离"要求，刑事申诉的审查、复查由立案庭负责，再审立案后的重新审判由审判监督庭负责。但在巡回法庭，由于刑事法官人数较少，一般是受理、审查或复查、再审立案、再审审判均由同一合议庭负责。这就非常容易产生"先入为主""未审先定"等不良倾向。如果再将法官办理申诉和再审案件作为一个考核指标，就更容易产生功利化倾向，不利于客观公正地发现和纠正冤错案件。因此，在最高法院巡回法庭中，需要进一步贯彻"立审分离"要求，规定负责刑事申诉受理和审查、复查的法官不得参与同一案件的再审审判，以切断审查、复查与再审的联系，实现办案程序上的相对隔离。

检察院方面，当前正在进行的检察机关内设机构改革，改变了十几年来刑事申诉由刑事申诉检察部门集中管辖的制度，刑事申诉办案进入了以刑事检察部门为主、以控告申诉检察部门为辅的新时期，需要重新配置各部门的刑事申诉办案权限，这一调整不仅涉及相关刑事检察部门，也可能涉及未成年人检察部门和刑事执行检察部门。

笔者认为，为了充分发挥控告申诉检察部门的经验优势，应当由其负责对刑事申诉案件的受理和审查，赋予足够的调查权限，认为原审裁判应予维持的，审查结案并做好释法说理工作。认为原审裁判有错误可能的，及时移送相关刑事检察部门办理。这样既有利于发挥控告申诉检察部门善于做群众工作的优势，促进刑事申诉审查办案效果最大化，也能为之后的复查和再审把一道关，避免大量刑事申诉案件涌入刑事检察部门，使其不堪重负。

刑事检察部门，按照其管辖罪名分别负责审查、复查控告申诉检察部门移送的刑事申诉案件，认为原审裁判应予维持的，审查或复查结案并做好释法说理工作。认为原审裁判确有错误的，报检察长和检察委员会决定是否提出监督意见。法院决定再审开庭的，负责出席再审法庭，做好支持抗诉工作。

未成年人检察部门，是否可负责审查、复查控告申诉检察部门移送的原审被告人或被害人中有未成年人的刑事申诉案件，可以进一步研究，毕竟未成年人申诉案件也具有主体上的特殊性。

刑事执行检察部门，也可以考虑赋予其一定的刑事申诉审查职责，如对于服刑人员向其直接提出的刑事申诉，可进行初步审查，发现有冤错可能的，应移送相关刑事检察部门继续审查或复查。

📚 法律链接

一、最高人民检察院关于办理不服人民法院生效刑事裁判申诉案件若干问题的规定（2012年1月19日公布　高检发〔2012〕1号）

为进一步规范不服人民法院生效刑事裁判申诉案件的办理工作，加强内部监督制约，强化对人民法院生效刑事裁判的监督，根据《中华人民共和国刑事诉讼法》的有关规定，现就人民检察院办理不服人民法院生效刑事裁判申诉案件的有关问题作如下规定。

第一条　当事人及其法定代理人、近亲属认为人民法院已经发生法律效力的刑事判决、裁定确有错误，向人民检察院申诉的，由作出生效判决、裁定的人民法院的同级人民检察院刑事申诉检察部门受理，并依法办理。

当事人及其法定代理人、近亲属直接向上级人民检察院申诉的,上级人民检察院可以交由作出生效判决、裁定的人民法院的同级人民检察院受理;案情重大、疑难、复杂的,上级人民检察院可以直接受理。

第二条 当事人及其法定代理人、近亲属对人民法院已经发生法律效力的判决、裁定的申诉,经人民检察院复查决定不予抗诉后继续提出申诉的,上一级人民检察院应当受理。

第三条 对不服人民法院已经发生法律效力的刑事判决、裁定的申诉,经两级人民检察院办理且省级人民检察院已经复查的,如果没有新的事实和理由,人民检察院不再立案复查。但原审被告人可能被宣告无罪的除外。

第四条 人民检察院刑事申诉检察部门对已经发生法律效力的刑事判决、裁定的申诉复查后,认为需要提出抗诉的,报请检察长提交检察委员会讨论决定。

第五条 地方各级人民检察院对同级人民法院已经发生法律效力的刑事判决、裁定的申诉复查后,认为需要提出抗诉的,经检察委员会讨论决定,应当提请上一级人民检察院抗诉。

上级人民检察院刑事申诉检察部门对下一级人民检察院提请抗诉的申诉案件审查后,认为需要提出抗诉的,报请检察长提交检察委员会讨论决定。

第六条 最高人民检察院对不服各级人民法院已经发生法律效力的刑事判决、裁定的申诉,上级人民检察院对不服下级人民法院已经发生法律效力的刑事判决、裁定的申诉,经复查决定抗诉的,应当制作《刑事抗诉书》,按照审判监督程序向同级人民法院提出抗诉。人民法院开庭审理时,由同级人民检察院刑事申诉检察部门派员出庭支持抗诉。

第七条 对不服人民法院已经发生法律效力的刑事判决、裁定的申诉复查终结后,应当制作《刑事申诉复查通知书》,并在十日内送达申诉人。

第八条 本规定自发布之日起施行。本规定发布前有关不服人民法院生效刑事判决、裁定申诉案件办理的规定与本规定不一致的,以本规定为准。

二、人民检察院刑事申诉案件公开审查程序规定(2012年1月11日公布 高检发刑申字〔2012〕1号)

第一章 总 则

第一条 为了进一步深化检务公开,增强办理刑事申诉案件透明度,接受社会监督,保证办案质量,促进社会矛盾化解,维护申诉人的合法权益,提高执法公信力,根据《中华人民共和国刑事诉讼法》、《人民检察院复查刑事申诉案件规定》等有关法律和规定,结合刑事申诉检察工作实际,制定本规定。

第二条 本规定所称公开审查是人民检察院在办理不服检察机关处理决定的刑事申诉案件过程中,根据办案工作需要,采取公开听证以及其他公开形式,依法公正处理案件的活动。

第三条 人民检察院公开审查刑事申诉案件应当遵循下列原则:

(一)依法、公开、公正;

(二)维护当事人合法权益;

(三)维护国家法制权威;

(四)方便申诉人及其他参加人。

第四条 人民检察院公开审查刑事申诉案件包括公开听证、公开示证、公开论证和公开答复等形式。

同一案件可以采用一种公开形式,也可以多种公开形式并用。

第五条 对于案件事实、适用法律存在较大争议,或者有较大社会影响等刑事申诉案件,人民检察院可以适用公开审查程序,但下列情形除外:

(一)案件涉及国家秘密、商业秘密或者个人隐私的;

(二)申诉人不愿意进行公开审查的;

(三)未成年人犯罪的;

(四)具有其他不适合进行公开审查情形的。

第六条　刑事申诉案件公开审查程序应当公开进行，但应当为举报人保密。

第二章　公开审查的参加人员及责任

第七条　公开审查活动由承办案件的人民检察院组织并指定主持人。

第八条　人民检察院进行公开审查活动应当根据案件具体情况，邀请与案件没有利害关系的人大代表、政协委员、人民监督员、特约检察员、专家咨询委员、人民调解员或者申诉人所在单位、居住地的居民委员会、村民委员会人员以及专家、学者等其他社会人士参加。

接受人民检察院邀请参加公开审查活动的人员称为受邀人员，参加听证会的受邀人员称为听证员。

第九条　参加公开审查活动的人员包括：案件承办人、书记员、受邀人员、申诉人及其委托代理人、原案其他当事人及其委托代理人。

经人民检察院许可的其他人员，也可以参加公开审查活动。

第十条　原案承办人或者原复查案件承办人负责阐明原处理决定或者原复查决定认定的事实、证据和法律依据。

复查案件承办人负责阐明复查认定的事实和证据，并对相关问题进行解释和说明。

书记员负责记录公开审查的全部活动。

根据案件需要可以录音录像。

第十一条　申诉人、原案其他当事人及其委托代理人认为受邀人员与案件有利害关系，可能影响公正处理的，有权申请回避。申请回避的应当说明理由。

受邀人员的回避由分管检察长决定。

第十二条　申诉人、原案其他当事人及其委托代理人可以对原处理决定提出质疑或者维持的意见，可以陈述事实、理由和依据；经主持人许可，可以向案件承办人提问。

第十三条　受邀人员可以向参加公开审查活动的相关人员提问，对案件事实、证据、适用法律及处理发表意见。受邀人员参加公开审查活动应当客观公正。

第三章 公开审查的准备

第十四条 人民检察院征得申诉人同意，可以主动提起公开审查，也可以根据申诉人及其委托代理人的申请，决定进行公开审查。

第十五条 人民检察院拟进行公开审查的，复查案件承办人应当填写《提请公开审查审批表》，经部门负责人审核，报分管检察长批准。

第十六条 公开审查活动应当在人民检察院进行。为了方便申诉人及其他参加人，也可以在人民检察院指定的场所进行。

第十七条 进行公开审查活动前，应当做好下列准备工作：

（一）确定参加公开审查活动的受邀人员，将公开审查举行的时间、地点以及案件基本情况，在活动举行七日之前告知受邀人员，并为其熟悉案情提供便利。

（二）将公开审查举行的时间、地点和受邀人员在活动举行七日之前通知申诉人及其他参加人。

对未委托代理人的申诉人，告知其可以委托代理人。

（三）通知原案承办人或者原复查案件承办人，并为其重新熟悉案情提供便利。

（四）制定公开审查方案。

第四章 公开审查的程序

第十八条 人民检察院对于下列刑事申诉案件可以召开听证会，对涉案事实和证据进行公开陈述、示证和辩论，充分听取听证员的意见，依法公正处理案件：

（一）案情重大复杂疑难的；

（二）采用其他公开审查形式难以解决的；

（三）其他有必要召开听证会的。

第十九条 听证会应当在刑事申诉案件立案后、复查决定作出前举行。

第二十条 听证会应当邀请听证员，参加听证会的听证员为三人以上的单数。

第二十一条　听证会应当按照下列程序举行：

（一）主持人宣布听证会开始；宣布听证员和其他参加人员名单、申诉人及其委托代理人享有的权利和承担的义务、听证会纪律。

（二）主持人介绍案件基本情况以及听证会的议题。

（三）申诉人、原案其他当事人及其委托代理人陈述事实、理由和依据。

（四）原案承办人、原复查案件承办人阐述原处理决定、原复查决定认定的事实和法律依据，并出示相关证据。复查案件承办人出示补充调查获取的相关证据。

（五）申诉人、原案其他当事人及其委托代理人与案件承办人经主持人许可，可以相互发问或者作补充发言。对有争议的问题，可以进行辩论。

（六）听证员可以向案件承办人、申诉人、原案其他当事人提问，就案件的事实和证据发表意见。

（七）主持人宣布休会，听证员对案件进行评议。

听证员根据听证的事实、证据，发表对案件的处理意见并进行表决，形成听证评议意见。听证评议意见应当是听证员多数人的意见。

（八）由听证员代表宣布听证评议意见。

（九）申诉人、原案其他当事人及其委托代理人最后陈述意见。

（十）主持人宣布听证会结束。

第二十二条　听证记录经参加听证会的人员审阅后分别签名或者盖章。听证记录应当附卷。

第二十三条　复查案件承办人应当根据已经查明的案件事实和证据，结合听证评议意见，依法提出对案件的处理意见。经部门集体讨论，负责人审核后，报分管检察长决定。案件的处理意见与听证评议意见不一致时，应当提交检察委员会讨论。

第二十四条　人民检察院采取除公开听证以外的公开示证、公开论证和公开答复等形式公开审查刑事申诉案件的，可以参照公开听证的程序进行。

采取其他形式公开审查刑事申诉案件的,可以根据案件具体情况,简化程序,注重实效。

第二十五条 申诉人对案件事实和证据存在重大误解的刑事申诉案件,人民检察院可以进行公开示证,通过展示相关证据,消除申诉人的疑虑。

第二十六条 适用法律有争议的疑难刑事申诉案件,人民检察院可以进行公开论证,解决相关争议,以正确适用法律。

第二十七条 刑事申诉案件作出决定后,人民检察院可以进行公开答复,做好解释、说明和教育工作,预防和化解社会矛盾。

第五章 其他规定

第二十八条 公开审查刑事申诉案件应当在规定的办案期限内进行。

第二十九条 在公开审查刑事申诉案件过程中,出现致使公开审查无法进行的情形的,可以中止公开审查。

中止公开审查的原因消失后,人民检察院可以根据案件情况决定是否恢复公开审查活动。

第三十条 根据《人民检察院办理不起诉案件公开审查规则》举行过公开审查的,同一案件复查申诉时可以不再举行公开听证。

第三十一条 根据《人民检察院信访工作规定》举行过信访听证的,同一案件复查申诉时可以不再举行公开听证。

第三十二条 本规定下列用语的含意是:

(一)申诉人,是指当事人及其法定代理人、近亲属中提出申诉的人。

(二)原案其他当事人,是指原案中除申诉人以外的其他当事人。

(三)案件承办人包括原案承办人、原复查案件承办人和复查案件承办人。原案承办人,是指作出诉讼终结决定的案件承办人;原复查案件承办人,是指作出原复查决定的案件承办人;复查案件承办人,是指正在复查的案件承办人。

第六章 附　　则

第三十三条　本规定自发布之日起施行，2000年5月24日发布的《人民检察院刑事申诉案件公开审查程序规定（试行）》同时废止。

第三十四条　本规定由最高人民检察院负责解释。

三、人民检察院复查刑事申诉案件规定（2014年10月27日公布　高检发〔2014〕18号）（节录）

第一章 总　　则

第一条　为加强人民检察院法律监督职能，完善内部制约机制，规范刑事申诉案件复查程序，根据《中华人民共和国刑事诉讼法》、《中华人民共和国人民检察院组织法》和有关法律规定，结合人民检察院复查刑事申诉案件工作实践，制定本规定。

第二条　人民检察院复查刑事申诉案件的任务，是通过复查刑事申诉案件，纠正错误的决定、判决和裁定，维护正确的决定、判决和裁定，保护申诉人的合法权益，促进司法公正，保障国家法律的统一正确实施。

第三条　人民检察院复查刑事申诉案件，应当遵循下列原则：

（一）原案办理权与申诉复查权相分离；

（二）依照法定程序复查；

（三）全案复查，公开公正；

（四）实事求是，依法纠错。

第四条　人民检察院复查刑事申诉案件，根据办案工作需要，可以采取公开听证、公开示证、公开论证和公开答复等形式，进行公开审查。

第五条　本规定所称刑事申诉，是指对人民检察院诉讼终结的刑事处理决定或者人民法院已经发生法律效力的刑事判决、裁定不服，向人民检察院提出的申诉。

第二章 管　　辖

第六条　人民检察院刑事申诉检察部门管辖下列刑事申诉：

（一）不服人民检察院因犯罪嫌疑人没有犯罪事实，或者符合《中华人民共和国刑事诉讼法》第十五条规定情形而作出的不批准逮捕决定的申诉；

（二）不服人民检察院不起诉决定的申诉；

（三）不服人民检察院撤销案件决定的申诉；

（四）不服人民检察院其他诉讼终结的刑事处理决定的申诉；

（五）不服人民法院已经发生法律效力的刑事判决、裁定的申诉，本规定另有规定的除外。

第七条 对不服人民检察院下列处理决定的申诉，不属于刑事申诉检察部门管辖，应当分别由人民检察院相关职能部门根据《人民检察院刑事诉讼规则（试行）》等规定办理：

（一）不服人民检察院因事实不清、证据不足，需要补充侦查而作出的不批准逮捕决定的；

（二）不服人民检察院因虽有证据证明有犯罪事实，但是不可能判处犯罪嫌疑人徒刑以上刑罚，或者可能判处徒刑以上刑罚，但是不逮捕不致发生社会危险性而作出的不批准逮捕决定的；

（三）不服人民检察院因应当逮捕的犯罪嫌疑人患有严重疾病、生活不能自理，或者是怀孕、正在哺乳自己婴儿的妇女，或者系生活不能自理的人的唯一扶养人而作出的不批准逮捕决定的；

（四）不服人民检察院作出的不立案决定的；

（五）不服人民检察院作出的附条件不起诉决定的；

（六）不服人民检察院作出的查封、扣押、冻结涉案款物决定的；

（七）不服人民检察院对上述决定作出的复议、复核、复查决定的。

第八条 不服人民法院死刑终审判决、裁定尚未执行的申诉，由人民检察院监所检察部门办理。

第九条 基层人民检察院管辖下列刑事申诉：

（一）不服本院诉讼终结的刑事处理决定的申诉，本规定另有规定的除外；

（二）不服同级人民法院已经发生法律效力的刑事判决、裁定的申诉。

第十条 分、州、市以上人民检察院管辖下列刑事申诉：

（一）不服本院诉讼终结的刑事处理决定的申诉，本规定另有规定的除外；

（二）不服同级人民法院已经发生法律效力的刑事判决、裁定的申诉；

（三）被害人不服下一级人民检察院不起诉决定，在收到不起诉决定书后七日以内提出的申诉；

（四）不服原处理决定、判决、裁定且经过下一级人民检察院审查或者复查的申诉。

第十一条 上级人民检察院在必要时，可以将本院管辖的刑事申诉案件交下级人民检察院办理，也可以直接办理由下级人民检察院管辖的刑事申诉案件。

第三章 受 理

第十二条 人民检察院对符合下列条件的刑事申诉，应当受理，本规定另有规定的除外：

（一）属于本规定第五条规定的刑事申诉；

（二）符合本规定第二章管辖规定；

（三）申诉人是原案的当事人及其法定代理人、近亲属；

（四）申诉材料齐备。

申诉人委托律师代理申诉，且符合上述条件的，应当受理。

第十三条 申诉人向人民检察院提出申诉时，应当递交申诉书、身份证明、相关法律文书及证据材料或者证据线索。

身份证明是指自然人的居民身份证、军官证、士兵证、护照等能够证明本人身份的有效证件；法人或者其他组织的营业执照副本、组织机构代码证和法定代表人或者主要负责人的身份证明等有效证件。对身份证明，人民检察院经核对无误留存复印件。

相关法律文书是指人民检察院作出的决定书、刑事申诉复查决定书、刑事申诉复查通知书、刑事申诉审查结果通知书或者人民法院作出的判决书、裁定书等法律文书。

第十四条 申诉人递交的申诉书应当记明下列事项:

(一) 申诉人的姓名、性别、出生日期、民族、职业、工作单位、住所、有效联系方式,法人或者其他组织的名称、住所和法定代表人或者主要负责人的姓名、职务、有效联系方式;

(二) 申诉请求和所依据的事实与理由;

(三) 申诉人签名、盖章或者捺指印及申诉时间。

申诉人不具备书写能力而口头提出申诉的,应当制作笔录,并由申诉人签名或者捺指印。

第十五条 自诉案件当事人及其法定代理人、近亲属对人民法院已经发生法律效力的刑事判决、裁定不服提出的申诉,刑事附带民事诉讼当事人及其法定代理人、近亲属对人民法院已经发生法律效力的刑事附带民事判决、裁定不服提出的申诉,人民检察院应当受理,但是申诉人对人民法院因原案当事人及其法定代理人自愿放弃诉讼权利或者没有履行相应诉讼义务而作出的判决、裁定不服的申诉除外。

第十六条 刑事申诉由人民检察院控告检察部门统一负责接收。控告检察部门对接收的刑事申诉应当在七日以内分别情况予以处理:

(一) 属于本院管辖,并符合受理条件的,移送本院相关部门办理;

(二) 属于人民检察院管辖但是不属于本院管辖的,应当告知申诉人向有管辖权的人民检察院提出,或者将申诉材料移送有管辖权的人民检察院处理。移送申诉材料的,应当告知申诉人;

(三) 不属于人民检察院管辖的,应当告知申诉人向有关机关反映。

第四章 立 案

第十七条 对符合受理条件的刑事申诉,应当指定承办人员审查,并分别情况予以处理:

(一) 经审查,认为符合立案复查条件的,应当制作刑事申诉提请立案复查报告,提出立案复查意见;

(二) 经审查,认为不符合立案复查条件的,可以提出审查结案意见。对调卷审查的，应当制作刑事申诉审查报告。

第十八条 对符合下列条件之一的刑事申诉，应当经部门负责人或者检察长批准后立案复查：

（一）原处理决定、判决、裁定有错误可能的；

（二）被害人、被不起诉人对不起诉决定不服，在收到不起诉决定书后七日以内提出申诉的；

（三）上级人民检察院或者本院检察长交办的。

第十九条 原处理决定、判决、裁定是否有错误可能，应当从以下方面进行审查：

（一）原处理决定、判决、裁定认定事实是否有错误；

（二）申诉人是否提出了可能改变原处理结论的新的事实或者证据；

（三）据以定案的证据是否确实、充分；

（四）据以定案的证据是否存在矛盾或者可能是非法证据；

（五）适用法律是否正确；

（六）处理是否适当；

（七）是否存在严重违反诉讼程序的情形；

（八）办案人员在办理该案件过程中是否存在贪污受贿、徇私舞弊、枉法裁判行为；

（九）原处理决定、判决、裁定是否存在其他错误。

第二十条 对不服人民检察院诉讼终结的刑事处理决定的申诉，经两级人民检察院立案复查且采取公开审查形式复查终结，申诉人没有提出新的充足理由的，不再立案复查。

对不服人民法院已经发生法律效力的刑事判决、裁定的申诉，经两级人民检察院办理且省级人民检察院已经复查的，如果没有新的事实、证据和理由，不再立案复查，但是原审被告人可能被宣告无罪或者判决、裁定有其他重大错误可能的除外。

第二十一条 对不符合立案复查条件的刑事申诉，经部门负责人或者检察长批准，可以审查结案。

第二十二条 审查结案的案件，应当将审查结果告知申诉人。对调卷审查的，可以制作刑事申诉审查结果通知书，并在十日以内送达申诉人。

第二十三条 对控告检察部门移送的案件，应当将审查结果书面回复控告检察部门。

第二十四条 审查刑事申诉，应当在受理后二个月以内作出审查结案或者立案复查的决定。

调卷审查的，自卷宗调取齐备之日起计算审查期限。

重大、疑难、复杂案件，经部门负责人或者检察长批准，可以适当延长审查期限。

第五章 复 查

第一节 一般规定

第二十五条 复查刑事申诉案件应当由二名以上检察人员进行，原案承办人员和原复查申诉案件承办人员不再参与办理。

第二十六条 复查刑事申诉案件应当全面审查申诉材料和全部案卷，并制作阅卷笔录。

第二十七条 经审查，具有下列情形之一，认为需要调查核实的，应当拟定调查提纲进行补充调查：

（一）原案事实不清、证据不足的；

（二）申诉人提供了新的事实、证据或者证据线索的；

（三）有其他问题需要调查核实的。

第二十八条 对与案件有关的勘验、检查、辨认、侦查实验等笔录和鉴定意见，认为需要复核的，可以进行复核，也可以对专门问题进行鉴定或者补充鉴定。

第二十九条 复查刑事申诉案件可以询问原案当事人、证人和其他有关人员。

对原判决、裁定确有错误，认为需要提请抗诉、提出抗诉的刑事申诉案件，应当询问或者讯问原审被告人。

第三十条 复查刑事申诉案件应当听取申诉人意见，核实相关问题。

第三十一条 复查刑事申诉案件可以听取原案承办部门、原复查部门或者原承办人员意见，全面了解原案办理情况。

第三十二条 办理刑事申诉案件过程中进行的询问、讯问等调查活动，应当制作调查笔录。调查笔录应当经被调查人确认无误后签名或者捺指印。调查人员也应当在调查笔录上签名。

第三十三条 复查终结的刑事申诉案件，应当是案件事实、证据、适用法律和诉讼程序以及其他可能影响案件处理的情形已经审查清楚，能够得出明确的复查结论。

第三十四条 复查终结刑事申诉案件，承办人员应当制作刑事申诉复查终结报告，提出处理意见，经部门集体讨论后报请检察长决定；重大、疑难、复杂案件，报请检察长或者检察委员会决定。

经检察委员会决定的案件，应当将检察委员会决定事项通知书及讨论记录附卷。

第三十五条 下级人民检察院对上级人民检察院交办的刑事申诉案件应当依法办理，并向上级人民检察院报告结果。

下级人民检察院对上级人民检察院交办的属于本级人民检察院管辖的刑事申诉案件应当立案复查，不得再向下交办。

第三十六条 复查刑事申诉案件，应当在立案后三个月以内办结。案件重大、疑难、复杂的，最长不得超过六个月。

对交办的刑事申诉案件，有管辖权的下级人民检察院应当在收到交办文书后十日以内立案复查，复查期限适用前款规定。逾期不能办结的，应当向交办的上级人民检察院书面说明情况。

第三节 不服人民法院已经发生法律效力
刑事判决、裁定申诉案件的复查

第四十六条 最高人民检察院对不服各级人民法院已经发生法律效力的刑事判决、裁定的申诉，上级人民检察院对不服下级人民法院已经发生法律效力的刑事判决、裁定的申诉，经复查决定提出抗诉的，应当按照审判监督程序向同级人民法院提出抗诉，或者指令作出生效判决、裁定的人民法院的上一级人民检察院向同级人民法院提出抗诉。

第四十七条 经复查认为人民法院已经发生法律效力的刑事判决、

裁定确有错误，具有下列情形之一的，应当按照审判监督程序向人民法院提出抗诉：

（一）有新的证据证明原判决、裁定认定的事实确有错误，可能影响定罪量刑的；

（二）据以定罪量刑的证据不确实、不充分的；

（三）据以定罪量刑的证据依法应当予以排除的；

（四）据以定罪量刑的主要证据之间存在矛盾的；

（五）原判决、裁定的主要事实依据被依法变更或者撤销的；

（六）认定罪名错误且明显影响量刑的；

（七）违反法律关于追诉时效期限的规定的；

（八）量刑明显不当的；

（九）违反法律规定的诉讼程序，可能影响公正审判的；

（十）审判人员在审理案件的时候有贪污受贿、徇私舞弊、枉法裁判行为的。

第四十八条 对不服人民法院已经发生法律效力的刑事判决、裁定的申诉，经复查认为需要向同级人民法院提出抗诉的，由刑事申诉检察部门提出意见，报请检察长或者检察委员会决定。

第四十九条 人民检察院决定抗诉后，刑事申诉检察部门应当制作刑事抗诉书，向同级人民法院提出抗诉。

以有新的证据证明原判决、裁定认定事实确有错误提出抗诉的，提出抗诉时应当随附相关证据材料。

第五十条 地方各级人民检察院刑事申诉检察部门对不服同级人民法院已经发生法律效力的刑事判决、裁定的申诉复查后，认为需要抗诉的，应当提出意见，经检察长或者检察委员会决定后，提请上一级人民检察院抗诉。提请上一级人民检察院抗诉的案件，应当制作提请抗诉报告书，连同案卷报送上一级人民检察院。

上一级人民检察院刑事申诉检察部门在接到提请抗诉报告书后，应当指定检察人员进行审查，并制作审查提请抗诉案件报告，经部门集体讨论，报请检察长审批。

上级人民检察院对下一级人民检察院提请抗诉的刑事申诉案件作出决定后，应当制作审查提请抗诉通知书，通知提请抗诉的人民检察院。

第五十一条 上级人民检察院审查下一级人民检察院提请抗诉的刑事申诉案件，应当自收案之日起三个月以内作出决定。

对可能属于冤错等事实证据有重大变化的刑事申诉案件，可以不受上述期限限制。

对不服人民法院已经发生法律效力的死刑缓期二年执行判决、裁定的申诉案件，需要加重原审被告人刑罚的，应当在死刑缓期执行期限届满前作出决定。

第五十二条 地方各级人民检察院经复查提请上一级人民检察院抗诉的案件，上级人民检察院审查案件的期限不计入提请抗诉的人民检察院的复查期限。

第五十三条 经复查认为人民法院已经发生法律效力的刑事判决、裁定确有错误，符合本规定第四十七条规定的情形，需要人民法院通过再审方式纠正的，刑事申诉检察部门可以提出意见，经本院检察委员会决定后，向同级人民法院提出再审检察建议。

对不适宜由同级人民法院再审纠正，或者再审检察建议未被人民法院采纳的，可以按照审判监督程序向人民法院提出抗诉。

第五十四条 人民检察院刑事申诉检察部门办理按照审判监督程序抗诉的案件，认为需要对原审被告人采取逮捕措施的，应当提出意见，移送侦查监督部门审查决定；认为需要对原审被告人采取取保候审、监视居住措施的，应当提出意见，报请检察长决定。

第五十五条 对不服人民法院已经发生法律效力的刑事判决、裁定的申诉复查后，不论是否决定提出抗诉或者提出再审检察建议，立案复查的人民检察院均应制作刑事申诉复查通知书，并在十日以内送达申诉人。

经复查向上一级人民检察院提请抗诉的，应当在上一级人民检察院作出是否抗诉的决定后制作刑事申诉复查通知书。

第五十六条 对按照审判监督程序提出抗诉的刑事申诉案件，或者人民法院依据人民检察院再审检察建议决定再审的刑事申诉案件，人民法院开庭审理时，由同级人民检察院刑事申诉检察部门派员出席法庭，并对人民法院再审活动实施法律监督。

第五十七条 对按照审判监督程序提出抗诉的刑事申诉案件，人民法院经重新审理作出的判决、裁定，由派员出席再审法庭的人民检察院刑事申诉检察部门审查并提出意见。

刑事申诉检察部门经审查认为人民法院作出的判决、裁定仍然确有错误，需要提出抗诉的，报请检察长或者检察委员会决定。如果案件是依照第一审程序审判的，同级人民检察院应当向上一级人民法院提出抗诉；如果案件是依照第二审程序审判的，上一级人民检察院应当按照审判监督程序向同级人民法院提出抗诉。

第六章 其他规定

第五十八条 地方各级人民检察院刑事申诉检察部门应当在刑事申诉案件复查结案后十日以内，将刑事申诉复查终结报告、刑事申诉复查决定书或者刑事申诉复查通知书、讨论案件记录等材料的复印件或者电子文档报上一级人民检察院刑事申诉检察部门备案。

对提请抗诉、提出抗诉或者提出再审检察建议的刑事申诉案件，地方各级人民检察院刑事申诉检察部门应当在复查结案后十日以内，将刑事申诉复查终结报告、刑事申诉复查通知书、讨论案件记录、提请抗诉报告书、审查提请抗诉案件报告、审查提请抗诉通知书、刑事抗诉书或者再审检察建议书等材料的复印件或者电子文档层报最高人民检察院刑事申诉检察厅备案。

第五十九条 上级人民检察院刑事申诉检察部门应当指定人员审查下级人民检察院报送的备案材料，认为存在错误时可以调卷审查或者听取下级人民检察院刑事申诉检察部门汇报案件的相关情况，并分别情况予以处理：

（一）案件存在错误但是不影响处理结论的，上级人民检察院应当指令下级人民检察院纠正；

（二）案件存在错误并且可能影响处理结论的，上级人民检察院可以自行办理，也可以指令下级人民检察院重新办理。对指令重新办理的案件，下级人民检察院应当重新立案复查。

第六十条 人民检察院对具有下列情形之一的刑事申诉案件，经部门负责人或者检察长批准，可以中止办理：

（一）人民法院对原判决、裁定调卷审查的；

（二）无法与申诉人及其代理人取得联系的；

（三）申诉的自然人死亡，需要等待其他申诉权利人表明是否继续申诉的；

（四）申诉的法人或者其他组织终止，尚未确定权利义务承受人的；

（五）由于其他原因，致使案件在较长时间内无法继续办理的。

决定中止办理的案件，应当制作刑事申诉中止审查通知书，通知申诉人；确实无法通知的，应当记录在案。

中止办理的事由消除后，经部门负责人或者检察长批准，应当恢复办理。中止办理的期间不计入办理期限。

第六十一条 人民检察院对具有下列情形之一的刑事申诉案件，经检察长批准，应当终止办理：

（一）人民检察院因同一案件事实对撤销案件的犯罪嫌疑人重新立案侦查的，对不批准逮捕的犯罪嫌疑人重新作出批准逮捕决定的，或者对不起诉案件的被不起诉人重新起诉的；

（二）人民检察院接到人民法院受理被害人对被不起诉人起诉的通知的；

（三）人民法院对原判决、裁定决定再审的；

（四）申诉人自愿撤回申诉，且不损害国家利益、社会公共利益或者他人合法权益的；

（五）申诉的自然人死亡，没有其他申诉权利人或者申诉权利人明确表示放弃申诉的，但是有证据证明原案被告人是无罪的除外；

（六）申诉的法人或者其他组织终止，没有权利义务承受人或者权利义务承受人明确表示放弃申诉的，但是有证据证明原案被告人是无罪的除外；

（七）案件中止办理后超过六个月仍不能恢复办理的；

（八）其他应当终止办理的情形。

决定终止办理的案件，应当制作刑事申诉终止审查通知书，通知申诉人；确实无法通知的，应当记录在案。

终止办理的事由消除后，申诉人再次提出申诉，符合刑事申诉受理条件的，应当予以受理。

第六十二条 办理刑事申诉案件中发现原案办理过程中存在执法瑕疵等问题的，可以向原办案部门提出检察建议或者整改意见。

第六十三条 办理刑事申诉案件中发现原案办理过程中有贪污贿赂、渎职等违法违纪行为的，应当移送有关部门处理。

第六十四条 办理刑事申诉案件中发现原案遗漏罪行、遗漏同案犯罪嫌疑人的，应当移送有关部门处理。

第六十五条 刑事申诉案件办理终结后，刑事申诉检察部门应当结合刑事申诉检察职能协助有关部门做好善后息诉工作。

第六十六条 办理刑事申诉案件中严重不负责任，未能发现原案办理过程中存在的重大执法过错或者拒不依法纠正原案错误，造成严重后果的，应当依照规定追究相关人员责任。

第六十七条 人民检察院办理刑事申诉案件，应当执行检察机关案件管理的有关规定。

第六十八条 制作刑事申诉案件法律文书，应当符合规定的格式。

刑事申诉案件法律文书的格式另行制定。

第七章 附 则

第六十九条 本规定由最高人民检察院负责解释。

第七十条 本规定自发布之日起施行。1998年6月16日发布的《人民检察院复查刑事申诉案件规定》同时废止；本院此前发布的有关办理刑事申诉案件的其他规定与本规定不一致的，以本规定为准。

四、人民检察院刑事申诉案件异地审查规定（试行）（2017年11月14日公布 高检发刑申字〔2017〕3号）

第一条 为了进一步规范人民检察院办理刑事申诉案件异地审查工

作,强化监督制约机制,保障当事人的合法权益,维护司法公正,根据相关法律规定,结合检察工作实际,制定本规定。

第二条 最高人民检察院发现省级人民检察院管辖的刑事申诉案件原处理决定、判决、裁定有错误可能,且具有下列情形之一的,经检察长或者检察委员会决定,可以指令由其他省级人民检察院进行审查:

(一) 应当受理不予受理或者受理后经督促仍拖延办理的;

(二) 办案中遇到较大阻力,可能影响案件公正处理的;

(三) 因存在回避等法定事由,当事人认为管辖地省级人民检察院不能依法公正办理的;

(四) 申诉人长期申诉上访,可能影响案件公正处理的;

(五) 其他不宜由管辖地省级人民检察院办理的情形。

第三条 省级人民检察院认为所办理的刑事申诉案件需要异地审查的,可以提请最高人民检察院指令异地审查。

第四条 申诉人可以向省级人民检察院或者最高人民检察院申请异地审查。

第五条 省级人民检察院拟提请或者最高人民检察院拟决定刑事申诉案件异地审查,申诉人未提出申请的,应当征得申诉人同意。

第六条 省级人民检察院决定提请最高人民检察院指令刑事申诉案件异地审查的,应当向最高人民检察院书面报告,阐明理由并附相关材料。

最高人民检察院经审查决定刑事申诉案件异地审查的,应当在十五日以内将案件指令其他省级人民检察院办理,同时通知管辖地省级人民检察院;决定不予异地审查的,应当在十日以内通知管辖地省级人民检察院继续办理。

第七条 最高人民检察院决定刑事申诉案件异地审查的,异地审查的省级人民检察院应当在收到异地审查指令后七日以内通知申诉人。

申诉人向省级人民检察院申请异地审查,省级人民检察院经审查决定不予提请,或者提请后最高人民检察院决定不予异地审查的,应当在作出不予提请决定或者收到不予异地审查的通知后五日以内通知申诉人。

申诉人向最高人民检察院申请异地审查，最高人民检察院经审查决定不予异地审查的，应当在作出决定后十五日以内通知申诉人。

第八条 异地审查的省级人民检察院应当依照《人民检察院复查刑事申诉案件规定》立案复查。审查期限自收到异地审查指令之日起重新计算。

第九条 对不服人民检察院诉讼终结刑事处理决定的申诉案件，异地审查的省级人民检察院复查终结后应当提出复查处理意见，经检察委员会审议决定后，报请最高人民检察院审查。

第十条 最高人民检察院对异地审查的省级人民检察院依据本规定第九条提出的复查意见，分别以下情况作出处理：

（一）同意维持人民检察院原处理决定的，指令管辖地省级人民检察院作出维持的处理决定；

（二）同意撤销或者变更人民检察院原处理决定的，指令管辖地省级人民检察院作出撤销或者变更的决定，也可以直接作出撤销或者变更的处理决定；

（三）不同意复查处理意见的，应当立案复查并书面通知申诉人、管辖地省级人民检察院和异地审查的省级人民检察院；

（四）认为复查意见认定事实不清或者意见不明确、理由不充分的，可以发回异地审查的省级人民检察院重新审查，也可以直接立案复查。

第十一条 对不服人民法院生效刑事判决、裁定的申诉案件，异地审查的省级人民检察院复查终结后，分别以下情况作出处理：

（一）认为需要提出抗诉的，应当经检察委员会审议决定后提请最高人民检察院抗诉，在最高人民检察院作出是否抗诉的决定后制作刑事申诉复查通知书，并在十日以内送达申诉人，同时抄送管辖地省级人民检察院；

（二）认为不需要提出抗诉的，应当经检察委员会审议决定后制作刑事申诉复查通知书，在十日以内送达申诉人，同时抄送管辖地省级人民检察院，并报最高人民检察院。

第十二条 异地审查的省级人民检察院需要调阅案卷材料、补充调查或者送达法律文书的，管辖地省级人民检察院应当予以协助。

第十三条 异地审查的省级人民检察院刑事申诉检察部门应当在结案后十日以内，将刑事申诉复查终结报告、讨论案件记录等材料的复印件或者电子文档以及相关法律文书，报最高人民检察院刑事申诉检察厅备案。

第十四条 被害人不服地市级人民检察院作出的不起诉决定，在收到不起诉决定书后七日以内提出的申诉，依据刑事诉讼法及相关规定办理，不适用本规定。

第十五条 本规定由最高人民检察院负责解释。

第十六条 本规定自发布之日起试行。

第四讲 再审案件的抗诉与启动

在欧美国家，根据既判力理论或一事不再理原则，再审程序的提起是一项非常特殊的诉讼事项，申请再审的权利一般只赋予原审被告人，法院不能主动提起再审程序，检察院一般也不能提起再审程序、特别是不能提起不利于原审被告人的再审。相比而言，我国刑事诉讼立法基于"有错必纠""审判监督"的理念，不仅规定了刑事申诉引发的再审，也规定了检察机关的抗诉再审，还规定法院可自行启动再审。根据法律规定，申诉人的刑事申诉并不必然引发再审，实质上真正有权使案件进入再审程序的有两个途经——检察院抗诉和法院自行启动再审，由此形成了我国刑事再审启动的双重路径。

本书第四讲是再审案件的抗诉与启动，主要讲四方面的问题：一是启动再审的双重路径，介绍我国刑事再审程序分别由检察院监督启动、法院自行启动的提起方式；二是刑事再审抗诉的文书制作，主要讲刑事抗诉书、再审检察建议书制作中应注意的问题；三是渐具刚性的检察建议，介绍检察机关这些年引入再审检察建议启动刑事再审程序的情况，以及实践中遇到的难题及未来改革方向；四是再审案件的自行启动，讲一下法院自行启动刑事再审案件情况，以及检察机关如何对法院自行启动再审进行法律监督。

一、启动再审的双重路径

刑事再审程序的启动与刑事一审程序的启动存在重大区别，一审程序只能由控方启动，而再审程序除检察机关抗诉启动外，法院可以自行启动。由此形成了再审程序启动的双重路径，即检察监督启动和法院自行启动。

（一）检察监督启动

因袭于苏联的刑事诉讼法律传统，我国刑事程序法治的维护主要依赖于检察机关，刑事诉讼法专门规定了检察监督原则和相关具体条款。在我国刑事诉讼法中，检察机关不仅是公诉机关，更是专门的法律监督机关，最高人民检察院和上级人民检察院通过监督启动再审，对下级法院生效刑事裁判进行监督，是法律监督体系的重要一环。在检察机关启动刑事再审程序的方式上，刑事诉讼法只规定了抗诉一种方式，实践中形成了刑事申诉与再审案件向上级检察机关集聚的现象，导致了刑事申诉与再审案件"倒三角"和上级检察机关"案多人少"的矛盾，检察机关以司法文件的形式规定了检察机关可以提出再审检察建议督促原作出生效裁判法院启动再审的工作方式。

1. 抗诉启动

我国的再审抗诉权只赋予了最高人民检察院和上级人民检察院。主要规定有《人民检察院刑事诉讼规则（试行）》第579条，最高人民法院《关于适用〈中华人民共和国刑事诉讼法〉的解释》第380条、第381条等，内容要点如下：

一是有权通过再审程序提出抗诉的机关只能是最高人民检察院和作出原审生效裁判人民法院的上一级人民检察院。地方各级人民检察院发现同级人民法院生效裁判确有错误的，只能向上一级人民检察院提请抗诉，但是否提出抗诉由最高人民检察院或上级人民检察院决定。

二是最高人民检察院有权对各级人民法院的生效判决、裁定通过审判监督程序提出抗诉，其中包括最高人民法院作出的生效判决、裁定。最高人民法院的判决、裁定，一经宣布立即生效，但如果最高人民检察院发现其确有错误的，仍可通过审判监督程序提出抗诉。

三是人民检察院对于按照再审程序提出抗诉的案件，认为人民法院作出的维持判决、裁定仍有错误的，仍可再次提出抗诉。

2. 提出再审检察建议

赋予检察机关对同级人民法院作出的生效裁判一定的法律监督权，

由其通过提出检察建议的方式启动再审程序，已为我国行政诉讼法、民事诉讼法所规定。刑事诉讼法虽未规定这一检察监督方式，但最高人民检察院2014年10月27日制定的《人民检察院复查刑事申诉案件规定》，明确了检察机关可以通过提出再审检察建议的方式监督同级法院的生效刑事裁判。为了审慎起见，检察机关提出再审检察建议，应当经过本院检察委员会讨论决定。再审检察建议并不具有启动再审程序的强制效力，需要法院审查后决定是否启动再审程序，再审启动的最终决定权仍在法院。因此，为了解决刑事再审检察建议刚性不足问题，《人民检察院复查刑事申诉案件规定》还明确了再审检察建议未被同级法院采纳的，检察机关可以向上一级检察院提请抗诉。

（二）法院自行启动

法院自行启动再审程序，是我国刑事再审程序的特色规定，在理论上存在一定的争议，不少学者及实务界人士持否定态度，认为人民法院自行启动再审程序违背了司法被动性和不告不理的诉讼原理，但司法实践中大部分刑事再审案件又是由法院自行启动的。

法院自行启动再审程序，有两种具体方式：

1. 各级法院院长和审判委员会启动再审

主要规定在《刑事诉讼法》第254条第1款、最高人民法院《关于适用〈中华人民共和国刑事诉讼法〉的解释》第378条、《人民检察院复查刑事申诉案件规定》中。以上规定要点如下：

一是各级人民法院院长和审判委员会共同行使对本院生效裁判启动再审的权力。各级人民法院院长具有提交讨论权但无决定权，审判委员会对案件是否启动再审程序具有决定权，即提起再审程序的提交讨论权和决定权是分离的。此处的"各级人民法院"含最高人民法院。

二是各级人民法院院长和审判委员会提起再审程序的对象只能是本院生效裁判。本院的生效裁判，包括本院一审生效、二审终审和核准裁判。虽然一审在本院但又经二审终审的案件，发现确有错误的，再审程序的启动权属于二审法院院长和该院审判委员会。

2. 最高人民法院和上级法院启动再审

主要规定见于《刑事诉讼法》第254条第2款、第255条，最高人民法院《关于适用〈中华人民共和国刑事诉讼法〉的解释》第379条。上述规定要点如下：

一是最高人民法院有权监督和指导地方各级人民法院专门法院的审判工作，上级人民法院有权监督下级人民法院的审判工作，发现下级院的生效裁判确有错误的，有权依照再审程序提审或指令下级人民法院再审。

二是提审和指令下级人民法院再审，是最高人民法院和上级人民法院对下级人民法院生效裁判行使审判监督权的具体方式，也是提起再审程序的两种具体方式。

三是提审是指最高人民法院或上级人民法院认为确有错误的案件不需要或者不宜由下级人民法院重新审判，而由本院进行重新审判的再审程序启动方式。提审主要适用于原判决、裁定认定事实正确但适用法律错误，或者案件疑难、复杂、重大，或者不宜由原审人民法院审理等情形。

四是指令再审是指最高人民法院或上级人民法院指示、命令下级人民法院重新审判的再审程序启动方式。1996年刑事诉讼法规定，被指令法院可以是原审人民法院，也可以是原审人民法院的上级法院，还可以是其他适合对案件重新进行审判的法院。对于指令原审法院再审，学术界一直存有质疑。如有观点认为，原审人民法院重新审判易受"先入为主"、地方干预等原因影响，难以实现纠错目的。为此，2012年刑事诉讼法专门增加规定，指令再审以指令原审人民法院以外的其他同级人民法院为原则，只有在例外情形即由其他法院审理可能存在证据核实、当事人参加庭审有困难时，才能指令原审人民法院审理，但实践中大量的再审案件仍是指定原审法院再审的。

二、再审抗诉的文书制作

检察机关启动再审的法律文书，主要包括刑事抗诉书、再审检察建议书。这两种法律文书除提出机关、法律效力不同外,主要内容和制作要求是相似的,其中刑事抗诉书更具典型性。笔者以下主要以刑事抗诉书为例,同时兼顾再审检察建议,说明再审检察文书的制作要点:

(一)树好靶子

刑事抗诉书是"以破为主,先破后立"的检察法律文书。刑事抗诉书直接针对原审生效裁判,以指出原审裁判"确有错误"之处、启动再审程序为基本诉讼目标。刑事抗诉书与起诉书等一审检察法律文书的最大区别是制作思维方式的不同,制作起诉书应持一种立论思维,制作刑事抗诉书则应持一种驳论思维。因此,制作刑事抗诉书必须先树立批驳的靶子,即先要准确表述原审生效裁判内容,然后针对原审裁判中的错误之处一一展开质疑。

刑事抗诉书表述原审裁判内容,应注意三点:

一是确定何为原审生效裁判。原审生效裁判,是指生效的法院裁判,具体包括三种情况:第一种情况是原一审裁判未上诉、抗诉即生效的,一审裁判为生效裁判;第二种情况是一审裁判后提出上诉、抗诉,二审维持原一审裁判的,或上诉、抗诉后二审改判的,二审裁判为生效裁判;第三种情况是经过死刑复核程序的死刑案件,死刑核准裁判为生效裁判。

二是要全面表述原审生效裁判。表述原审生效裁判,既要表述原审事实认定部分,又要表述原审裁判法律适用部分,两者缺一不可。刑事抗诉书在叙述原案诉讼过程部分已经清楚表述原审裁判法律适用情况的,应避免重复表述。刑事抗诉书还应注意处理好全面表述与重点表述的关系,根据案件确定的抗点重点表述抗点针对的原审裁判部分,如检察机关认为原审裁判认定事实不清,证据不确实、不充分的,刑事抗诉书应重点表述原审生效裁判认定的事实部分,并要展现原审裁判中检辩双方对事实证据的主要意见以及二审裁判对上诉理由的驳斥情况。

三是具体表述要忠于原审裁判原文。表述原审裁判,特别是原审裁判事实认定部分,一定要忠实于原文,照本直录,不作改动。检察人员制作刑事抗诉书后,要认真校对,确保相关表述忠于原审裁判原文。

刑事抗诉书中，表述原判内容与重新认定案件事实也不矛盾，且不可相互替代。刑事抗诉书在表述原审裁判内容后，可以根据审查或复查情况重新认定案件事实。但需要注意的是，无论刑事抗诉书是否重新认定新的事实，原判内容的表述部分不能省略，更不能以重新认定的事实替代原判内容，否则刑事抗诉书就缺失了靶向性。

（二）找准抗点

制作刑事抗诉书，必须找准抗点，最忌面面俱到。制作刑事抗诉书与制作起诉书有一个重要区别，就是起诉书必须就事实、证据、指控罪名等逐一进行全面叙述，做到要素齐全，结构完整。而制作刑事抗诉书仅仅需要指出原审裁判中"确有错误"之处即可，不必也不能面面俱到。抗点不涉及的原审裁判其他事实、其他罪名，在刑事抗诉书中或一笔带过或干脆不写，无需多费笔墨。

抗点，是检察机关经过对刑事申诉的审查或复查后发现的、在刑事抗诉书中提出的原审裁判应予纠正的主要错误之处。抗点所指出的错误对原审裁判必须是"致命性"的，或能引起原审裁判证据体系瓦解，或能导致原审裁判的法律适用错误，这一部分具体表现为刑事抗诉书或检察建议书中的"本院经依法审（复）查认为"部分。

根据《人民检察院刑事诉讼规则（试行）》第591条规定了再审抗诉的十种情形，实际上即为十种抗点。这些抗点可分为三大类：一类是事实认定或证据采信错误；二类是法律适用错误；三类是程序严重违法。实践中纠正的冤错案件，多以原审裁判认定的事实不清，证据不确实、不充分为抗点。

黄某某故意杀人案，法律文书的抗点表述为"经依法审查，认定原审判决认定黄某某故意杀人的事实不清，证据不确实、不充分，公安机关办案不规范，取证不及时，提取证据未按规定入卷，导致认定黄某某参与作案存在重大疑问，现有证据不能证明黄某某有作案时间"，其中的"原审判决认定黄某某故意杀人的事实不清，证据不确实、不充分"就是抗点，具体落实在"现有证据不能证明黄某某有作案时间"上，原审被告人是否有作案时间都不能确定,确定原审被告人犯罪的事实当然不清。"

近年来纠正的产权申诉案件,多是事实认定和法律适用兼有错误,其中以法律适用错误为主。

赵某某诈骗再审案,检察机关提出的书面意见认为:"原审判决认定事实不全面、不客观,依据现有证据和事实不能认定赵某某对4次提货具有非法占有的目的,提货未结算行为不属于诈骗行为,原审裁判认定赵某某犯诈骗罪确有错误",其中"原审判决认定事实不全面、不客观","原审裁判认定赵某某犯诈骗罪确有错误"就是原审裁判的主要错误所在,也是该案的抗点。

明确抗点,需要准确区分事实认定、证据采信问题和法律适用问题。检察人员如果认为原审裁判认定事实有误,特别是原审裁判认定事实不清、证据不足的,应建议法院适用"疑罪从无"规则宣告原审被告人无罪。制作刑事抗诉书,要避免既认为原审裁判认定事实的证据不确实、不充分,又认为其存在定罪量刑等法律适用错误的情况。因为这是两个层面的问题,审查原审裁判应首先评价事实认定,看原审裁判认定的事实是否客观全面,然后才是法律评价问题。如果事实认定根本站不住脚,就无须进行下一步的法律评价了。刑事抗诉书要避免既认为原案认定事实不清,证据不确实、不充分,应适用"存疑无罪"规则,同时又主张原审裁判适用法律错误的做法。

(三) 讲足理由[①]

制作刑事抗诉书,讲足抗诉理由是最见功夫,最需要精雕细琢的工作。抗诉理由是刑事抗诉书的核心内容,是围绕抗点具体阐明再审必要性的过程,每个具体理由都是从不同角度对抗点的说明,共同支持抗诉的正当性。具体案件中,检察人员要根据每个案件的具体情况细致梳理

---

① 本部分所引案例主要来自最高人民检察院原刑事申诉检察厅主编的《精品的魅力——全国刑事申诉检察精品案件选》一书,中国检察出版社2017年版,及最高人民检察院原刑事申诉检察厅主编的《刑事申诉检察工作指导》2015年第1期至2018年第1期,中国检察出版社出版,由于内容比较分散,不再一一具体标注。

归纳具体理由。根据对典型案例的分析，笔者把抗诉理由区分为事实证据、法律适用两大类，分别说明如下：

1. 事实证据类抗诉理由

事实证据类抗诉理由，是关于原审裁判在事实认定或证据采信方面存在严重错误，需要提出抗诉的理由。事实认定错误与证据采信错误虽然存在区别，但又密切相关，事实认定错误一般是由证据采信错误引发的，实践中两者往往相伴而生，提出抗诉的具体理由也具有相似性。为便于表述，笔者将两类错误理由放在一块来讲。事实证据类抗诉理由主要有以下几种：

一是锁定性证据严重缺失。笔者所说的"锁定性"证据，是指能够确定原审被告人系作案人的证据。司法实践中，锁定性证据一般表现为现场勘查笔录、物证、书证、视听资料、电子数据及相关鉴定意见等客观性证据，如案发现场、被害人尸体或作案工具上发现的原审被告人体液、毛发、指纹、脚印等物证。锁定性证据在实践中也不排除是言词类证据，如被害人、目击证人、同案原审被告人的指认等。锁定性证据，是认定原审被告人系作案人的关键证据，如果这类证据缺失或者其真实性、合法性存疑，"原审被告人系作案人"这一根基性的案件事实就会动摇。因此，如果原审裁判的锁定性证据缺失、没有关联性或真实性、合法性高度存疑的，应作为刑事抗诉书的主要理由之一。

司法实践中，以锁定性证据严重缺失作为提出检察监督意见具体理由的案例很多。

黄某某故意杀人案中，三名案发现场目击证人、原案八名同案犯的供述，均是锁定黄某某参与杀人作案的关键证据。原审裁判生效后，其中两名同案犯供述出现了重大变化，承认黄某某没有参与作案，又有新的证人证明黄某某案发时在外地打工，检察机关正是从上述发生变化的锁定性证据入手，对原审裁判认定黄某某参与犯罪的真实性提出了质疑。

徐某故意杀人、强奸案中，被害人体内精斑的 DNA 鉴定结论、警犬气味鉴别意见是锁定徐某为作案人的关键证据，检察机关的质疑也是针对这两个锁定性证据展开：理由之一是该精斑 DNA 鉴定意见所使用的鉴定方式不能得出唯一结论，不能据此确定原审被告人徐某与被害人案发前有性行为；理由之二是警犬气味鉴别意见是人犬结合的结果，无法予以量化，不属于法定的鉴定意见证据种类，不能作为定案的依据。

李某某故意杀人案中，原案锁定李某某系作案人的关键证据是证人袁某某的证言、李某的证言。检察机关在复查中发现，袁某某的证言只能证明李某某有作案可能，并非目击了李某某作案的过程。李某案发时仅7岁，取证时没有通知其法定代理人在场，且其证言前后反复、不具有稳定性。而且，侦查人员确定李某某系犯罪嫌疑人是通过"群众排查"而来，在案的其他证据如现场勘查笔录、从原审被告人家提取的鼠药等均不能证明系李某某投毒杀人。

二是发现颠覆性新证据。前面我们讲过何为再审中的新证据，这里笔者又提出了"颠覆性"新证据的说法，主要是想说明司法实践中并非一出现了新证据就意味着原审裁判有问题，就需要启动再审程序。"颠覆性"是衡量新证据对原审裁判事实认定影响程度的量化标准，是指一个新证据的出现，对原审裁判认定的关键事实如原审被告人是否系作案人或对原审裁判的定性量刑将产生重大影响，将直接导致原审裁判错误或严重不公，只有新证据达到了这个标准才需要启动再审进行重新审判。

司法实践中，由于发现"颠覆性"新证据而启动再审的情况并不鲜见。

于某某故意杀人案中，原审裁判据以确定于某某作案的"现场手印检验报告"是确定该案系熟人作案，并排除外来陌生人作案的关键证据。但在复查时检察机关通过调阅侦查内卷发现，现场勘查人员留存的最初的手印检验报告手写稿中记录了28枚手印，其中有2枚外来人员新鲜手印，而原审定案采信的现场手印检验报告中只记载了26枚手印，对2枚外来人员新鲜手印未作记录。这一新证据的出现，打破了原案侦查中对作案人范围的判断，对于于某某系作案人这一原判关键事实产生了"颠覆性"影响，成为再审检察建议的主要理由之一。

刘某某假冒注册商标一案，刘某某被指认为某制造冒牌洗发水的幕后老板。但复查中检察机关发现，刘某某在案发期间一直在外地从事拉潲水养猪职业，相关证人也证明其没有参与原审裁判认定的犯罪活动的时间和条件。检察机关经调查还发现刘某某是被同案犯以照片指认的方式确定为犯罪嫌疑人的，辨认对象和程序不合法。这些情况特别是检察机关复查中取得的新的证人证言，均系指向原审被告人刘某某不是作案人的"颠覆性"新证据，成为检察机关提出抗诉的重要理由。

三是有罪供述真实性高度存疑。目前，我国的刑事定罪证据体系中有罪供述仍占有重要地位，特别是刑事申诉办案中许多时候对全案证据的判断最终都演变为对原案有罪供述真实性的判断。实践中，检察机关若以原审裁判采信的有罪供述不具有真实性作为抗诉理由，对有罪供述真实性的质疑必须达到较高的程度，不是"一般存疑"而是"高度存疑"，也就是说原案有罪供述基本上是不可信的。审查判断原案供述有多种方法：首先是供述自身的判断，如原审被告人到案初期是否供述、如何供述、供述笔录是否完整，是否有翻供或存在重大变化，翻供是在侦查阶段还是之后的审查起诉或审查中，翻供的理由是否合理，翻供后是否还有供述等。其次是有罪供述与其他证据的印证程度。如供述与在案其他证据是否能够相互印证，是否存在无法排除的矛盾，特别是有无通过供述取得隐蔽性证据，供述与现场勘查笔录、物证及鉴定意见的取得顺序是"先证后供"还是"先供后证"，供述是否有随着侦查取证过程发生变化的情况，供述的内容是否符合常理和逻辑等。这些都是审查判断口供真实性的重要方法，也是质疑原案有罪供述真实性的基本思路。

实践中，原案有罪供述的真实性高度存疑是一条至关重要的抗诉理由。

在公开的河北聂某某案检察意见中，聂某某的有罪供述中关于作案时间、取得花衬衣的具体地点等关键情节前后矛盾、说法不一，供述中关于其取得花衬衣的具体情节随着公安机关取证情况而变化，聂某某到案至其作出第一次有罪供述 5 天内讯问笔录缺失，侦查机关也不能合理解释等情况，都是质疑聂某某有罪供述真实性的直接理由。

李某某（投毒）故意杀人案中，李某某被原审裁判认定投放了掺有鼠药的桂花奶糖并致两名未成年被害人死亡。但原审认定李某某投毒杀人的准备、实施过程只有李某某侦查阶段的有罪供述，李某某到案后经历了长期不供、供述后又翻供的过程，有罪供述缺乏稳定性。复查中检察机关还发现，李某某的有罪供述与侦查机关在案发现场提取的糖纸、红色塑料袋等物证系"先证后供"关系，而李某某有罪供述中对糖纸特征、红色塑料袋打结方式的描述又存在向现场勘查笔录反映的上述物证提取情况逐渐靠拢的过程，这些成为检察机关质疑其有罪供述真实性的重要理由。

四是取证合法性严重不足。取证合法性严重不足，是指原审裁判的定案证据在取证手段、取证程序上存在严重违反刑事诉讼法有关禁止性规定的情形，如涉嫌刑讯逼供、暴力取证、违法辨认、违法鉴定等。司法实践一再证明，办案机关合法取证是证据真实性、客观性的必要保障，取证手段或程序严重违法不仅侵犯人权、侵害司法公正，还直接影响证据的真实性、客观性。从纠正冤错案件的司法实践看，取证合法性严重不足问题既出现在口供、证人证言等主观性证据上，也出现在物证、勘查笔录、辨认笔录、鉴定意见等客观性证据中。办案时，检察机关发现某一定案证据合法性存在问题，能够查实并确认违法的，应提出该证据不能作为定案依据的明确意见，不能查实并确认违法，但该证据取得合法性又高度存疑的，取证合法性存疑只能作为质疑该证据真实性的辅助性理由。

司法实践中，刑事抗诉书或再审检察建议书中将原有罪供述取得不合法作为再审理由案例较多。

河北聂某某案的检察意见中提到"聂某某到案后五天的供述

缺失，合法性存在疑问"；在丁某某故意杀人案中，再审检察建议书提出原判采信的原审被告人丁某的有罪供述，是在狱侦"耳目"长期暴力逼供、虐待、引诱，并在侦查人员"许诺自首"下取得的，有罪供述不具有合法性，依法不能作为定案依据。

在刑事抗诉书或再审检察建议书中，将客观性证据取得不合法作为抗诉理由也不鲜见。

在钱某某投放危险物质案再审检察建议书中，检察机关提出原审判决用于定案的《刑事毒物检验鉴定书》《辨认笔录》《现场勘查笔录》等证据，存在诸多违反1997年《刑事诉讼法》、1998年《公安机关办理刑事案件程序规定》及相关办案规定之处。其中，《刑事毒物检验鉴定书》仅有鉴定结论，原侦查单位不能提供作出该鉴定报告的内部工作文书，该鉴定结论缺乏相应的技术检测材料予以支持，在鉴定程序和内容上存在明显瑕疵，且现已无法补正。《现场勘查笔录》没有见证人签名，移交鉴定时也没有交接手续。辨认投毒所用针筒等作案工具的笔录，非钱某某签字。

这些取证合法性问题，都成为检察机关提出抗诉或再审检察建议的重要理由。

五是定罪证据不充分。我国刑事诉讼对定罪的证明标准是"案件事实清楚，证据确实、充分"。证据"确实"，关注的是证据的质，是对单个证据客观性、真实性、合法性的要求。证据"充分"，讲的是证据的量，要求整个定罪证据体系要完整、要充足，具体表现为两点要求：其一是在案证据与证据之间、证据与案件事实之间不存在矛盾或者矛盾能够得到合理排除；其二是在案证据已经形成了完整的证据链，综合全案证据认定事实已经排除合理怀疑，所得结论是唯一的。经过检察机关的审查或复查，认为在案主要证据之间存在无法排除的矛盾，或证据链条不完整，或定罪证据体系不完整的，都是定罪证据不充分的表现，也是提出抗诉或再审检察建议的重要理由。

需要注意的是，与前述几个理由主要质疑单个证据不同，定罪证据不充分针对的是原审裁判的证据综合运用问题，是从证据体系、证明标准上对原审裁判提出质疑,实践中常常成为推翻原审裁判结论的"最后一根稻草"。

于某某故意杀人案再审检察建议书中有三条主要理由,其中两条都属于"定罪证据不充分"方面的理由。具体表述为:一是原审判决定罪的主要证据之间存在矛盾。原审判决认定于某某有罪的证据主要是现场勘查笔录、尸检报告以及于某某曾作的有罪供述。作为唯一直接证据的于某某的有罪供述,与现场勘查笔录、尸检报告在菜刀放置的位置、拽断电话线、用于点燃蜡烛的火柴梗丢弃位置、是否与被害人发生性行为等方面存在诸多无法排除的矛盾。在案间接证据也不足以证明于某某实施故意杀人行为。二是原审判决认定于某某故意杀人的事实不具有排他性。根据从公安机关侦查内卷中调取的手写"手印检验报告"及DNA鉴定意见,现场提取了外来指纹,被害阴道提取的精子并非于某某的精子,其他人作案的可能性得不到合理排除。因此,检察机关最终认为,原审判决认定于某某故意杀人的证据未形成完整的证据链,认定的事实不能排除合理怀疑。

六是事实认定违背常理。常理,一般指日常生活经验和逻辑,是普通老百姓都懂得又普遍认同的日常道理。司法办案中收集和发现证据虽然是一项专业活动,但依据证据认定案件事实却从来都离不开生活经验和逻辑。因此,在英美国家的法庭上,从证据到事实的认定是交由业余人士——陪审团来评判的,陪审团所持的是普通人标准,其根基是日常生活经验和逻辑。

纠正冤错案件司法实践中,原审裁判事实认定有违常理作为一项辅助性理由正在逐渐为大家所接受。

在河北聂某某故意杀人一案中,检察意见指出聂某某供述偷花衬衣是准备自己穿,而根据物证照片及现场勘查笔录记载,该衬衣仅是衣长61.5厘米的女士上衣,且多处破损,这对于此前没有捡垃圾衣服习惯、也没有对女人衣物感兴趣癖好,且家庭收入稳定、衣食无忧、有衬衣多件的聂某某来讲,其供述的偷拿花衬衣的动机明显不符合常理。

在丁某某故意杀人一案中，再审检察建议书指出，原判认定丁某某杀人存在诸多不合常理之处。在案证据表明，丁某某与被害人案发前系恋爱且同居关系，虽有矛盾，但并未达到"激情杀人"的程度；原审判决认定丁某某存在伪造现场、制造未杀人的假象等诸多反侦查行为，但这与丁某某年仅22岁、文化程度不高、社会阅历不深、没有犯罪前科等情况不符。

在李某某故意杀人一案中，再审检察建议书也指出，原审判决认定李某某杀人存在诸多不合常理之处。如原审判决认定李某某因两被害人（均系肖某未成年的儿子）妨碍其与肖某（女）的不正当两性关系而产生杀人动机，但要"杀其子而与其母保持不正当两性关系"的动机认定不合常理；在犯罪预备和作案时机选择上，原审判决认定李某某案发前分多次准备鼠药和桂花奶糖，案发上午11点制作毒糖，中间带儿子走亲戚、吃酒，下午5点多钟带儿子返回本村后实施投毒行为。实施投毒行为时，田中有许多人在劳动。再审检察建议书指出，原审判决认定李某某时隔多日分次准备犯罪工具，制作毒糖后中间去走亲戚，时隔多个小时后返回村中作案，并在白天人多时带着儿子作案，明显有悖常理。

以上，列举了刑事抗诉书或再审检察建议书中经常使用的六类事实证据类抗诉理由。需要说明的是，其中任一抗诉理由都难以独自推翻原审裁判结论，司法实践中往往是根据案件情况综合运用其中若干个理由，共同动摇了原审裁判认定事实、采信证据的根基。

还有一点需要注意，上述六方面的抗诉理由在运用时应有一个大致的顺序，通常是先质疑客观性证据、后质疑主观性证据，先讲证据不真实，后讲证据不合法，先谈原审证据存在的问题、后讲发现的新证据，先质疑单个证据、后质疑证据的综合运用及原审裁判定罪是否达到了证明标准。按上述顺序排列抗诉理由，有利于体现抗诉的客观性、严密性、慎重性。

2. 法律适用类抗诉理由

法律适用类抗诉理由，是针对原审裁判适用法律提出质疑的理由，包括对原审被告人的定罪是否准确、量刑是否适当、办案程序是否合法、刑事附带民事诉讼法律适用是否正确等方面。对原审裁判法律适用提出抗诉，前提是原审裁判在认定事实上没有根本性错误。若原审裁判在认定事实上有根本性错误，对原审被告人应根据"事实无罪"或"疑罪从无"原则处理。根据目前我国纠正冤错案件的状况，事实认定错误占比很高，因法律适用错误再审改判案件较少。

但近年来，随着"两高"对产权申诉案件的重视，相继启动了一批产权申诉与再审案件，其中主要是解决原审裁判的法律适用错误问题。相对于事实证据问题，对原审裁判法律适用提出质疑难度更大，因为申诉案件一般跨越数年甚至数十年，期间往往经历数次法律修改或重大政策调整，检察机关在办案中需要综合考查法律、政策、社会、历史等各方面的因素，根据当时的法律规定，审慎客观地提出处理意见。实践中，检察机关提出的法律适用类抗诉理由主要有以下五类：

一是罪与非罪理由。罪与非罪理由，是针对原审裁判认定的事实是否构成犯罪的理由。理论上讲，罪与非罪理由应包括两类，其一是认定原审无罪裁判适用法律错误，应重新追诉原审被告人的理由；其二是认定原审有罪裁判适用法律错误，应宣告原审被告人无罪的理由。申诉与再审办案中，提出抗诉或再审检察建议中后一种理由居多。司法实践中，原审裁判把无罪作有罪处理，主要是因为司法机关把经济纠纷错误作为犯罪处理，在罪与非罪的界限上把握不准导致的。也有一小部分案件，是由于公安司法机关故意违法办案，利用刑事手段插手民事经济纠纷造成的。

对原审错误的定罪裁判提出质疑，关键是把握特定罪名的法律构成要件，从原审认定的事实和行为不符合法律规定的特定罪名的构成要件入手，否定原审裁判定罪的合法性。具体办案中，检察人员应特别关注行为人是否具有非法占有或营利的目的，是否具有犯罪故意或重大过失，是否具有特定的职务、身份，涉案行为是否具有严重的社会危害性，涉案行为是否有危害结果及两者之间是否有因果关系等要点。特别需要强调的是，我国刑事审判对涉案行为是根据犯罪构成要件进行一次性综合评价，涉案行为完全符合犯罪构成要件的即为犯罪，否则不构成犯罪。与指控犯罪不同的是，在申诉与再审办案中检察人员否定原审裁判定罪，并不需要否定原审裁判认定罪名的全部构成要件，而只需要否定其中任意一项或若干项即可。

在张某甲再审案中，根据公开的最高人民法院再审判决，检察机关认为原审裁判适用法律错误，应依法改判张某甲等无罪。涉及法律适用的主要理由有：原审认定的物美集团诈骗国债贴息技改资金的行为，性质上属于违规行为，不构成虚构事实、隐瞒真相的诈骗行为，也未使原国家经贸委等主管审批机关陷入错误认识，不符合诈骗罪的客观构成要件。在主观上，物美集团虽未将3190万元国债技改贴息资金专款专用，但一直在财务账目上列为"应付人民政府款项"，并未隐匿该笔资金，不符合诈骗罪要求的非法占有目的的主观构成要件。

在赵某某再审一案中，根据公开的最高人民法院再审判决，检察机关提出的书面意见认为，虽然原审认定的赵某某在与东北风冷轧板公司进行交易中4次提货未结算行为确实存在，但这4次交易只是双方20多次交易中的一小部分，而上述20多次交易中赵某某支付了大部分货款，甚至在涉案4次提货未结算后仍有付款行为，考虑案发时双方未经最终结算，不能认定其存在非法占有的目的。而且，赵某某4次涉案提货履行了正常手续，东北风冷轧板公司员工也不是基于认识错误向赵某某交付货物，涉案行为亦不符合虚构事实、隐瞒真相的诈骗罪客观要件。

二是此罪与彼罪理由。此罪与彼罪理由，是认为原审裁判认定罪名错误并导致量刑严重不当的理由。再审抗诉中提出此类理由，需要满足两方面的条件：其一是原审裁判将此罪认定为了彼罪，存在定性错误；其二是罪名认定错误导致量刑严重不当，涉及刑罚种类或档次的变化。判断罪名适用错误，仍然是从分析特定罪名的犯罪构成要件入手，重点是说清原判罪名适用的错误所在，以及涉案行为符合其他罪名构成要件的理由。

邹某某等贩卖毒品再审一案中，邹某某因贩卖盐酸氯胺酮注射液被判处无期徒刑，服刑期间其提出申诉，检察机关经复查认为其不构成贩卖毒品罪，只构成非法经营罪。再审检察建议中的主要理由是，本案所涉盐酸氯胺酮注射液作为第二类精神药品即法律规定的"其他毒品"管理的时间为2003年11月1日，之前只作为处方药管理，而原审被告人邹某某贩卖盐酸氯胺酮注射液的时间为2003年8月至10月，且其对买家将该注射液用于提炼氯胺酮晶体不明知，因此原审裁判对其以贩卖毒品罪判处无期徒刑确有错误，应以非法经营罪重新定罪量刑。法院采纳了检察机关的意见，改判邹某某犯非法经营罪，判处有期徒刑2年，并处相应罚金。

三是量刑严重不当理由。量刑严重不当，包括量刑畸重、量刑畸轻两种情况。量刑畸重畸轻，一般是因为应予认定的量刑情节未予认定或者相关从轻量刑情节存在虚假而引发。如原审被告人系未成年人、限制刑事责任能力人，或具有防卫过当、避险过度、自首、立功等法定从轻量刑情节，或者具有累犯等从重量刑情节，而原审裁判因失察而未予认定。

举一个因重大立功虚假而引发抗诉的案例。

2010年，范某某等因犯合同诈骗罪被刑事追诉，涉案金额2500万元，但因原审被告人范某某在羁押期间举报韩某某、李某某抢劫杀人的犯罪事实，有重大立功，法院决定判处范某某有期徒刑3年，缓刑3年。判决生效后，被害人提出申诉。检察机关经复查发现，原审裁判认定的重大立功材料系看守所民警提供帮助虚构而成，以此为由向法院提出抗诉，后获改判。

四是程序严重违法理由。再审程序纠正的程序错误，主要是严重的程序违法并影响公正审判的情况，如违反公开审判、回避制度、审判组织规定，剥夺当事人上诉权并可能影响审判公正的，以及审判人员审理中有贪污受贿、徇私枉法、枉法裁判等情形的。

实践中,以程序严重违法提出抗诉也有案例。

2012年李某因伪造货币罪被判处有期徒刑15年,一审后判决生效。后李某以一审裁判事实不清、证据不足,法院剥夺其上诉权为由提出申诉。检察机关经审查后发现,一审法院确实未依法保障李某行使上诉权,属于程序违法,可能影响公正审判,遂依此为由向法院提出抗诉,并获得法院支持。

五是刑事附带民事诉讼适用法律错误理由。刑事附带民事诉讼是司法机关在办理刑事案件的同时,附带解决犯罪行为造成的物质损失赔偿问题的民事诉讼。实践中,被害人多因对刑事附带民事诉讼赔偿数额不满,未判赔死亡赔偿金或伤残赔偿金,未实际得到民事赔偿等为由提出申诉。这些申诉也有得到检察机关支持的案例。

2012年范某某因犯交通肇事罪被判处有期徒刑并赔偿被害人的损失共计26万多元,一审判决生效后,被害人因不服原审判决中认定"所请求的被抚养人生活费已包括在死亡赔偿金内,依法不再另行支持"的结论,向检察机关提出申诉。检察机关审查后,以原审判决未依法给付被抚养人生活费确有错误为由向法院提出抗诉,并获改判。

(四) 亮明意见

在刑事抗诉书或再审检察建议书的最后的"综上"部分,除简要概括抗点及主要理由、表明提出抗诉或再审检察建议的法律依据外,一定要讲明检察机关对案件的处理意见。检察机关对案件提出监督意见,基本立场有三种:一是认为原审裁判错误追诉了原审被告人,原审被告人是无辜的,原案系冤案;二是原审裁定定罪证据不确实、不充分,无法证明原审被告人有罪,原案系疑案;三是原审裁判认定事实无误,但定性错误、罪名不当或量刑畸重,原审被告人系法律上无罪或应改判罪名、重新量刑,原案是错案。制作抗诉书或再审检察建议,一定要选择其中一种立场,明确表明检察机关的监督意见,不可既说原审裁判有正确的一面，又说其有错误的一面，最后"请法院依法判决"，这种采取模糊观点"打擦边球"，甚至是故意回避矛盾的"骑墙"战术，轻则是自毁长城，重则是失职渎职，绝对要不得！

三、渐具刚性的检察建议

由同级检察机关向作出原审生效裁判的法院提出再审检察建议，法院审查后决定启动再审的监督方式，是近年来为了解决生效刑事裁判监督方式单一、刑申案件"倒三角"分布、上下级检察机关忙闲不均以及抗诉程序比较复杂、监督效率不高等问题，由地方检察机关率先在司法实践中探索发展，并被最高人民检察院确认推广的一项新制度。

（一）再审检察建议的"前世今生"

2014年以前，再审检察建议主要在地方检察机关适用。由于检察机关只是提出再审建议，最终由法院决定是否启动再审，不仅实现了同级监督、提高了监督效率，也易于法院接受，实践中再审率、改判率很高，实现了"双赢"效果。但由于各地适用标准不统一，再审检察建议适用也出现了法律效力不足、依赖个案协调、适用情形不规范、法律文书格式不一等问题，个别地方适用再审检察建议过多过滥，法院采纳率不高，一定程度上影响了再审检察建议的监督效果。

2014年10月，最高人民检察院在修订《人民检察院复查刑事申诉案件规定》时总结地方实践经验，在第53条专门新增了再审检察建议的相关规定，初步确立了再审检察建议与再审抗诉适用情形相同，提出再审检察建议需经检察委员会决定，再审检察建议向同级法院提出，对不适宜同级监督或提出再审检察建议后未被法院采纳的，可继续提请抗诉等制度框架。

上述规定解决了再审检察建议适用中长期存在的诸多问题，大大促进了该制度的推广和适用。不仅地方检察院开始大量适用再审检察建议，最高人民检察院对许多案件也采用了再审检察建议的监督方式，形成了再审检察建议与抗诉"并驾齐驱"的监督格局，甚至在许多地方，再审检察建议的适用率高于再审抗诉。"两高"层面，海南黄家光故意杀人案、安徽于英生故意杀人案、福建邹俊敏等贩卖毒品案等，均通过再审检察建议启动再审程序；地方层面，广东徐辉故意杀人、强奸案，云南施伟故意伤害、强奸案，天津李松故意杀人案，浙江丁国勤故意杀人案，安徽杨德武故意杀人案，福建许金龙等抢劫案，湖南曾凡年敲诈勒索案等，也都是以提出再审检察建议启动再审的。

（二）再审检察建议的适用难题

再审检察建议虽然在实践中适用越来越普遍，甚至在许多案件符合抗诉的条件下，检察机关也愿意采用再审检察建议的方式启动再审程序。但不容回避的是，再审检察建议的适用仍面临着许多难题。

1. 缺少法律上的名分

目前，再审检察建议已经为民事诉讼法、行政诉讼法明确规定，但刑事诉讼法至今未明确规定再审检察建议。实践中，检察机关提出再审检察建议的依据为《人民检察院复查刑事申诉案件规定》第53条，但这一司法文件并不足以拘束法院，遇有法院对再审检察建议提出法律依据质疑，检察机关就面临"师出无名"的尴尬，实践中也确有一部分再审检察建议在法院没有得到应有的尊重，发出后长期被搁置。

2. 程序效力没有保障

以再审检察建议启动再审程序，再审的最终决定权在法院。法院对刑事抗诉书和再审检察建议书处理上的最大区别是，对刑事抗诉书适用立案登记制，一般应在1个月内立案再审，再审检察建议则适用立案审查制，还要经过一系列审查程序，最后由院长提请审判委员会讨论决定是否启动再审程序。也就是说，再审检察建议并没有启动再审程序的当然效力。

3. 部分案件效率不高

再审检察建议制度设置的重要目的之一是提高启动再审程序的效率，但实践中有一部分案件非但没有提高司法效率，反而降低了司法效率。如上所述，法院收到再审检察建议后要经过承办人审查、部门审批讨论、院长决定、审判委员会讨论等一系列内部程序，最终才能启动再审程序。如果上级法院将案件交原作出生效裁判法院审查、复查的，能否启动再审的不确定性更大,即使最终启动了再审程序,也会经历一到两年的时间。若法院最终未能采纳再审检察建议的,检察机关还需要再走一遍抗诉程序,办案周期大大长于直接提请抗诉的案件。如安徽杨德武再审案,检察机关曾三次向法院提出再审检察建议,两次都没有得到法院采纳,第三次才启动再审,使该案的纠正历时达13年之久。因此,对一些法检可能存在认识分歧的刑事申诉案件,提出再审检察建议并不是一个好的选择,更应优先采用抗诉的监督方式。

(三)值得期许的再审检察建议

与抗诉制度相比,再审检察建议制度具有许多特点:一是"协商性"。再审检察建议适用过程是检法两家就原审裁判是否存在错误、是否需要启动再审重新审判等问题进行协商的过程,能够充分尊重法院的审判权和自我纠错功能,与刚性的抗诉能够形成互补效应。二是"协同性"。刑事再审检察建议的运用目的,不仅在于履行检察监督职能,更在于将法检两院视为一个整体,共同维护司法公正和权威。三是灵活性。再审检察建议变上级监督为同级监督,能够缩短办案周期,减少司法资源耗费,充分利用基层检察院的办案资源。① 因此,再审检察建议制度应予坚持,值得期许。

笔者认为,完善再审检察建议制度,可以从以下几方面入手:

1. 完善刑事诉讼立法

完善刑事再审检察建议制度,最根本的办法是将再审检察建议纳入刑事诉讼法,作为与抗诉相并列的启动再审的法定手段,明确规定法院收到再审检察建议后的审查期限和反馈方式,使再审检察建议能够"师出有名"。

2. 增加再审检察建议刚性

在立法修改之前,可行的思路是赋予再审检察建议一定的制度刚性。一方面,检察机关应当提高审查、复查刑事申诉案件的质量,提高

---

① 本部分参考了王士春、李国宝:《刑事再审检察建议适用之实证分析、理论思考与制度建构》,载《刑事申诉检察工作指导》2014年第3辑,中国检察出版社2014年版,第24~25页。

制作再审检察建议书的水平。另一方面，检察机关应当强化与法院的沟通协调机制，通过承办人沟通、检察长列席审判委员会等方式，加强提出检察建议后两家的工作协同性，赋予再审检察建议一定的制度刚性。

3. 落实相关新规定

2019年2月，最高人民检察院发布了新修订的《人民检察院建议工作规定》，对检察建议（包括再审检察建议）的性质、制发原则、建议类型、适用范围、调查措施、制发程序、刚性保障及异议等七个方面作了明确规定，检察建议被检察机关作为了一个极为重要的监督工具。检察机关应以此为契机，抓好新司法文件的落实，用好调查措施、刚性保障等新制度，充分发挥再审检察建议的作用。笔者期许也坚信再审检察建议制度会有一个更美好的未来。

四、再审案件的自行启动

法院自行启动再审，是指法院经审查或复查刑事申诉，认为原审裁判有错误需要改判的，通过再审立案启动再审程序的方式。理论界一般认为，人民法院自行启动审判监督程序违背了"不告不理"的诉讼原理，应当对此加以限制。司法实践则表明，法院自行启动再审一般是基于申诉人提出的刑事申诉，并非完全"自行"启动，而且这种启动方式在纠正冤错案件中发挥了重要作用。加之，法院对再审立案与再审审判实行"立审分立"制，也给法院自行启动再审增加了相对合理性。但不可否认的是，法院自行启动再审易存在"先入为主"倾向，应注重发挥检察机关对法院自行启动再审的法律监督作用。

（一）自行启动相对合理

纠正冤错案件是一项十分艰巨的工作，面临着许多无法想像的困难和阻力。从冤错案件发现纠正机制看，我国冤错案件主要依靠申诉人提出申诉，由检察机关通过抗诉和法院自行启动再审程序进行纠错，缺少社会组织的广泛参与，发现途径较少，纠正力量不足。因此，赋予法院对刑事申诉进行审查、复查，并拥有自行启动再审的权力，对于及时发现和纠正冤错案件具有积极意义。

近年来，法院通过推动审判监督改革，设置了单独的审判监督厅，专门负责申诉和再审工作，实现了原审与再审的分离，这种制度设计为法院自行启动再审提供了必要的程序正当性。从官方公布的数据看，2013年至2017年，全国各级人民法院再审改判刑事案件6747件，其中十有八九是法院自行启动再审纠正的。在已纠正的重大冤错案件中，河北聂树斌案、张文中案、耿万喜案、赵明利案、孙宝国等涉黑案，内蒙古呼格案，内蒙古王力军案，辽宁王力案等均是由法院自行启动再审并改判原审被告人无罪的，这些再审数据和冤错案例也说明了法院自行启动再审具有一定的实践合理性。

（二）注意避免"先入为主"

法院自行启动再审虽然具有实践上的合理性，但也具有自身的一些弊病，最突出的问题是再审法官容易产生"先入为主"倾向。因为我国再审程序的启动以原审裁判"有错误"或"确有错误"为实质条件，再审启动一般以刑事申诉审查、复查为前提，还要经过审判委员会的讨论或者上级院的指令，法官在再审启动前就已经实质复查了案件，形成了确定的预断。特别是在最高人民法院设立的巡回法庭中，刑事申诉的审查、复查和案件的再审审判往往是由同一合议庭负责的，这就更容易产生"先入为主"倾向，不利于客观公正地发现和纠正冤错案件。

法院自行启动再审案件应当重点防范再审法官的"先入为主"倾向。一方面，各级人民法院必须坚持"立审分离"要求，认真落实刑事申诉的审查、复查由立案庭负责，再审立案后的重新审判由审判监督庭负责的要求，防止再审法官产生主观倾向。最高人民法院巡回法庭也要贯彻"立审分离"要求，配足刑事法官，明确负责刑事申诉审查、复查的法官不得再参与同一案件的再审审判，以防止将审查、复查中的预断带入再审审判中。另一方面，要增加再审程序的公开性、参与性，法院再审立案前应通知检察机关同步审查，法院自行启动再审案件要以开庭为原则，审理中法官要全面听取检辩双方的意见。

（三）检察监督不可或缺①

检察机关对整个刑事诉讼过程负有监督职责，法院自行启动再审是我国刑事诉讼的重要组成部分，理应接受检察机关的监督。对法院自行启动再审的监督可以划分为两个阶段：一是再审立案前的监督。主要是对立案庭审查、复查后拟再审立案的监督，以法院向检察院书面征求是否应予再审立案，检察院经过审查或复查后提出书面意见为基本工作方式。二是对再审审判的监督，主要通过法院审判监督庭通知阅卷、检察院同步审查和出庭再审法庭或对不开庭审理的案件出具书面检察意见的方式进行。

无论在哪个阶段，检察机关都应认真审阅案卷，对事实和证据有疑问的，应督促法院调查核实或自行调查核实，并客观公正地提出监督意见。检察机关应重视出席再审法庭、检察长列席审判委员会等方式对再审过程进行监督。再审裁判作出后，检察机关还应认真审查再审裁判文书，强化对再审生效裁判的监督。

从实际情况看，法院一般能做到主动接受检察监督。最高人民法院启动再审的案件能够及时通知最高人民检察院阅卷、出庭或提出书面意见，如张文中等诈骗、单位行贿、挪用资金再案，耿万喜诈骗再审案，赵明利诈骗再审案，孙宝国等涉黑再审案、辽宁王力故意杀人再审案等，最高人民法院决定再审后能够及时通知最高人民检察院阅卷，最高人民检察院接到通知后及时阅卷、复核证据，并派员出席了再审法庭。对于书面审理的河北聂树斌故意杀人再审案、赵明利诈骗再审案等，虽未开庭，但最高人民法院也及时通知最高人民检察院阅卷，最高人民检察院通过认真复核出具了书面检察意见。

也有一些做的比较好的地方法院、检察院。如云南省形成了覆盖全省法院自行启动再审监督机制，近年来仅云南省人民检察院就对云南省高级人民法院自行启动再审的20多件案件进行了同步审查和监督。但

---

① 本部分参考了王克、高洁峰、张玲：《对人民法院自行启动刑事审判监督程序案件法律监督研究的理论与实践——以云南省刑事申诉检察部门工作为视角》，载《刑事申诉检察工作指导》2015年第5辑，中国检察出版社2016年版，第99页。

总的来说，地方检察院对法院自行启动再审案件的监督还不理想，检察机关对法院自行启动再审的监督目前没有具体的法律依据，当前的监督主要限于对再审开庭审理案件的监督，对于审查、复查后拟再审立案案件和再审立案后书面审理案件，还有许多地方法院没有及时通知检察机关，有的案件甚至在再审改判后检察机关还一无所知，再审监督中存在诸多盲区。因此，对于法院自行启动再审案件，亟待"两高"层面出台司法解释或司法文件，明确规定法院自行启动再审中接受检察监督的义务，规定再审中检察机关监督的具体程序和方式，以保障法院自行启动再审的公正性、合法性。

法律链接

一、最高人民法院关于规范人民法院再审立案的若干意见（试行）

（2002年9月10日公布，自2002年11月1日起施行　法发〔2002〕13号）（节录）

为加强审判监督，规范再审立案工作，根据《中华人民共和国刑事诉讼法》、《中华人民共和国民事诉讼法》和《中华人民共和国行政诉讼法》的有关规定，结合审判实际，制定本规定。

第一条　各级人民法院、专门人民法院对本院或者上级人民法院对下级人民法院作出的终审裁判，经复查认为符合再审立案条件的，应当决定或裁定再审。

人民检察院依照法律规定对人民法院作出的终审裁判提出抗诉的，应当再审立案。

第二条　地方各级人民法院、专门人民法院负责下列案件的再审立案：

（一）本院作出的终审裁判，符合再审立案条件的；

（二）下一级人民法院复查驳回或者再审改判，符合再审立案条件的；

（三）上级人民法院指令再审的；

（四）人民检察院依法提出抗诉的。

第三条 最高人民法院负责下列案件的再审立案：

（一）本院作出的终审裁判，符合再审立案条件的；

（二）高级人民法院复查驳回或者再审改判，符合再审立案条件的；

（三）最高人民检察院依法提出抗诉的；

（四）最高人民法院认为应由自己再审的。

第四条 上级人民法院对下级人民法院作出的终审裁判，认为确有必要的，可以直接立案复查，经复查认为符合再审立案条件的，可以决定或裁定再审。

第五条 再审申请人或申诉人向人民法院申请再审或申诉，应当提交以下材料：

（一）再审申请书或申诉状，应当载明当事人的基本情况、申请再审或申诉的事实与理由；

（二）原一、二审判决书、裁定书等法律文书，经过人民法院复查或再审的，应当附有驳回通知书、再审判决书或裁定书；

（三）以有新的证据证明原裁判认定的事实确有错误为由申请再审或申诉的，应当同时附有证据目录、证人名单和主要证据复印件或者照片；需要人民法院调查取证的，应当附有证据线索。

申请再审或申诉不符合前款规定的，人民法院不予审查。

第六条 申请再审或申诉一般由终审人民法院审查处理。

上一级人民法院对未经终审人民法院审查处理的申请再审或申诉，一般交终审人民法院审查；对经终审人民法院审查处理后仍坚持申请再审或申诉的，应当受理。

对未经终审人民法院及其上一级人民法院审查处理，直接向上级人民法院申请再审或申诉的，上级人民法院应当交下一级人民法院处理。

第七条 对终审刑事裁判的申诉，具备下列情形之一的，人民法院应当决定再审：

（一）有审判时未收集到的或者未被采信的证据，可能推翻原定罪量刑的；

（二）主要证据不充分或者不具有证明力的；

（三）原裁判的主要事实依据被依法变更或撤销的；

（四）据以定罪量刑的主要证据自相矛盾的；

（五）引用法律条文错误或者违反刑法第十二条的规定适用失效法律的；

（六）违反法律关于溯及力规定的；

（七）量刑明显不当的；

（八）审判程序不合法，影响案件公正裁判的；

（九）审判人员在审理案件时索贿受贿、徇私舞弊并导致枉法裁判的。

第十条 人民法院对刑事案件的申诉人在刑罚执行完毕后两年内提出的申诉，应当受理；超过两年提出申诉，具有下列情形之一的，应当受理：

（一）可能对原审被告人宣告无罪的；

（二）原审被告人在本条规定的期限内向人民法院提出申诉，人民法院未受理的；

（三）属于疑难、复杂、重大案件的。

不符合前款规定的，人民法院不予受理。

第十一条 人民法院对刑事附带民事案件中仅就民事部分提出申诉的，一般不予再审立案。但有证据证明民事部分明显失当且原审被告人有赔偿能力的除外。

第十三条 人民法院对不符合法定主体资格的再审申请或申诉，不予受理。

第十五条 上级人民法院对经终审法院的上一级人民法院依照审判监督程序审理后维持原判或者经两级人民法院依照审判监督程序复查均驳回的申请再审或申诉案件，一般不予受理。

但再审申请人或申诉人提出新的理由，且符合《中华人民共和国刑事诉讼法》第二百零四条、《中华人民共和国民事诉讼法》第一百七十九条、《中华人民共和国行政诉讼法》第六十二条及本规定第七、

八、九条规定条件的,以及刑事案件的原审被告人可能被宣告无罪的除外。

第十六条 最高人民法院再审裁判或者复查驳回的案件,再审申请人或申诉人仍不服提出再审申请或申诉的,不予受理。

第十七条 本意见自 2002 年 11 月 1 日起施行。以前有关再审立案的规定与本意见不一致的,按本意见执行。

二、最高人民法院关于审理人民检察院按照审判监督程序提出的刑事抗诉案件若干问题的规定(2011 年 10 月 14 日公布,自 2012 年 1 月 1 日起施行 法释〔2011〕23 号)

为规范人民法院审理人民检察院按照审判监督程序提出的刑事抗诉案件,根据《中华人民共和国刑事诉讼法》及有关规定,结合审判工作实际,制定本规定。

第一条 人民法院收到人民检察院的抗诉书后,应在一个月内立案。经审查,具有下列情形之一的,应当决定退回人民检察院:

(一)不属于本院管辖的;

(二)按照抗诉书提供的住址无法向被提出抗诉的原审被告人送达抗诉书的;

(三)以有新证据为由提出抗诉,抗诉书未附有新的证据目录、证人名单和主要证据复印件或者照片的;

(四)以有新证据为由提出抗诉,但该证据并不是指向原起诉事实的。

人民法院决定退回的刑事抗诉案件,人民检察院经补充相关材料后再次提出抗诉,经审查符合受理条件的,人民法院应当予以受理。

第二条 人民检察院按照审判监督程序提出的刑事抗诉案件,接受抗诉的人民法院应当组成合议庭进行审理。涉及新证据需要指令下级人民法院再审的,接受抗诉的人民法院应当在接受抗诉之日起一个月以内作出决定,并将指令再审决定书送达提出抗诉的人民检察院。

第三条 本规定所指的新证据,是指具有下列情形之一,指向原起诉事实并可能改变原判决、裁定据以定罪量刑的事实的证据:

（一）原判决、裁定生效后新发现的证据；

（二）原判决、裁定生效前已经发现，但由于客观原因未予收集的证据；

（三）原判决、裁定生效前已经收集，但庭审中未予质证、认证的证据；

（四）原生效判决、裁定所依据的鉴定结论、勘验、检查笔录或其他证据被改变或者否定的。

第四条 对于原判决、裁定事实不清或者证据不足的案件，接受抗诉的人民法院进行重新审理后，应当按照下列情形分别处理：

（一）经审理能够查清事实的，应当在查清事实后依法裁判；

（二）经审理仍无法查清事实，证据不足，不能认定原审被告人有罪的，应当判决宣告原审被告人无罪；

（三）经审理发现有新证据且超过刑事诉讼法规定的指令再审期限的，可以裁定撤销原判，发回原审人民法院重新审判。

第五条 对于指令再审的案件，如果原来是第一审案件，接受抗诉的人民法院应当指令第一审人民法院依照第一审程序进行审判，所作的判决、裁定，可以上诉、抗诉；如果原来是第二审案件，接受抗诉的人民法院应当指令第二审人民法院依照第二审程序进行审判，所作的判决、裁定，是终审的判决、裁定。

第六条 在开庭审理前，人民检察院撤回抗诉的，人民法院应当裁定准许。

第七条 在送达抗诉书后被提出抗诉的原审被告人未到案的，人民法院应当裁定中止审理；原审被告人到案后，恢复审理。

第八条 被提出抗诉的原审被告人已经死亡或者在审理过程中死亡的，人民法院应当裁定终止审理，但对能够查清事实、确认原审被告人无罪的案件，应当予以改判。

第九条 人民法院作出裁判后，当庭宣告判决的，应当在五日内将裁判文书送达当事人、法定代理人、诉讼代理人、提出抗诉的人民检察院、辩护人和原审被告人的近亲属；定期宣告判决的，应当在判决宣告后立即将裁判文书送达当事人、法定代理人、诉讼代理人、提出抗诉的人民检察院、辩护人和原审被告人的近亲属。

第十条 以前发布的有关规定与本规定不一致的，以本规定为准。

三、人民检察院刑事诉讼规则（试行）（2012年11月22日公布，自2013年1月1日起施行 高检发释字〔2012〕2号）（节录）

第十四章 刑事诉讼法律监督

第五百八十二条 人民检察院依法对人民法院的判决、裁定是否正确实行监督，对人民法院确有错误的判决、裁定，应当依法提出抗诉。

第五百八十三条 对刑事判决、裁定的监督由公诉部门和刑事申诉检察部门承办。当事人及其法定代理人、近亲属认为人民法院已经发生法律效力的判决、裁定确有错误，向人民检察院申诉的，由刑事申诉检察部门依法办理。

人民检察院通过受理申诉、审查人民法院的判决、裁定等活动，监督人民法院的判决、裁定是否正确。

第五百九十一条 人民检察院认为人民法院已经发生法律效力的判决、裁定确有错误，具有下列情形之一的，应当按照审判监督程序向人民法院提出抗诉：

（一）有新的证据证明原判决、裁定认定的事实确有错误，可能影响定罪量刑的；

（二）据以定罪量刑的证据不确实、不充分的；

（三）据以定罪量刑的证据依法应当予以排除的；

（四）据以定罪量刑的主要证据之间存在矛盾的；

（五）原判决、裁定的主要事实依据被依法变更或者撤销的；

（六）认定罪名错误且明显影响量刑的；

（七）违反法律关于追诉时效期限的规定的；

（八）量刑明显不当的；

（九）违反法律规定的诉讼程序，可能影响公正审判的；

（十）审判人员在审理案件的时候有贪污受贿，徇私舞弊，枉法裁判行为的。

第四讲 再审案件的抗诉与启动

对已经发生法律效力的判决、裁定的审查，参照本规则第五百八十五条的规定办理。

第五百九十二条 对于高级人民法院判处死刑缓期二年执行的案件，省级人民检察院认为确有错误提请抗诉的，一般应当在收到生效判决、裁定后三个月以内提出，至迟不得超过六个月。

第五百九十三条 当事人及其法定代理人、近亲属认为人民法院已经发生法律效力的刑事判决、裁定确有错误，向人民检察院申诉的，由作出生效判决、裁定的人民法院的同级人民检察院刑事申诉检察部门依法办理。

当事人及其法定代理人、近亲属直接向上级人民检察院申诉的，上级人民检察院可以交由作出生效判决、裁定的人民法院的同级人民检察院受理；案情重大、疑难、复杂的，上级人民检察院可以直接受理。

当事人及其法定代理人、近亲属对人民法院已经发生法律效力的判决、裁定提出申诉，经人民检察院复查决定不予抗诉后继续提出申诉的，上一级人民检察院应当受理。

不服人民法院死刑终审判决、裁定尚未执行的申诉，由监所检察部门办理。

第五百九十四条 对不服人民法院已经发生法律效力的刑事判决、裁定的申诉，经两级人民检察院办理且省级人民检察院已经复查的，如果没有新的事实和理由，人民检察院不再立案复查，但原审被告人可能被宣告无罪或者判决、裁定有其他重大错误可能的除外。

第五百九十五条 人民检察院刑事申诉检察部门对已经发生法律效力的刑事判决、裁定的申诉复查后，认为需要提出抗诉的，报请检察长或者检察委员会讨论决定。

地方各级人民检察院刑事申诉检察部门对不服同级人民法院已经发生法律效力的刑事判决、裁定的申诉复查后，认为需要提出抗诉的，报请检察长或者检察委员会讨论决定。认为需要提出抗诉的，应当提请上一级人民检察院抗诉。

上级人民检察院刑事申诉检察部门对下一级人民检察院提请抗诉的

申诉案件审查后,认为需要提出抗诉的,报请检察长或者检察委员会决定。

人民法院开庭审理时,由同级人民检察院刑事申诉检察部门派员出席法庭。

第五百九十六条 人民检察院刑事申诉检察部门对不服人民法院已经发生法律效力的刑事判决、裁定的申诉案件复查终结后,应当制作刑事申诉复查通知书,并在十日以内通知申诉人。

经复查向上一级人民检察院提请抗诉的,应当在上一级人民检察院作出是否抗诉的决定后制作刑事申诉复查通知书。

第五百九十七条 最高人民检察院发现各级人民法院已经发生法律效力的判决或者裁定,上级人民检察院发现下级人民法院已经发生法律效力的判决或者裁定确有错误时,可以直接向同级人民法院提出抗诉,或者指令作出生效判决、裁定人民法院的上一级人民检察院向同级人民法院提出抗诉。

第五百九十八条 人民检察院按照审判监督程序向人民法院提出抗诉的,应当将抗诉书副本报送上一级人民检察院。

第五百九十九条 对按照审判监督程序提出抗诉的案件,人民检察院认为人民法院作出的判决、裁定仍然确有错误的,如果案件是依照第一审程序审判的,同级人民检察院应当向上一级人民法院提出抗诉;如果案件是依照第二审程序审判的,上一级人民检察院应当按照审判监督程序向同级人民法院提出抗诉。

对按照审判监督程序提出抗诉的申诉案件,人民检察院认为人民法院作出的判决、裁定仍然确有错误的,由派员出席法庭的人民检察院刑事申诉检察部门适用本条第一款的规定办理。

第六百条 人民检察院公诉部门、刑事申诉检察部门办理按照审判监督程序抗诉案件,认为需要对被告人采取逮捕措施的,应当提出意见,参照本规则第十章的规定移送侦查监督部门办理;认为需要对被告人采取取保候审、监视居住措施的,由办案人员提出意见,部门负责人审核后,报检察长决定。

第六百零一条 人民检察院对自诉案件的判决、裁定的监督，适用本节的规定。

四、人民检察院检察建议工作规定（2019年2月26日施行）（节录）

第五条 检察建议主要包括以下类型：

（一）再审检察建议；

（二）纠正违法检察建议；

（三）公益诉讼检察建议；

（四）社会治理检察建议；

（五）其他检察建议。

第八条 人民检察院发现同级人民法院已经发生法律效力的判决、裁定具有法律规定的应当再审情形的，或者发现调解书损害国家利益、社会公共利益的，可以向同级人民法院提出再审检察建议。

第十三条 检察官在履行职责中发现有应当依照本规定提出检察建议情形的，应当报经检察长决定，对相关事项进行调查核实，做到事实清楚、准确。

第十四条 检察官可以采取以下措施进行调查核实：

（一）查询、调取、复制相关证据材料；

（二）向当事人、有关知情人员或者其他相关人员了解情况；

（三）听取被建议单位意见；

（四）咨询专业人员、相关部门或者行业协会等对专门问题的意见；

（五）委托鉴定、评估、审计；

（六）现场走访、查验；

（七）查明事实所需要采取的其他措施。

进行调查核实，不得采取限制人身自由和查封、扣押、冻结财产等强制性措施。

第十五条 检察官一般应当在检察长作出决定后两个月以内完成检察建议事项的调查核实。情况紧急的，应当及时办结。

检察官调查核实完毕，应当制作调查终结报告，写明调查过程和认定的事实与证据，提出处理意见。认为需要提出检察建议的，应当起草检察建议书，一并报送检察长，由检察长或者检察委员会讨论决定是否提出检察建议。

经调查核实，查明相关单位不存在需要纠正或者整改的违法事实或者重大隐患，决定不提出检察建议的，检察官应当将调查终结报告连同相关材料订卷存档。

第十六条 检察建议书要阐明相关的事实和依据，提出的建议应当符合法律、法规及其他有关规定，明确具体、说理充分、论证严谨、语言简洁、有操作性。

检察建议书一般包括以下内容：

（一）案件或者问题的来源；

（二）依法认定的案件事实或者经调查核实的事实及其证据；

（三）存在的违法情形或者应当消除的隐患；

（四）建议的具体内容及所依据的法律、法规和有关文件等的规定；

（五）被建议单位提出异议的期限；

（六）被建议单位书面回复落实情况的期限；

（七）其他需要说明的事项。

第十八条 检察建议书应当以人民检察院的名义送达有关单位。送达检察建议书，可以书面送达，也可以现场宣告送达。

宣告送达检察建议书应当商被建议单位同意，可以在人民检察院、被建议单位或者其他适宜场所进行，由检察官向被建议单位负责人当面宣读检察建议书并进行示证、说理，听取被建议单位负责人意见。必要时，可以邀请人大代表、政协委员或者特约检察员、人民监督员等第三方人员参加。

第十九条 人民检察院提出检察建议，除另有规定外，应当要求被建议单位自收到检察建议书之日起两个月以内作出相应处理，并书面回复人民检察院。因情况紧急需要被建议单位尽快处理的，可以根据实际情况确定相应的回复期限。

第五讲　庭前会议的召开与参与

庭前会议制度是由 2012 年刑事诉讼法确立，2013 年开始实施，在近年司法改革中不断发展完善的一个新制度，到 2018 年最高人民法院试行庭前会议规程（《人民法院办理刑事案件庭前会议规程（试行）》，以下简称《规程》），这一制度的基本框架得到定型。庭前会议，作为法院开庭前的一个诉讼化庭审准备程序，承载着庭审准备、非法证据排除、繁简分流、公诉审查等诸多诉讼功能，对申诉与再审办案意义重大。

目前，法律、司法解释及相关司法文件虽未明确规定再审程序可召开庭前会议，但实践中再审案件不仅召开庭前会议，且召开的比例较高。特别是在重大、复杂、疑难再审案件审理前，法院一般都组织召开庭前会议，了解情况，听取意见。如最高人民法院在张文中等诈骗、单位行贿、挪用资金再审案，王力故意杀人再审案开庭前，地方法院在缪新华等 5 人故意杀人再审案，陈满故意杀人、放火再审案，许金龙等 4 人抢劫再审案等案件开庭前，均召开了庭前会议。

再审庭前会议与一审庭前会议既有共性，又有区别。本讲在介绍庭前会议四方面问题时，既从大面上介绍庭前会议，又重点聚焦于再审庭前会议的特色。具体内容：一是庭前会议的初步印象，简要介绍我国庭前会议的概念、特征，使大家对庭前会议制度有个概貌性认识；二是庭前会议的"四梁八柱"，以最高人民法院《规程》为依据，介绍庭前会议的职能定位，适用情形，会议程序、事项、效力，与庭审的衔接等具体规定；三是庭前会议的实践样态，谈再审程序庭前会议的实践运行特点；四是庭前会议的参加攻略，从检辩双重视角出发，全面展现参与庭前会议的思维和方法。

一、庭前会议的初步印象

2012年《刑事诉讼法》第182条第2款增加了关于庭前会议的规定,在起诉与审判中间植入了一个独立的诉讼环节,规定"在开庭之前,审判人员可以召集公诉人、当事人和辩护人、诉讼代理人,对回避、出庭证人名单、非法证据排除等与审判相关的问题,了解情况,听取意见",这个规定被称为中国的"庭前会议"制度。

刑事庭前准备程序,很多国家和地区刑事诉讼法都有相应规定,但名称不同,法国称为预审程序,美国称为庭前会议,德国称为中间程序,日本和我国台湾地区称为庭前整理程序。我国庭前会议在程序启动以及功能上与上述国家略有不同,基本定位为庭审的准备程序,主要目标是服务庭审。具体来讲,这一程序具有三方面特征:

(一)诉讼化特征

庭前会议制度提供了一个控、辩、审三方共同进行庭前准备的形式,将庭前准备程序由封闭式的构造改造为三方参与的诉讼构造,具备了诉讼的基本特征。控辩双方可以在庭前针对有关庭审事项发表意见、进行协商,法院可对相关程序性问题依法作出相应处理,对证据、事实及法律问题进行梳理。庭前会议的诉讼化,是其不同于之前的行政化庭前准备程序的重要特征。

(二)程序性特征

庭前会议,主要处理与审判有关的程序性事项,包括回避、出庭证人名单、非法证据排除、管辖、提供新证据、申请不公开审理等事项。对实体问题则是梳理协商,寻求检辩双方的共识,归纳争议的焦点,并不实质审查。实体问题,特别是案件事实认定和定罪量刑问题只能由庭审查明解决。庭前会议与庭审在实体问题上的关系可以用两词来形容,庭前会议是"求同存异",庭审是"化异为同"。程序性特征,是庭前会议在处理事项上与庭审程序的重要区别。

(三)协商性特征

与庭审的对抗性相对应,庭前会议体现了控辩双方合意的思想,具有协商性。具体体现在三方面：一是启动程序的协商。庭前会议不是必经的法定程序，法院依职权或根据检辩双方的申请，视情况决定召开。二是会议内容的协商。庭前会议除解决程序性问题外，对证据、事实等实体问题的梳理、归纳只能以协商的方式进行，对附带民事诉讼进行的调解也是协商性的。三是处理结果的协商。庭前会议确认的无争议证据，效力是在庭审中简化举证、质证，但这一效力不是绝对的，不能因此限制辩护权，检辩双方如有正当事由，可以在庭审中改变庭前会议中提出的观点。

庭前会议与庭审具有明确的界限。庭前会议是协商性的，庭审是对抗性的，庭前会议的目的是寻找检辩双方的一致点，庭审的目的是通过对抗发现案件真相和实现法律公正。这就决定了在庭前会议中，检辩双方对于证据、事实、法律适用等问题，只需要表明同意或异议即可，并不需要也不能举证、质证和辩论，否则庭前会议就成了预先的庭审，这一情况在实践中要尽力避免出现。

二、庭前会议的"四梁八柱"

2012年刑事诉讼法实施后，"两高"关于刑事诉讼法的两个司法解释和六个司法改革文件先后对庭前会议制度进行了细化和完善，庭前会议的适用依据可概括为"一个条款，两个解释，六个文件"。① 2018年1月1日，最高人民法院为推进"以审判为中心"的改革，试行了刑事

---

① "一个条款"，指2012年《刑事诉讼法》第182条第2款。"两个解释"，指最高人民法院《关于适用〈中华人民共和国刑事诉讼法〉的解释》第99条、第183条、第184条和《人民检察院刑事诉讼规则（试行）》第430条、第431条、第432条。"六个文件"涉及两个关于律师执业保障的，一个关于案件繁简分流的，两个推进以审判为中心的刑事诉讼制度改革的，一个非法证据排除的。具体是："两高三部"2015年9月出台的《关于依法保障律师执业权利的规定》、最高人民法院2015年12月出台的《关于依法切实保障律师诉讼权利的规定》；最高人民法院2016年9月出台的《关于进一步推进案件繁简分流优化司法资源配置的若干意见》；"两高三部"2016年10月出台的《关于推进以审判为中心的刑事诉讼制度改革的意见》，最高人民法院2017年2月出台的《关于全面推进以审判为中心的刑事诉讼制度改革的实施意见》；以及"两高三部"2017年6月出台的《关于办理刑事案件严格排除非法证据若干问题的规定》。

诉讼"三项规程",其中包括庭前会议规程。《规程》总结了2012年刑事诉讼法实施以来庭前会议的改革成果和各地庭前会议实践经验,对庭前会议相关问题作了统一明确的规定。2018年之后的再审庭前会议应适用《规程》的规定。下面依据《规程》对庭前会议制度设置作一简要介绍:

1. 职能定位。庭前会议的职能是为庭审服务,不是庭前"预演",更不能代替庭审。因此,《规程》第1条明确规定"定罪量刑等实体性问题"必须在庭审中解决,庭前会议中不能处理这些问题。这一规定实际上是针对有些地方实践中把涉及定罪量刑的实体性问题也放到庭前会议中解决而提出的,是对将庭前会议与庭审功能相混同做法的一种纠偏。

2. 适用情形。《规程》第2条明确了"可以"召开庭前会议和"应当"召开庭前会议的4种情形。

"应当"召开庭前会议有1种情形:辩方提出排除非法证据申请。

"可以"召开庭前会议有3种情形:一是证据材料较多、案情疑难复杂的;二是社会影响重大的;三是控辩双方对事实证据存在较大争议的。

3. 启动方式。《规程》明确了两种启动方式:一是依控辩双方的申请启动;二是法院依职权启动。除辩方在开庭审理前申请排除非法证据且按照法律规定提供相关线索或者材料,法院"应当"召开庭前会议外,其他情况均由法院裁量是否有必要召开。《规程》明确了控方的庭前会议申请权,使检察机关建议启动庭前会议有了明确依据。但遗憾的是《规程》并未赋予检察机关强制启动权,对检察机关的启动建议是否采纳最终由法院裁量。

4. 主持、参加人员。《规程》第3条规定,庭前会议的主持人是承办法官或其他合议庭组成人员。参加人员包括公诉人、辩护人、被告人、附带民事诉讼当事人。其中,公诉人、辩护人是必须参加的,其他人员则根据案情和庭前会议解决事项由法院裁量。这一条款明确庭前会议的主持人是承办法官或其他合议庭组成人员,排除了法官助理作为主持人的资格。

5. 召开方式、次数和时机。《规程》第4条、第5条规定，庭前会议以不公开为原则，可以采取视频会议等方式，可以多次召开，也可以在休庭后再次开庭前召开，进一步增加了庭前会议制度的灵活性。

6. 召开场所。《规程》第6条规定，庭前会议在法庭或者其他办案场所召开。庭前会议召开时应有法警在场。

7. 会议程序。一是会议通知。《规程》第7条要求法院应提前确定庭前会议内容，并于会议3日前通知参会人员，辩方申请排除非法证据的材料和线索也应于3日前送交检察机关，以便调查核实。二是双方提交和交换证据。《规程》第18条规定，检察机关庭前会议前应向法院提交全部证据，辩方应提交证明被告人不在犯罪现场、未达刑事责任年龄、属于依法不负刑事责任的精神病人等"三类"证据，之后法院通知双方证据交换。三是情况核实。《规程》第8条规定，会议开始后审判人员要核实参会人员情况，宣布会议内容、要求，并注意防止被告人之间串供。

8. 会议事项。《规程》规定了庭前会议中可提出申请、异议或协商的事项，共有14种，外加1条兜底条款。

一是程序性事项，共有9项加1个兜底条款。分别是管辖异议，申请回避，申请不公开审理，申请排除非法证据，申请提供新证据，申请重新鉴定或勘验，申请调取侦查、检察机关已收集但未随案移送的证明被告人无罪或者罪轻的证据材料，申请向证人或有关单位、个人收集、调取证据材料，申请证人、鉴定人、侦查人员、有专门知识的人出庭，与审判相关的其他问题。

二是其他事项，有5项。分别是通过证据展示归纳双方证据争议焦点，归纳双方事实、法律争议焦点，协商庭审方案，对认罪案件决定适用速裁或简易程序，对事实不清、证据不足案件建议检察机关撤回起诉。

9. 会议效力。根据《规程》第14条的规定：一是对于一般程序性事项，法庭在庭前会议中有权做出决定，对庭审有法律约束力。二是其他事项，检辩双方协商一致的，原则上对之后的庭审有约束力。双方已达成一致事项在庭审中又提出异议的，一般不再处理。三是对非法证据排除，庭前会议可以通过协商一致由检方撤回证据，辩方撤回排非申请，这一撤回合意对庭审有约束力。否则，应明确检辩双方关于证据合法性的争点，作为庭审的重点问题进行调查，由法官在庭审后最终裁决。

10. 衔接制度。《规程》明确，在法庭调查开始前宣布庭前会议报告，案件有多起事实可分别在有关事实调查前宣读报告相关内容。

《规程》未明确庭前会议制度是否可以适用于再审程序，但实践中，庭前会议制度已经广泛适用于再审程序。笔者认为，无论从法理上讲还是从实践情况看，《规程》都不禁止再审程序召开庭前会议。

三、庭前会议的实践样态

庭前会议制度是推进庭审实质化的重要配套措施，在再审实践中发挥着排除非法证据、澄清控辩双方争议、突出庭审重点、促进集中审理等重要作用。表现出以下五种样态：

（一）适用比率较高

从总体上看，一审程序召开庭前会议案件的比例约为当年刑事案件数量的1%左右，而再审程序召开庭前会议的比例远高于这一水平。特别是最高人民法院、高级人民法院审理的重大再审案件，一般都召开了庭前会议。如最高人民法院审理的张文中等诈骗、单位行贿、挪用资金再审案，王力故意杀人再审案；地方高级人民法院审理的福建缪新华等5人故意杀人再审案，海南陈满故意杀人、放火再审案，福建许金龙等4人抢劫再审案等，均召开了庭前会议。再审案件召开庭前会议的比例较高，原因是再审案件往往是重大、复杂、疑难案件，而且再审案件的基数远小于一审案件。

（二）启动方式单一

虽然《规程》明确了依职权和依辩方申请、检察院建议均可启动庭前会议，但实践中绝大多数的再审庭前会议是由法院依职权启动的，检察院建议或辩方申请启动的较少。这种情况，一方面与法院自行启动再审案件数量较多有关，而法院自行启动再审的案件更倾向于依职权召开庭前会议；另一方面也与刑事再审案件总体数量少，检辩双方对刑事再审案件也可召开庭前会议的实际做法了解不多有关。

（三）参加人员固定

实践中，再审庭前会议一般由主审法官主持，出庭检察人员、辩护人参加。关于庭前会议由谁主持，学术界曾有不同意见。一种观点认为，应当由合议庭以外的审判人员来主持，以避免先入为主。另一种观点认为，应当由合议庭成员主持。实践中，再审庭前会议绝大多数都是由合议庭成员即主审法官主持的，重大案件或再审案件则由整个合议庭参加、审判长主持。如再审涉及附带民事诉讼的，被害人、附带民事诉讼原告人、被告人也会参加庭前会议。

（四）会议事项集中

实践中，再审庭前会议的针对事项相对一审更为集中，由于再审或由原生效法院启动或由上级法院指令再审，一审中经常出现的管辖异议问题在再审中很少出现。但对于法官或检察官应否回避，是否调取新证据、再审出庭人员名单、是否公开审理等程序性事项，再审庭前会议中都已出现过。再审庭前会议的焦点是非法证据排除问题，其中多涉及是否存在刑讯逼供、是否存在违法取证问题，且检辩双方在庭前会议中往往难以达成共识。再审庭前会议的证据梳理更为复杂，既涉及原审定案证据、原审在案但未采信证据，又涉及新证据，需要分类梳理，确定法庭调查的重点。此外，对法律争议的归纳，也是庭前会议需要解决的一类事项。

（五）会议效果较好

从实践情况看，再审庭前会议的召开效果是较好的。通过召开庭前会议，解决了大部分的程序事项，检辩双方对证据、事实和法律的合意在庭审中大多得到执行，极大地提高了再审庭审的质量和效率，但在再审庭前会议中直接排除非法证据的案件较少。

再审庭前会议实践中也存在一些问题。主要有两种倾向：一种倾向是将大量实体问题放在庭前会议中解决，甚至进行举证、质证、辩论，庭前会议成了庭审预演，导致再审庭审被架空；另一种倾向是庭前会议走过场，法官对相关程序申请和异议不作决定，检辩双方对非法证据排除问题不作合意，就证据、事实和法律梳理达成的协议在庭审中不被执行，相关申请和事项在庭审中被重复提出，庭前会议没有起到应有的解决程序争议、提高庭审质量和效率的功效。

四、庭前会议的参加攻略

再审庭前会议中，检察官与辩护律师既是参与主体，又是对立的双方。两者参与角度不同，但都需要认真研究法官和对方的心态，需要提前做好充分的准备，讲究参与技巧。下面笔者从检察官和辩护律师两方面分析庭前会议的参加攻略，为避免重复，检察官方面偏重宏观与心态分析，辩护律师方面更侧重准备工作和参会技巧。其实，无论是思维与心态，还是准备工作与参会技巧，对检辩双方都是适用的，需要的只是转换一下视角。

（一）检察官参加再审庭前会议"三要决"

检察官是再审庭前会议的重要参与者，在再审庭前会议中具有多种身份和角色，检察官参加再审庭前会议需要认清自身职责和定位。法官是再审庭前会议的主持者，律师是再审庭前会议中检察官的协商对象，检察官想在再审庭前会议中取得主动，应当认真研究再审庭前会议中的法官和律师，知道会议主持人和主要协商对象的需求，找准三方的共识点，以便接下来更好的掌控庭审，履行好法律监督职责。

1. 回应法官需求

在再审审判程序中，法官具有多种角色，他既是庭前会议的主持人，又是法庭审理的组织者。庭前会议中法官担负着多种职责：要裁量召开庭前会议的必要性；要对各种程序性申请、异议进行审查和作出决定；要组织检辩双方对证据进行梳理，明确庭审调查重点和事实法律争点；要组织检辩双方对非法证据进行初步审查和协商，争取协调双方达成合意，排除明显的非法证据。对一时难以决定是否需要排除的，梳理检辩双方对非法证据排除问题的主要争点。

法官在再审庭前会议中主要有两方面需求：

一是法官需要保证庭审的效率。再审案件一般是重大、复杂、疑难案件，加之经过了一审、二审、甚至再审程序，原案是一人一事的情况下，证据材料有几十本、甚至上百本的都很正常。如果是多人多事再审案件，证据材料就更多了。对于再审案件，法官最大的需求是对证据材料进行简化处理，使庭审集中在双方有争议的事实和证据上。为了达到这一目的，法官召开庭前会议的主要任务就是组织检辩双方梳理证据，对双方没有异议的证据材料达成简化出示合意，整理出双方有异议的证据材料并确定为法庭调查的重点。为了回应法官的这一需求，检察官参加庭前会议前一定要对全案证据进行细致梳理，确定需要重点质证的证据，明确再审要点，为出席再审法庭做好准备。

二是保证庭审的稳妥。再审案件多是社会公众关注案件，法官面临较大外部压力，需要确保在庭审中不出意外，这就需要召开庭前会议，提前了解检辩双方的观点，做到心中有数。法官的第二种需求提示检察官，要提前衡量再审案件的社会影响，积极与法官进行沟通，对于有必要召开庭前会议的要及时建议召开庭前会议，因为检察官与法官有着相似的外部压力。召开庭前会议，有利于及时化解诉讼中的不确定因素和风险，保障再审庭审的顺利稳妥。

2. 洞悉律师心态

律师既是检察官的诉讼对手，又是再审庭前会议中的重要协商对象。庭前会议体现了检辩双方"合意"的思想，是一个协商程序。这种协商性主要体现在会议内容上，即庭前会议除解决程序性问题外，对证据、事实及法律适用等实体问题的梳理、归纳只能以协商的方式进行。庭前会议的目的就是通过检辩双方的协商就上述问题达成一致，检辩双方参加庭前会议的目的不是对抗，而是寻找共识，这与庭审通过对抗发现事实真相、正确适用法律有根本不同。这就要求检察官在庭前会议中要积极与辩护律师沟通，认真了解辩方观点和提出的新证据，尽可能地寻求双方在证据、事实和法律适用上的共识，以减少检方的庭审举证、质证负担。同时，通过庭前会议对证据、事实和法律观点的梳理，明确庭审中需要重点解决的诉讼争议焦点，检方可以进一步反思和修正举证、持证提纲和出庭意见，保障诉讼立场更加客观公正。

检察官与律师沟通，需要了解律师参加会议的心态。当前，部分律师对再审庭前会议存在认识误区。主要表现为两方面：

一是忽视再审庭前会议的积极作用，夸大再审庭前会议的负面效应。部分律师一方面认为庭前会议没有什么实质效力，浪费了很多精力和时间，庭前会议中没有解决的问题，还需要在庭审中再次提出。另一方面认为，庭前会议会使律师提前暴露辩护观点，使以往的"程序突袭""证据突袭"等传统辩护策略难以奏效，影响庭审辩护效果，对被告人或被代理人不好交代。

二是夸大再审庭前会议的作用，将庭审中需要解决的问题放到庭前会议中解决。主要表现是律师在再审庭前会议中急于相关证据进行质证、辩论，就相关事实问题发表综合性意见，就被告人的定性量刑问题阐释辩方意见，以尽早影响法官，追求"先下手为强"的效果。

两种认识误区表现各异，但根本原因相同，都是没有认清再审庭前会议与再审法庭审理的关系。庭前会议的基本功能是"程序问题裁决、证据事实梳理、非法证据排除"，召开庭前会议是为了保障庭审而不是替代庭审，对此检辩双方都必须有正确的认识。实践中，律师在参加庭前会议中存在上述两方面倾向时，检察官要积极应对。对于再审庭前会议中律师存在"走过场"行为、不重视庭前会议的，检察官应及时提醒律师把相关程序争议和实体问题准备工作放到庭前会议中来解决，这是法定的明确要求，律师如不遵守将承担不利的后果。比如，对于非法证据排除申请，检察官应告知律师"根据相关司法解释规定一般要在庭前提出，应当在庭前提出而在庭审中提出的，辩方要说明理由"。

律师在再审庭前会议中急于就控方提出的证据进行质证、辩论、发表综合性意见的，检察官应提醒律师把握庭前会议中的行为分寸，不能把庭前会议当成"庭审预演"，建议律师将质证、辩论和综合性意见放在再审庭审中发表。因为再审庭前会议的任务只是减少程序障碍、促使检辩双方就无异议事项达成共识，再审庭审的任务才是重新调查核实证据，重新认定事实和适用法律。

3. 找准检察定位

刑事再审中检察官具有多种身份和角色。检察官不仅是国家利益的代表，更是权利的救济者、法治的守护人。这些职能定位对检察官在再审庭前会议中的角色有重要影响，表现在再审程序中检察官的立场更加客观中立，这也是近年来许多冤错案件是由检察机关启动再审纠正的深层次原因。鉴于再审案件中检察官与辩方在最终意见上往往具有趋同性，在再审程序中检方应该更为积极主动申请召开或参加庭前会议。检察官要通过庭前会议提前了解辩方观点，及时了解辩方观点的变化，了解辩方提出的新证据，并根据这些变化调整检方出庭策略，争取在庭前会议中与辩方达成更多共识。

（二）律师参加再审庭前会议全攻略

律师参加再审庭前会议需要把握三点：一是要有积极的态度；二是要有充分的准备；三是要掌握参会技巧。

1. 积极的态度

律师的任务是维护原审被告人或被代理人的合法权益，再审庭前会议是律师实现这一任务的重要平台，律师应当对再审庭前会议持积极的参与态度，把再审庭前会议看作是与法检等诉讼各方进行信息沟通的平台、进行程序辩护的平台以及做好庭审准备工作的平台。

2. 充分的准备

主要包括以下五个方面：

一是提前形成完整的辩护或代理方案。再审庭前会议是再审庭审的准备程序，与再审庭审虽各有侧重，但又紧密衔接，前后接续进行，而且实践中两者时间间隔很短。因此，律师在参加再审庭前会议前，就应当完成阅卷、会见原审被告人或者与被代理人沟通及调查取证等各项准备工作，确定案件的整体辩护或代理方案。律师制定辩护方案要协调好程序辩护与实体辩护的关系，确定哪些问题需要在再审庭前会议中重点解决，哪些问题需要在再审庭前会议中提出，哪些问题只在再审庭前会议中梳理。只有提前制定辩护或代理方案，律师参与再审庭前会议时才能做到思路清晰、态度明确、游刃有余。

二是研究是否需要申请召开庭前会议。

首先，要审查再审案件是否存在申请召开庭前会议的情形。根据个案情况，律师应重点审查原案中是否存在非法证据，了解合议庭成员、检察人员、鉴定人以及翻译人员是否存在回避情形，原审被告人是否是未成年人，案件是否涉及国家秘密、商业秘密或者个人隐私。存在上述情况的，应考虑向再审合议庭申请召开庭前会议。

其次，要对申请召开再审庭前会议的必要性进行评估。再审庭前会议不是每个案件的必经程序，律师是否启动再审庭前会议，需要考虑以下几个因素：

（1）是否需要申请排除非法证据，如果需要排除非法证据的话，就有必要申请启动庭前会议；

（2）考察案件是否重大、复杂、疑难，案件材料数量多少及检辩双方对证据、事实、法律问题的争议情况；

（3）考虑是否存在较多程序申请和异议事项。

凡不符合上述条件的，完全可以通过单独与法官、检察官沟通解决，没有必要启动再审庭前会议程序。

三是申请原审被告人参加会议。根据《规程》规定，原审被告人并不一定要参加庭前会议，法院对原审被告人是否参加庭前会议具有裁量权。但从保护原审被告人的诉讼权益出发，律师一般应当申请原审被告人参加庭前会议，特别是检辩双方对案件事实存在重大争议、提出非法证据排除申请的情况下，申请原审被告人参加庭前会议更有必要。

四是准备书面申请、异议及其证明材料。对法院已经确定召开庭前会议的案件，律师应提前准备各种书面申请、异议及相关证明材料。如申请排除非法证据，需要提供相关的线索材料；申请不公开审理，需要提供被告人系未成年人或案件涉及国家秘密、商业秘密、个人隐私的材料。

五是提前做好沟通工作。对于法院确定召开再审庭前会议的再审案件，律师应重视与原审被告人或被代理人及与法官、检察官的沟通工作。首先，要与原审被告人充分沟通，了解原案办理情况，核实供述情况等。其次，律师应加强与法官、检察官的沟通，特别是要与检察官沟通，提前了解检察官的主要观点，预测检察官的关注焦点等。律师提出排除非法证据申请的，应及时向法官提出，以便法官将申请材料转检察院调查核实，并提前确定是否申请侦查人员出庭。

3. 讲求参会技巧

律师参加再审庭前会议的总体要求，可以归纳为六个字，即"依法、适度、诚信"。依法，就是律师提出申请、异议要有明确的法律依据。适度，是指在再审庭前会议中律师发表意见、说明问题，要有分寸，不可过度。诚信，是律师在再审庭前会议中要本着诚实信用的原则提出同意或表明异议，要对自己的行为负责，不可在之后的再审庭审中出尔反尔，就相同的问题反复提出和纠缠。

依法，是律师参与诉讼活动的基本原则，再审庭前会议也不例外。适度，要求律师处理好再审庭前会议与再审庭审的关系，把再审庭前会议作为再审庭审的准备，不要把再审庭前会议作为再审庭审的预演。诚信，要求律师不要寄希望于在再审庭审中搞"程序突袭""证据突袭"，因为当前的"以审判为中心"的刑事诉讼制度改革，已经使这一传统辩护策略没了用武之地。

关于律师参与再审庭前会议的技巧，笔者提出以下建议：

一是明确参会目标。律师应根据个案情况，确定参加再审庭前会议的目标。这些目标可以是以下三方面中的全部或部分：

（1）争取法院对辩方提出的程序性事项申请、异议的支持；

（2）通过与检方协商，争取检方主动排除非法证据；

（3）通过庭前会议的梳理工作，将辩方关注的证据、事实和法律问题作为庭审调查、辩论的重点；

二是明确参会策略。再审庭前会议中，律师要确定是主打程序牌，还是主打是实体牌。主打程序牌的，就要及时提出回避等程序性事项，提出非法证据排除的申请，强化程序性辩护效果。主打实体牌的，重点应放在证据梳理和案件事实、法律争点明确上，通过与检方协商确定庭审中需要重点举证、质证的证据，明确辩方关注的重点、焦点问题，提出要向法庭出示的新证据，对检方出庭的证人、鉴定人和有专门知识的人的名单提出异议，提出辩方的出庭人员名单。

三是对不同事项分别应对。

（1）对于申请回避、申请不公开审理等程序性事项，律师在庭前会议中要详细阐述，提出申请、异议的依据和理由，争取法院作出有利于辩方的决定。法官决定无理的，要及时进行复议或提出上诉。

（2）对于再审庭前会议中就证据、事实、法律等实体问题的梳理，律师要表明哪些问题是要坚持的，哪些问题是可以作出让步的，哪些问题是可以与检方进行谈判的。考虑到再审庭审对庭前会议中双方达成共识事项是简化调查的，律师庭前会议中对拿不准的问题一定要持审慎态度，以免导致庭审中的不利。原审被告人参加庭前会议的，律师应在与其提前沟通的基础上优先由原审被告人表态。被告人没有参加的，律师更要提前与原审被告人沟通，就有关证据、事实和法律具体事项取得被告人的明确授权。

（3）对于非法证据的排除，需要把握三点：首先，排除非法证据申请要在再审庭前会议中提出，这样有利于法检及时调查核实，表明意见。其次，要把握再审庭前会议中排除非法证据请求的分寸。庭前会议中申请排除非法证据，律师要做到"有力、有节、有度"。有力，这是提供详细的线索和材料支持。有节，就是讲明观点、提出根据就可以了，不要过多纠缠，更不要死缠烂打，不要期望在再审庭前会议中一次性解决排除非法证据问题。有度，这是对非法证据排除的说明不要涉及面太宽，不能涉及其他证据的举证、质证，但可以表明根据全案证据辩方所提的排除非法证据的申请是有充分根据的，具体意见将在庭审中发表。最后，要摆布好再审庭前会议与再审庭审的关系。非法证据问题是贯通再审庭前会议与再审庭审的问题，既涉及程序问题，又可能涉及实体问题；既涉及单个证据的判断，又可能涉及全案证据的综合审查，需要摆布好非法证据排除问题上再审庭前会议与再审庭审的工作侧重点。再审庭前会议的工作重点应是提出排除申请,致力于就非法证据问题与检方达成排除合意,实在难以达成合意的,要说明辩方的观点和根据,为庭审中排除非法证据做好铺垫和准备。

四是把握好会议节奏。再审庭前会议中,律师对于能解决的问题要争取解决,能达成共识的要争取达成共识,但对于双方争议很大、根本无法达成共识的问题,要及时的建议主持人结束协商,不作过多纠缠。

五是注意特殊案件的特别要求。实践中需要注意的主要是未成年人案件、单位犯罪案件、外国人和少数民族再审案件,律师参加上述几类再审案件庭前会议时,要记得申请未成年人的法定代理人、单位的诉讼代表人或者翻译人员参加。此外,在办理涉黑、涉国家安全案件时,对庭前会议内容会有保密要求,这些问题也需要律师注意。

法律链接

一、人民法院办理刑事案件庭前会议规程(试行)(2017 年 12 月 11 日公布,自 2018 年 1 月 1 日起施行 法发〔2017〕31 号)

为贯彻落实最高人民法院、最高人民检察院、公安部、国家安全部、司法部《关于推进以审判为中心的刑事诉讼制度改革的意见》,完善庭前会议程序,确保法庭集中持续审理,提高庭审质量和效率,根据法律规定,结合司法实际,制定本规程。

第一条 人民法院适用普通程序审理刑事案件,对于证据材料较多、案情疑难复杂、社会影响重大或者控辩双方对事实证据存在较大争议等情形的,可以决定在开庭审理前召开庭前会议。

控辩双方可以申请人民法院召开庭前会议。申请召开庭前会议的,应当说明需要处理的事项。人民法院经审查认为有必要的,应当决定召开庭前会议;决定不召开庭前会议的,应当告知申请人。

被告人及其辩护人在开庭审理前申请排除非法证据,并依照法律规定提供相关线索或者材料的,人民法院应当召开庭前会议。

第二条 庭前会议中,人民法院可以就与审判相关的问题了解情况，听取意见，依法处理回避、出庭证人名单、非法证据排除等可能导致庭审中断的事项，组织控辩双方展示证据，归纳争议焦点，开展附带民事调解。

第三条 庭前会议由承办法官主持，其他合议庭成员也可以主持或者参加庭前会议。根据案件情况，承办法官可以指导法官助理主持庭前会议。

公诉人、辩护人应当参加庭前会议。根据案件情况，被告人可以参加庭前会议；被告人申请参加庭前会议或者申请排除非法证据等情形的，人民法院应当通知被告人到场；有多名被告人的案件，主持人可以根据案件情况确定参加庭前会议的被告人。

被告人申请排除非法证据，但没有辩护人的，人民法院应当通知法律援助机构指派律师为被告人提供帮助。

庭前会议中进行附带民事调解的，人民法院应当通知附带民事诉讼当事人到场。

第四条 被告人不参加庭前会议的，辩护人应当在召开庭前会议前就庭前会议处理事项听取被告人意见。

第五条 庭前会议一般不公开进行。

根据案件情况，庭前会议可以采用视频会议等方式进行

第六条 根据案件情况，庭前会议可以在开庭审理前多次召开；休庭后，可以在再次开庭前召开庭前会议。

第七条 庭前会议应当在法庭或者其他办案场所召开。被羁押的被告人参加的，可以在看守所办案场所召开。

被告人参加庭前会议，应当有法警在场。

第八条 人民法院应当根据案件情况，综合控辩双方意见，确定庭前会议需要处理的事项，并在召开庭前会议三日前，将会议的时间、地点、人员和事项等通知参会人员。通知情况应当记录在案。

被告人及其辩护人在开庭审理前申请排除非法证据的，人民法院应当在召开庭前会议三日前，将申请书及相关线索或者材料的复制件送交人民检察院。

第九条 庭前会议开始后,主持人应当核实参会人员情况,宣布庭前会议需要处理的事项。

有多名被告人参加庭前会议,涉及事实证据问题的,应当组织各被告人分别参加,防止串供。

第十条 庭前会议中,主持人可以就下列事项向控辩双方了解情况,听取意见:

(一)是否对案件管辖有异议;

(二)是否申请有关人员回避;

(三)是否申请不公开审理;

(四)是否申请排除非法证据;

(五)是否申请提供新的证据材料;

(六)是否申请重新鉴定或者勘验;

(七)是否申请调取在侦查、审查起诉期间公安机关、人民检察院收集但未随案移送的证明被告人无罪或者罪轻的证据材料;

(八)是否申请向证人或有关单位、个人收集、调取证据材料;

(九)是否申请证人、鉴定人、侦查人员、有专门知识的人出庭,是否对出庭人员名单有异议;

(十)与审判相关的其他问题。

对于前款规定中可能导致庭审中断的事项,人民法院应当依法作出处理,在开庭审理前告知处理决定,并说明理由。控辩双方没有新的理由,在庭审中再次提出有关申请或者异议的,法庭应当依法予以驳回。

第十一条 被告人及其辩护人对案件管辖提出异议,应当说明理由。人民法院经审查认为异议成立的,应当依法将案件退回人民检察院或者移送有管辖权的人民法院;认为本院不宜行使管辖权的,可以请求上一级人民法院处理。人民法院经审查认为异议不成立的,应当依法驳回异议。

第十二条 被告人及其辩护人申请审判人员、书记员、翻译人员、鉴定人回避,应当说明理由。人民法院经审查认为申请成立的,应当依法决定有关人员回避;认为申请不成立的,应当依法驳回申请。

被告人及其辩护人申请回避被驳回的,可以在接到决定时申请复议一次。对于不属于刑事诉讼法第二十八条、第二十九条规定情形的,回避申请被驳回后,不得申请复议。

被告人及其辩护人申请检察人员回避的,人民法院应当通知人民检察院。

第十三条 被告人及其辩护人申请不公开审理,人民法院经审查认为案件涉及国家秘密或者个人隐私的,应当准许;认为案件涉及商业秘密的,可以准许。

第十四条 被告人及其辩护人在开庭审理前申请排除非法证据,并依照法律规定提供相关线索或者材料的,人民检察院应当在庭前会议中通过出示有关证据材料等方式,有针对性地对证据收集的合法性作出说明。人民法院可以对有关证据材料进行核实;经控辩双方申请,可以有针对性地播放讯问录音录像。

人民检察院可以撤回有关证据,撤回的证据,没有新的理由,不得在庭审中出示。被告人及其辩护人可以撤回排除非法证据的申请,撤回申请后,没有新的线索或者材料,不得再次对有关证据提出排除申请。

控辩双方在庭前会议中对证据收集的合法性未达成一致意见,人民法院应当开展庭审调查,但公诉人提供的相关证据材料确实、充分,能够排除非法取证情形,且没有新的线索或者材料表明可能存在非法取证的,庭审调查举证、质证可以简化。

第十五条 控辩双方申请重新鉴定或者勘验,应当说明理由。人民法院经审查认为理由成立,有关证据材料可能影响定罪量刑且不能补正的,应当准许。

第十六条 被告人及其辩护人书面申请调取公安机关、人民检察院在侦查、审查起诉期间收集但未随案移送的证明被告人无罪或者罪轻的证据材料,并提供相关线索或者材料的,人民法院应当调取,并通知人民检察院在收到调取决定书后三日内移交。

被告人及其辩护人申请向证人或有关单位、个人收集、调取证据材料,应当说明理由。人民法院经审查认为有关证据材料可能影响定罪刑的，应当准许；认为有关证据材料与案件无关或者明显重复、没有必要的，可以不予准许。

第十七条 控辩双方申请证人、鉴定人、侦查人员、有专门知识的人出庭，应当说明理由。人民法院经审查认为理由成立的，应当通知有关人员出庭。

控辩双方对出庭证人、鉴定人、侦查人员、有专门知识的人的名单有异议，人民法院经审查认为异议成立的，应当依法作出处理；认为异议不成立的，应当依法驳回。

人民法院通知证人、鉴定人、侦查人员、有专门知识的人等出庭后，应当告知控辩双方协助有关人员到庭。

第十八条 召开庭前会议前，人民检察院应当将全部证据材料移送人民法院。被告人及其辩护人应当将收集的有关被告人不在犯罪现场、未达到刑事责任年龄、属于依法不负刑事责任的精神病人等证明被告人无罪或者依法不负刑事责任的全部证据材料提交人民法院。

人民法院收到控辩双方移送或者提交的证据材料后，应当通知对方查阅、摘抄、复制。

第十九条 庭前会议中，对于控辩双方决定在庭审中出示的证据，人民法院可以组织展示有关证据，听取控辩双方对在案证据的意见，梳理存在争议的证据。

对于控辩双方在庭前会议中没有争议的证据材料，庭审时举证、质证可以简化。

人民法院组织展示证据的，一般应当通知被告人到场，听取被告人意见；被告人不到场的，辩护人应当在召开庭前会议前听取被告人意见。

第二十条 人民法院可以在庭前会议中归纳控辩双方的争议焦点。对控辩双方没有争议或者达成一致意见的事项，可以在庭审中简化审理。

人民法院可以组织控辩双方协商确定庭审的举证顺序、方式等事项，明确法庭调查的方式和重点。协商不成的事项，由人民法院确定。

第二十一条 对于被告人在庭前会议前不认罪，在庭前会议中又认罪的案件，人民法院核实被告人认罪的自愿性和真实性后，可以依法适用速裁程序或者简易程序审理。

第二十二条 人民法院在庭前会议中听取控辩双方对案件事实证据的意见后，对于明显事实不清、证据不足的案件，可以建议人民检察院补充材料或者撤回起诉。建议撤回起诉的案件，人民检察院不同意的，人民法院开庭审理后，没有新的事实和理由，一般不准许撤回起诉。

第二十三条 庭前会议情况应当制作笔录，由参会人员核对后签名。

庭前会议结束后应当制作庭前会议报告，说明庭前会议的基本情况、与审判相关的问题的处理结果、控辩双方的争议焦点以及就相关事项达成的一致意见等。

第二十四条 对于召开庭前会议的案件，在宣读起诉书后，法庭应当宣布庭前会议报告的主要内容；有多起犯罪事实的案件，可以在有关犯罪事实的法庭调查开始前，分别宣布庭前会议报告的相关内容；对庭前会议处理管辖异议、申请回避、申请不公开审理等事项的，法庭可以在告知当事人诉讼权利后宣布庭前会议报告的相关内容。

第二十五条 宣布庭前会议报告后，对于庭前会议中达成一致意见的事项，法庭向控辩双方核实后当庭予以确认；对于未达成一致意见的事项，法庭可以归纳控辩双方争议焦点，听取控辩双方意见，依法作出处理。

控辩双方在庭前会议中就有关事项达成一致意见，在庭审中反悔的，除有正当理由外，法庭一般不再进行处理。

第二十六条 第二审人民法院召开庭前会议的，参照上述规定。

第二十七条 本规程自 2018 年 1 月 1 日起试行。

二、人民法院办理刑事案件排除非法证据规程（试行）（2017 年 12 月 11 日公布，自 2018 年 1 月 1 日起施行　法发〔2017〕31 号）（节录）

第九条 被告人及其辩护人申请排除非法证据，应当在开庭审理前提出，但在庭审期间发现相关线索或者材料等情形除外。

第十条 被告人及其辩护人申请排除非法证据，并提供相关线索或者材料的，人民法院应当召开庭前会议，并在召开庭前会议三日前将申请书和相关线索或者材料的复制件送交人民检察院。

被告人及其辩护人申请排除非法证据，未提供相关线索或者材料的，人民法院应当告知其补充提交。被告人及其辩护人未能补充的，人民法院对申请不予受理，并在开庭审理前告知被告人及其辩护人。上述情况应当记录在案。

第十二条 在庭前会议中，人民法院对证据收集的合法性进行审查的，一般按照以下步骤进行：

（一）被告人及其辩护人说明排除非法证据的申请及相关线索或者材料；

（二）公诉人提供证明证据收集合法性的证据材料；

（三）控辩双方对证据收集的合法性发表意见；

（四）控辩双方对证据收集的合法性未达成一致意见的，审判人员归纳争议焦点。

第十三条 在庭前会议中，人民检察院应当通过出示有关证据材料等方式，有针对性地对证据收集的合法性作出说明。人民法院可以对有关材料进行核实，经控辩双方申请，可以有针对性地播放讯问录音录像。

第十四条 在庭前会议中，人民检察院可以撤回有关证据。撤回的证据，没有新的理由，不得在庭审中出示。

被告人及其辩护人可以撤回排除非法证据的申请。撤回申请后，没有新的线索或者材料，不得再次对有关证据提出排除申请。

第十五条 控辩双方在庭前会议中对证据收集的合法性达成一致意见的，法庭应当在庭审中向控辩双方核实并当庭予以确认。对于一方在庭审中反悔的，除有正当理由外，法庭一般不再进行审查。

控辩双方在庭前会议中对证据收集的合法性未达成一致意见，人民法院应当在庭审中进行调查，但公诉人提供的相关证据材料确实、充分，能够排除非法取证情形，且没有新的线索或者材料表明可能存在非法取证的，庭审调查举证、质证可以简化。

第十六条 审判人员应当在庭前会议报告中说明证据收集合法性的审查情况，主要包括控辩双方的争议焦点以及就相关事项达成的一致意见等内容。

第十七条 被告人及其辩护人在开庭审理前未申请排除非法证据，在庭审过程中提出申请的，应当说明理由。人民法院经审查，对证据收集的合法性有疑问的，应当进行调查；没有疑问的，应当驳回申请。

人民法院驳回排除非法证据的申请后，被告人及其辩护人没有新的线索或者材料，以相同理由再次提出申请的，人民法院不再审查。

第六讲　再审法庭的重点与策略

　　出席再审法庭是刑事申诉与再审办案的重要环节，但由于刑事再审开庭审理案件数量总体较少，目前开过再审庭的法律人并不多。出席再审法庭是一种什么样的体验？笔者的体会是，再审法庭与一审法庭不同，一审法庭只能由控方启动，而再审法庭除检察机关抗诉启动外，法院可以根据申诉和复查自行启动，笔者称之为刑事再审的"双重面孔"。与一审法庭中检察机关主要负责控诉不同，再审法庭中检察机关主要承担审判监督职能，检察员意见与辩护人意见往往趋同，这种情况下检辩双方的立场，讯（询）问顺序和重点，就原审证据发表意见的方式，对新证据举证、质证，发表出庭意见（辩护意见）和辩论重点，都与一审法庭有很大不同！近年来，每遇有重大冤错案件纠正，总有检察官戏称"没有办过无罪案件的检察官不是真正的检察官！"玩笑归玩笑，但没有出过再审法庭的法律人，还真不一定能驾驭得了。

　　本书第六讲，我们来说一下再审的审理程序，重点是开庭审理程序，并谈一下参与再审开庭审理的策略与技巧，鉴于笔者的经历和智识，主要以出庭检察员为视角。具体内容有六方面：一是再审审判的基本规定，讲一下审理再审案件的基本原则、审理方式、主要环节和判决结果，使大家对再审审判有个基本了解；二是再审开庭的基本程序，重点梳理再审开庭审理的相关规定；三是再审法庭的双重面孔，主要讲检察抗诉启动再审与法院自行启动再审两种不同方式对再审开庭的影响；四是颇具特色的法庭调查，讲再审法庭调查不同于一审法庭调查之处；五是别有滋味的法庭辩论，讲再审法庭辩论的几个显著特点；六是再审法庭的出席策略，从出庭检察员的角度，谈谈出席再审法庭的策略及技巧。

一、再审审判的基本规定

参与再审审判,需要首先了解再审审判的基本规定。笔者将再审审判的基本规定简要梳理如下:

1. 审理原则。再审审判应全面审理还是重点审理?刑事诉讼法没有明确规定。实践中,法院一般遵循了"优先重点审理、补充全面审理"的原则。具体依据是最高人民法院《关于适用〈中华人民共和国刑事诉讼法〉的解释》第 383 条的规定,即再审案件,法院应当重点针对申诉、抗诉和决定再审的理由进行审理。必要时应当全面审理。

2. 审理方式。法院审理案件有开庭审理、不开庭审理两种方式。再审的目的是纠正错误裁判,应当以开庭审理为主,以不开庭审理为例外。实践中,再审案件是否开庭审理主要考虑再审理由、适用程序、是否抗诉、是否可能加重刑罚等因素。根据最高人民法院《关于刑事再审案件开庭审理程序的具体规定(试行)》第 5 条的规定,人民法院审理下列再审案件,应当依法开庭审理:一是依照第一审程序审理的;二是依照第二审程序需要对事实或者证据进行审理的;三是人民检察院按照审判监督程序提出抗诉的;四是可能对原审被告人(原审上诉人)加重刑罚的;五是有其他应当开庭审理情形的。

根据最高人民法院《关于刑事再审案件开庭审理程序的具体规定(试行)》第 6 条的规定,以下再审案件可以不开庭审理:一是原裁判认定事实清楚,证据确实、充分,但适用法律错误,量刑畸重的;二是 1979 年刑事诉讼法实施以前裁判的;三是原审被告人(原审上诉人)、原审自诉人已经死亡或者丧失刑事责任能力的;四是原审被告人(原审上诉人)在交通十分不便的边远地区监狱服刑,提押到庭确有困难的;但人民检察院提出抗诉的,人民法院应征得人民检察院的同意;五是人民法院按照审判监督程序决定再审,在开庭 7 日以前通知人民检察院,经两次通知,人民检察院不派员出庭的。

3. 审理程序。再审应适用何种程序?《刑事诉讼法》第 256 条规定,人民法院按照审判监督程序重新审判的案件,如果原来是第一审案件的,应当按照第一审程序进行审判,所作的裁决、裁定可以上诉、抗诉;如果原来是第二审案件,或者是上级人民法院提审的案件,应当依照第二审程序进行审判,作的判决、裁定是终审的判决、裁定。对于人民检察院按照审判监督程序提出抗诉的案件,受理抗诉的人民法院应当依照第二审程序进行审判;实践中,对于第一审程序后未提出上诉、抗诉而生效的裁判,接受人民检察院按照审判监督程序提出抗诉的人民法院一般会出于保护上诉权的考虑,指令下级人民法院再审,下级人民法院应当依照第一审程序进行审理。

4. 撤回抗诉。法院审理检察院抗诉的再审案件,检察院在开庭审理前撤回抗诉的,应当裁定准许;检察院接到出庭通知后不派员出庭,且未说明原因的,可以裁定按撤回抗诉处理。法院审理由申诉人申诉引发的再审案件,申诉人在再审期间撤回申诉的,应当裁定准许;申诉人经依法通知无正当理由拒不到庭,或者未经法庭许可中途退庭的,应当裁定按撤回申诉处理,但申诉人不是原审当事人的除外。

5. 审理期限。《刑事诉讼法》第258条规定,人民法院按照审判监督程序重新审判的案件,应当在作出提审、再审决定之日起3个月以内审结,需要延长期限的,不得超过6个月。接受抗诉的人民法院按照审判监督程序审判抗诉的案件,审理期限适用前款规定;对需要指令下级人民法院再审的,应当自接受抗诉之日起1个月以内作出决定,下级人民法院审理案件的期限适用前款规定。但自接到阅卷通知后的第2日起,人民检察院查阅案卷超过7日后的期限,不计入再审审理期限。

6. 审后处理。根据最高人民法院《关于适用〈中华人民共和国刑事诉讼法〉的解释》第389条的规定,再审案件经过重新审理后,应当按照不同情形分别处理:原审裁判没有问题的应维持原裁判;原审裁判有瑕疵的可裁定纠正并维持原审裁判;原审裁判确有错误的应依法改判;原审裁判事实不清的可裁定撤销原判、发回重审,但适用二审程序发回重审的应以一次为限;原审裁判事实不清、证据不足,不能认定被告人有罪的,应宣告被告人无罪。对再审改判无罪,依法享有申请国家赔偿权利的当事人,宣判时应当告知其可以申请国家赔偿。

7. 能否加刑。刑事诉讼法没有规定再审后能否加重被告人的刑罚，最高人民法院《关于适用〈中华人民共和国刑事诉讼法〉的解释》第386条、《关于刑事再审案件开庭审理程序的具体规定（试行）》第8条规定，除人民检察院抗诉的以外，再审一般不得加重原审被告人的刑罚。再审决定书或者抗诉书只针对部分原审被告人的，也不得加重其他同案原审被告人的刑罚。

二、再审开庭的基本程序

再审案件的开庭审理，除遵守刑事诉讼法关于一审、二庭开庭程序相关规定外，主要适用最高人民法院《关于刑事再审案件开庭审理程序的具体规定（试行）》。再审开庭程序的要点如下：

1. 开庭准备。主要包括确定合议庭人员，按照法定期限送达再审决定书，通知人民检察院、辩护人阅卷，通知开庭时间和地点，办理提押手续或采取强制措施，核实原审被告人的原审裁判和服刑情况等。法院审理共同犯罪再审案件，如果再审决定书或者抗诉书只对部分同案原审被告人提起再审，其他未涉及的同案原审被告人不出庭不影响案件审理的，可以不出庭参与诉讼；部分同案原审被告人因死亡或丧失刑事责任能力或者因交通不便不能提押到庭的，不影响案件的开庭审理。

2. 庭前会议。前述第五讲已有较详细的介绍，此处不赘。

3. 法庭审理。

（1）宣布开庭阶段。合议庭应当查明原审被告人基本情况，告知原审被告人享有辩护权和最后陈述权。审判长宣布合议庭组成人员及书记员，检察员、辩护人、鉴定人和翻译人员的名单，并告知申请回避的权利。

（2）法庭调查阶段。法院决定再审的，由合议庭组成人员宣读再审决定书。检察院抗诉启动再审的，由检察员宣读抗诉书。之后，由原审被告人及其辩护人陈述申诉理由。召开庭前会议的，由合议庭成员宣读庭前会议报告，对检辩双方无争议和有争议的事实、证据及适用法律问题进行归纳，予以确认。再审法庭调查的重点是三类证据：一是检辩双方有争议的原审定案证据；二是检辩双方有争议的原审在案的非定案证据；三是再审中提出的新证据。对前两类证据，由合议庭组织分别或分组出示，由检辩双方分别发表意见。再审中提出的新证据，由提出方举证，对方质证。法院提出的新证据，由合议庭举证，检辩双方质证。

（3）法庭辩论阶段。第一轮辩论发言顺序依再审程序启动方式确定，检察院抗诉启动再审的，由检察员先发表检察意见，反之则由原审被告人及其辩护人先发表意见。被害人及其代理人发言在检察员之后。再审法庭辩论应围绕合议庭确定的审理焦点问题展开。检察员、当事人及其辩护人、诉讼代理人经审判长许可，可以进行多轮辩论。

（4）最后陈述阶段。由原审被告人作最后陈述。

4. 检察出庭。法院开庭审理的再审案件，无论是检察院抗诉启动还是法院自行启动，同级检察院都应当派员出席再审法庭。出席再审法庭的检察人员，应作好庭前准备，宣读刑事抗诉书或再审检察建议书，参加法庭调查和法庭辩论，客观公正地发表出庭意见。

三、再审法庭的双重面孔

现代刑事诉讼中控、审两方的基本关系是"控审分离、不告不理"，但这一原则在我国刑事再审程序中没有得到完全贯彻。由此，我国再审法庭因启动方式不同而分为两大类：一类是由检察机关抗诉启动的再审法庭，简称"再审抗诉庭"；另一类是由法院自行启动的再审法庭，简称"自行启动庭"。两类法庭存在诸多不同点，对检辩双方的影响也十分明显。

（一）启动主体不同

再审抗诉庭是由检察机关通过再审抗诉启动的，自行启动庭是由人民法院自行启动的。根据《刑事诉讼法》第254条的规定，有权启动再审抗诉庭的检察机关包括最高人民检察院、作出原审生效裁判法院的上级人民检察院。有权启动自行启动庭的法院有最高人民法院、作出原审生效裁判法院的上级法院、作出原审生效裁判法院的院长和审判委员会。其中，对于下级法院的生效裁判，最高人民法院和上级法院可以提审，也可以指令下级法院再审。可以看到，相对于检察院再审抗诉，法院的启动主体更为多元、门槛更低，这一制度设计造成司法实践中法院自行启动再审案件的数量大于检察机关抗诉启动再审的案件数量。

（二）前置程序不同

人民法院自行启动再审的案件，一般是在开庭审理 30 日前、重大疑难案件至迟在开庭 60 日前，通知同级人民检察院查阅案件，准备出庭。实践中，法院留给检察院的阅卷时间一般是 1 到 2 个月，但检察院在阅卷后，应当如何复核证据、提出意见，目前并无明确规定。检察机关提起再审抗诉的案件，一般是经过检察机关立案复查的案件。检察机关复查案件的期限最长可达 6 个月。这意味着，检察员再审抗诉庭前的准备时间比较充分，自行启动庭留给检察员出庭准备工作的时间相对不足。

（三）庭审程序不同

再审抗诉庭的庭审程序类似于一审程序，检方下的是"先手棋"。在法庭调查阶段，先由检察员宣读抗诉书，然后是原审被告人及其辩护人陈述申诉理由和辩护观点。在质证、举证时，先由检察员发表意见、进行举证，然后才是原审被告人及其辩护人发表意见及质证、举证。在法庭辩论阶段，也是由检察员先发表出庭检察意见，之后是申诉人自行辩护、辩护人发表辩护词。自行启动庭的庭审程序则完全相反，检方下的是"后手棋"。对于检察员来讲，"后手棋"相对于"先手棋"，意味着庭审的不确定性大幅增加，应对难度更大。

（四）说服责任不同

再审程序的启动以原审裁判"确有错误"为前提，因此再审开庭中需要由启动一方就原审裁判"确有错误"履行说服责任。再审抗诉庭中，抗诉既是启动再审法庭的法定方式，又是检察机关的再审主张。为了支持抗诉，出庭检察员需要充分履行说服责任。自行启动庭中，再审程序表面上由法院自行启动，实则是由申诉方启动的，因此原审被告人及其辩护人的说服责任更重一些。这意味着，相对于再审抗诉庭，出庭检察员在自行启动庭中的证明负担较小。

四、颇具特色的法庭调查

目前，一审法庭调查主要依据最高人民法院2018年1月1日开始试行的《刑事案件第一审普通程序法庭调查规程（试行）》（以下简称《法庭调查规程》）进行。该《法庭调查规程》仅规定了一审法庭普通程序，但笔者认为再审程序是可以参照适用的，但应注意再审法庭调查与一审法庭调查的不同之处。

（一）存在一个生效裁判

一审法庭审理对象是起诉书，再审的审理对象则是已经生效的刑事裁判。是否存在一个已经生效的裁判对法庭调查有重大影响：

一是影响法庭调查的全面性。一审法庭调查针对的是公诉书的指控事实，这种事实上是一种"待证事实"，法庭调查的任务是检验这一"待证事实"能否得到证明，因此需要针对指控事实进行全面调查，这是一种"立论"逻辑。再审法庭调查针对的是生效裁判中已经认定的事实，这种事实是已经经过证明的"确定"事实，因此再审法庭调查的任务是重新检验"原判认定的事实"能否有"破绽"，这决定了再审法庭调查是有重点进行的，不会面面俱到，基本上是"驳论"逻辑。

二是影响法庭调查的事实范围。一审法庭调查围绕控方犯罪指控展开，但公诉书并不能约束辩方，辩方完全有可能在庭审调查中提出另一种"事实版本"，由此一审法庭调查范围是有可能超出公诉指控范围的。再审则不然，原审裁判是生效裁判，对检辩双方均具有约束力，这决定了再审法庭调查必须紧紧围绕"原审裁判认定的事实"进行，不能超越这一范围。

（二）有两种程序启动方式

一审公诉案件的审判程序只能由检察机关提起公诉启动。再审案件的启动则有两种方式：一种是检察机关提出抗诉（含再审检察建议）启动；另一种是法院自行发现，或者根据当事人的申诉自行启动。从实践情况看，法院自行启动是再审程序启动的主要方式。再审程序启动方式的不同对法庭调查有重大影响：

一是对调查顺序有影响。检察机关启动的再审法庭调查中，先由检察员对被告人进行讯问，其次才是辩方发问。法院自行启动的再审法庭调查中，对被告人的发问先由辩方进行，其后才是检方。在西方法庭上，先讯（发）问通常是主询问，后讯（发）问通常是反询问，适用不同的询问规则。我国虽然没有明确主、反询问规则，但讯（发）问的先后顺序仍对讯问的重点、方向有重大影响。

二是对检察员出庭立场有影响。检察机关通过抗诉启动的再审庭审中，检察机关的立场是明确的，那就是原审裁判认定的事实"确有错误"，出庭检察员对原审裁判事实持明确的否定立场。法院自行启动的再审法庭中，检察机关的事实立场有两种可能，出庭检察员对原审裁判事实认定既可能持否定态度，也可能持肯定态度。

（三）可能的三种事实立场

再审法庭调查中有三种不同的事实立场：

一是维持立场。存在于法院自行启动的法庭调查中，根据案件审查情况认为原审裁判认定事实并非"确有错误"或者虽有错误但没有纠正必要时，检方将持这一立场。这意味着检方不同意辩方的立场，法庭调查中检、辩双方将是一种对抗格局。

二是存疑立场。认为原审裁判认定的事实不清，证据不确实、不充分。根据刑事诉讼法的要求，对于犯罪事实真伪不明的，法院应适用"存疑无罪"规则依法宣告被告人无罪。目前，在既不能确认系原审被告人作案，又不能完全排除其作案可能性，同时真凶又未查获的案件中，检方一般持存疑立场。这时法庭调查中出现的情况是检、辩双方意见在无罪结果上一致，但在无罪原因又往往不同，法庭调查中仍有对抗。

三是无辜立场。即认为原审裁判认定原审被告人系作案人"确有错误"或者根本不存在犯罪事实，能够排除原审被告人作案的可能性，原审被告人确系无辜。辩方一般会持被告人无辜立场，在"真凶出现""亡者归来"型再审案件中，检方也会持这一立场。此种情况下，法庭调查的对抗性大大降低，检辩双方的立场趋同。

（四）特别的举证质证对象

一审法庭调查中，无论是公诉人所举还是辩方所举证据，都是第一次提交法庭，庭审调查对象比较单一。再审法庭调查面对的证据则复杂得多，既有原审证据，又可能是新证据，既有经过质证的证据，也有未经质证的证据。笔者将再审中的证据归纳为三类：

一是原审裁判已采信证据。这类证据一般已经过原审法庭质证，是原审裁判的定案依据。

二是原审审理过程中已经举证、质证，但未被原审裁判采信的证据。这类证据不是原审裁判的定案依据，但再审中也不需要再行举证、质证。

三是再审中的新证据。新证据主要包括：原裁判生效后新发现的证据；原审裁判生效前已发现，但由于客观原因未收集的证据；原审裁判生效前已收集或已提交法庭，但未经庭审质证的证据。

对于再审来讲，新证据的"新"并非一定要求其是"新发现的"，而是要求其是"未经法庭质证"的证据。再审法庭调查中，法庭除听取检辩双方对原审证据发表意见外，对新证据进行举证、质证是重点。所有的新证据，也必须经过再审法庭调查的举证、质证，才可以被作为再审定案的依据。

（五）不一样的检方称谓职责

再审程序中，检方称谓与职责与一审不同。一审法庭中出庭检察人员称为"公诉人"，公诉人承担控诉和法律监督两种职责，但主要角色是指控者，主要任务是通过当庭指控实现揭露和证实犯罪。再审法庭中出庭检察人员称为"检察员"，检察员只有一种职责即进行法律监督。检察员应基于法律监督职责，对原审生效裁判确认的事实及其依据的证据进行客观公正地评判，进而决定检方在法庭调查中的事实证据立场，检察员完再审中主要扮演"纠错者"的角色。

五、别有滋味的法庭辩论

刑事诉讼法将开庭审理主要分为法庭调查和法庭辩论两个阶段,但实际上辩论不仅发生在法庭辩论阶段,在非法证据排除问题上,在法庭调查的举证、质证环节上,检辩双方就已经展开了相关辩驳活动,特别是以证据事实问题或非法证据问题为争议焦点的案件,法庭调查中的辩论激烈程度甚至远超法庭辩论阶段。不仅一审法庭如此,再审法庭也是如此,如前不久最高人民法院第一巡回法庭开庭审理的顾雏军等虚报注册资本、违规披露、不披露重要信息、挪用资金再审案,仅法庭调查就持续了15个小时,检辩双方在法庭调查中就相关证据问题展开了多轮激烈辩论。

不过,笔者此处所指的法庭辩论,仅指发生在法庭辩论阶段的辩论,不包括检辩双方在法庭调查阶段就证据问题进行的辩驳活动。关于再审法庭辩论,目前主要依据最高人民法院《关于刑事再审案件开庭审理程序的具体规定(试行)》进行,该规定主要明确了法庭辩论中检辩各方的发言顺序,其他方面少有规范。实践中,再审法庭辩论主要展现出以下四方面的特点:

(一)说来说去还是事实证据

在第二讲里,笔者曾对我国近年来纠正的30起重大冤错案件进行过分析,发现冤错案件的罪名主要集中在传统刑事犯罪上,其中故意杀人、故意伤害、抢劫、强奸等罪名比例最高,上述案件多是因为证据采信和事实认定方面出现错误而被纠正的。在事实认定方面,出现新证据和原案证据发生重大变化如"真凶出现""亡者归来",以及原定罪证据不确实、不充分导致存疑是案件被纠正的主要原因。

鉴于实践中再审案件所涉罪名多为自然犯,犯罪构成比较简单,又多涉证据事实问题,法庭审理的重心必然放在法庭调查阶段,法庭辩论也受到上述因素的影响而多偏重事实证据辩论。在法庭辩论阶段,检辩双方主要是对法庭调查中的证据、事实争议进行总结,从证据综合运用和事实重新认定上说明己方的观点,这实际上仍在说事实证据问题,法庭辩论俨然成为法庭调查的变相延续。即便是近两年来再审的产权类申诉案件，虽多涉经济罪名，检辩双方在法律适用上会出现认识分歧，但辩方仍多从证据、事实和法律适用各方面入手进行综合辩护，也使产权类再审案件的辩论具有一定的事实证据辩论特征。

（二）辩来辩去多是罪与非罪

理论上讲，辩论阶段是检辩双方全面评价原审裁判的事实认定、证据采信和法律适用并发表综合性意见的阶段。其中，法律适用意见包括原审裁判对原审被告人的定罪是否准确、量刑是否适当、办案程序是否合法、刑事附带民事诉讼法律适用是否正确等方面。但从实践情况看，检辩双方的意见多是围绕原审裁判对原审被告人定罪是否正确展开的，其他问题成为辩论焦点的情况较少。

在罪与非罪的辩论上，检辩各方所持的立场可能有三：一是原审被告人事实上是无罪的，理由可能是犯罪事实根本不存在，或者虽犯罪事实存在但非原审被告人所为，这种立场可称为原审被告人"纯无辜"立场；二是原审裁判认定原审被告人实施犯罪的证据不确实、不充分，应依据"疑罪从无"原则宣告原审被告人无罪，可称为"存疑无罪"立场；三是虽然原审裁判认定的事实存在，也系原审被告人所为，但该行为不符合刑法规定的犯罪构成要件，原审被告人的行为不构成犯罪，可称为"法律无罪"立场。实践中，辩方多持原审被告人"纯无辜"立场，检方多持原审被告人"存疑无罪"或"法律无罪"立场。

（三）是真是假再说程序违法

程序违法特别是刑讯逼供是再审辩论中难以回避的一个问题。我国的非法证据排除规则于2010年6月13日由"两高三部"《关于办理刑事案件排除非法证据若干问题的规定》确立，2012年得到刑事诉讼法的确认。再审办案中，如原案办理过程发生在2010年6月13日之后的，当然应受非法证据排除规则的拘束。此类案件再审中发现原办案人员以刑讯逼供等非法手段收集的言词证据，或者收集物证、书证严重违法且不能补证或作出合理解释的，再审中应依法予以排除，不得作为定案的依据。

原案办理过程发生在 2010 年 6 月 13 日之前的，再审时原则上不适用非法证据排除规则，法庭一般也不会就非法证据排除问题单独进行调查。但在法庭辩论中，辩护律师仍会就刑讯逼供、违法取证等问题发表意见，甚至将原案办理中存在刑讯逼供作为再审无罪辩护的主要策略。对此，检方的态度相对客观一些，对于能够查实的程序违法一般会予以确认，请求法庭再审裁判时予以考虑，对不能查实但又存在刑讯逼供可能的，一般会以被告人时供时翻、供述不稳定，或者供述与其他证据之间不能印证为由否定原有罪供述的真实性，有罪供述的合法性存疑则作为一个辅助性理由。

（四）怼来怼去最终一锤定音

"怼来怼去"是指检辩双方在法庭调查中的激烈对抗状态。公诉检察官经常笑话再审检察官，说"没有办过无罪案件的检察官不是真正的检察官"，言外之意是再审法庭由于检辩双方均持无罪意见，吵不起来，缺少对抗性。笔者认为，公诉检察官只说对了一半，因为这种情况只发生在检察院抗诉启动再审的法庭上，检方的无罪立场是公开的，检辩双方的对抗性确实减弱了。但在法院自行启动法庭的法庭调查阶段，检方的立场并未公开，检方是否持无罪观点，辩方并不知晓。而且，实践中检方对原审事实认定和采信证据并不一概否定，对原审裁判认定的部分事实和证据是要坚持的，这必然导致检辩双方在法庭调查时产生激烈对抗，甚至可能进行多轮针对证据问题的辩论。即便是在检察院抗诉启动的再审法庭上，由于再审出庭检察官多持"存疑无罪"或"法律无罪"立场，与辩方所持的"纯无辜"立场并不一致，检辩双方仍会进行法庭上的对抗。因此，再审法庭上检辩双方"怼来怼去"是十分正常的，有时对抗程度并不亚于公诉庭。

"一锤定音"是指再审法庭辩论中往往只进行一到两轮就解决争议问题。因为无论是检察院抗诉启动的再审法庭，还是法院自行启动的再审法庭，到了法庭辩论阶段，检察员和辩方都会发表综合性的意见，检辩双方虽然具体理由存在不同，但对案件的处理意见多是趋同的，而且多是要求合议庭宣告原审被告人无罪的意见。至此，检辩双方对案件处理结果的争议已经不复存在，再进行更多辩论的意义也已不复存在。这就形成了再审法庭调查中检辩双方"怼来怼去"，再审法庭辩论又往往一两个回合就能打住的独特现象。

六、再审法庭的出庭策略

出庭再审法庭，检辩双方都应进行充分预测和准备，提前确定出席策略。从笔者对再审法庭的观察和感受情况看，辩方采取"纯无罪"的立场比较多，在辩护策略上多采用全面综合辩护策略，既辩证据事实，又辩法律适用，还会开展非法证据排除等程序性辩护，甚至会结合案情进行"情感辩护"。前一段时间，关于张扣扣案的一篇"情感辩护词"在坊前广为流传并引发围观和争议，其实再审法庭上利用"情感辩护"策略也非常多见，只不过鲜为大家所知罢了。

检方出席策略与辩方存在明显区别。实践中，检方多采取"存疑无罪"或"法律无罪"的立场，一般会根据案情确定出席法庭的重点阶段；原审裁判认定事实、采信证据存在问题导致无罪的，以法庭调查为重点阶段；原审裁判将民事纠纷错误作为刑事犯罪处理的，以法庭辩论为重点阶段。检方出席再审法庭的基本要求是客观、公正、精准，评价原审裁判事实证据问题要有根据，指出原审裁判错误之处要精准，发表检察意见要客观、理性。由于再审案件的特殊性，检方在法庭上一般不宜开展情感式的法制宣传。鉴于检辩双方出席法庭策略的上述区别以及笔者的经历、智识，以下部分主要以检方为例对出席策略和技巧简要说明。

（一）确定出庭策略"三根据"

出庭再审法庭前，检察员应当认真研究三方面的因素，即检方的基本立场、再审启动方式和辩方风格特点，确定总体出庭策略：

1. 检方的基本立场

出庭再审法庭前，检方已经形成对案件处理的基本意见，再审出庭时这个基本意见就是出庭检察员的基本立场，它可以是认为原审裁判应予维持，也可以是认为原审裁判确有错误、应予纠正。其中，检察员认为原审裁判确有问题、应予纠正的，要具体确定是事实证据错误，还是法律适用错误。是罪与非罪问题，还是量刑、程序违法或附带民事诉讼问题。出庭检察员就是要根据检方预先确定的对案件的处理意见，确立出庭立场，确立出席法庭的重点阶段，制定出席法庭的预案。比如，检方认为原审裁判认定事实、采信证据存在问题导致无罪的，基本立场应是"存疑无罪"，重点阶段应是法庭调查，预案应围绕证据事实问题制作。原审裁判将民事纠纷错误作为刑事犯罪处理的，基本立场应是"法律无罪"，重点阶段应为法庭辩论，预案也就相应地应围绕犯罪构成问题制作。

对案件的基本立场是确定再审法庭策略的"定海神针"！确定了案件的基本立场，检察员出庭的角色定位问题就迎刃而解，如何讯（询）问，如何举证、质证，发表何种出庭意见，是否需要答辩，也就不言自明。例如，检察员的立场是原审裁判认定事实不清，证据不确实、不充分，建议改判（存疑）无罪，那么检察员所有的讯（询）问、质证、举证都应围绕这一"存疑"立场进行。对辩方提出的超越检方"存疑"立场的证据和观点，应组织有效的质证和反驳。对辩方提出的没有超越检方"存疑"立场的证据和观点，则无需多费口舌。当然，如果检察员认为原审裁判认定事实清楚，证据确实、充分，定性和量刑应予维持，那在法庭中的表现应大致与公诉人相当。

2. 再审的启动方式

我们知道，再审程序有两种启动方式，检察抗诉启动和法院自行启动。制定出庭策略时，再审程序以何种方式启动应作为重要参考因素，因为再审启动方式对检方出席法庭有直接影响：

一是直接影响检辩双方的信息透明度。再审抗诉庭中，检方的立场是公开的，辩方的观点则未公开，双方信息持有不对称。检方出席法庭前应会见原审当事人及其辩护人、诉讼代理人，提前了解辩方观点，制定预案中还应充分预测并认真准备回应意见。自行启动庭中，检辩双方的立场在开庭前均未公开，双方在信息持有上基本对称。相对于辩方来讲，检方立场具有理论上的可选择性，某种程度上具有信息优势。检方在制定出庭策略时，要充分运用这一信息优势，注意发挥检方在法庭中的引导作用,提升出庭效果。

二是直接影响发言顺序。再审抗诉庭中,检方讯(询)问、质证和发言在先。自行启动庭中,检方讯(询)问、质证和发言在后,上述顺序对发言方式和重点是有影响的。在制定出庭策略时,检方应充分考虑这种影响,根据不同的顺序采取不同的策略。如在再审抗诉庭中,检方应采取"先发"策略,利用首先讯(询)问、质证和发表观点的优势,积极引导庭审,促使法庭支持检方观点。自行启动庭中,由于提出观点、质证举证、发表出庭意见,均是辩方再先、检方在后,检方应采取"后发"策略。首先判断辩方行为与检方观点是否一致,然后再决定是否进行补强、反驳或回应。在双方观点不一致的庭审中,检方对辩方提出的意见应予以质疑、反驳和答辩。在双方观点"同向"但"不同一"的庭审中,如检、辩双方都认为原审被告人应改判无罪,但辩方的辩护方向是无辜无罪,而检方的观点是存疑无罪,那么对辩方的质证、辩护意见没有发表到位的,检方应进行补充,对于辩方提出的超越了检方"存疑"立场的意见,应进行校正。

3. 辩方的风格特点

制定出庭策略还应考虑辩方的风格特点。法庭不是自说自话,而是检辩双方攻防互动的一个过程,检方想在出庭中把握主动、引导庭审、游刃有余,必须认真研究原审被告人等出席法庭人员的特点,特别是辩护人的辩护风格,才能知己知彼、百战百胜。有检察官对辩护人的辩护风格进行了归纳,分为理性平和型、高傲自满型、激昂煽情型、虚于应付型、卖弄理论型等八个类型。[①] 庭审前,检察员要认真研究和了解辩护人、诉讼代理人的教育背景、学术观点、代理案例,有针对性地做好预案。

当然,由于实践中再审案件千差万别,出席再审法庭策略不能一概而论。检察人员应根据个案具体情况进行综合判断、灵活运用。但提前制定出席策略,认真做好应对准备,无疑是出席好再审法庭的第一步!

---

① 参见桑涛:《决战法庭——检察官、律师庭审制胜36计》,中国法制出版社2017年版,前言第17~18页。

（二）进行庭前准备"七必做"

做过公诉和刑事辩护的人都知道，出庭是需要充分准备的。出席再审法庭，不仅不能例外，其准备工作要求更为细致，甚至近于苛刻，这是由刑事再审案件的疑难性、复杂性和敏感性决定的。笔者认为，准备出席再审法庭，需要做好以下七方面工作：

1. 全面审查所有案卷

我国再审适用"全面审查"原则，审查范围不受申诉内容的限制。再审案件不同于一审案件，它一般经历了一审、二审程序，有的存在多次发回重审，甚至多次复查、再审等环节。与公诉人审查起诉时只审查侦查卷宗不同，刑事申诉检察官需要审查从侦查、审查起诉到审判及复查、再审等所有环节的案卷材料。因此，检察官在调取案卷材料或者法院通知阅卷时，要调取包括侦查、检察、审判等的全部案卷，收到案卷时也要检查所调案卷材料是否齐备，以免遗漏审查内容。

2. 亲历复核关键证据

再审案件通常是复杂、疑难案件，且多是不认罪案件或事实证据发生重大变化的案件，必须进行亲历性复核。复核的重点是关键证据，即对案件事实认定有重要影响的证据。比如，发生重大变化的被告人供述、证人证言等言词证据，合法性或真实性存在疑点的现场勘查笔录、辨认笔录以及物证、书证、鉴定意见等客观性证据。亲历复核关键证据，应采取复核、会见、询问、调查、走访等多种办案手段，回溯到证据产生的源头和过程中，穷尽一切可能的调查途经。

3. 听取诉讼各方意见

听取原审诉讼各方的意见，对于参与再审法庭调查十分重要。听取意见的范围包括：申诉人、原审被告人及其辩护人，被害人及其诉讼代理人，关键证人、鉴定人，原案侦查人员及承办法官、检察官等。对于存在翻供、关键证言出现重大变化、关键物证来源不明或合法性存疑的案件，必须听取原审被告人及其辩护人的意见，向相关证人、原案侦查取证人员进行调查核实。听取意见及调查核实的重点是核实口供、证言变化内容及其原因，口供、证言及关键物证收集的合法性，以判断原审证据的真实性、合法性，为出席再审法庭做好准备。

4. 认真梳理三类证据

如前所述，再审中的证据可归为三类：一是原审裁判已采信证据；二是原审中已经法庭质证但未被原审裁判采信证据；三是新证据。再审出庭前，检方必须分类梳理上述三类证据，并进行认真的审查评判，这项工作直接与庭前会议和法庭调查相关，需要引起高度重视。梳理三类证据的目的，是确定需要提交法庭调查中举证、质证的"新证据"范围。审查的基本方法是，根据对三类证据的梳理，对照审查辩方庭前向再审法庭提交的所谓"新证据"是否确属法律规定的"新证据"范围。判断基本标准是，辩方再审中提交的证据材料是否在原审过程中已经过法庭质证。凡在原审过程中已经法庭质证的，无论该证据是否为原审裁判所采信，均不属于新证据，在法庭调查时对此类证据检辩双方只需发表评判意见，不得再向法庭重新举证、质证。如果一项证据只是在原审过程中提出，但未经过法庭质证的，则可以作为新证据纳入法庭调查。

5. 确定检方事实立场

出席再审法庭，事实立场必须明确。再审法庭调查中，检方应根据阅卷、复核情况，明确原审生效裁判认定的事实上是否清楚，证据是否确实、充分，法律适用是否正确。对于原审生效裁判认定事实清楚，证据确实、充分，或者符合"两个基本"证明要求，法律适用没有问题的，应持"维持原判"立场；对于原审生效裁判认定事实不清，证据不确实、不充分的，应持"存疑"立场；对于原审生效裁判认定事实错误，犯罪事实根本不存在或另有真凶的，应持"无罪"立场。对于原判认真事实没有问题，但定罪量刑有错误的，应持"法律无罪"的立场。检方立场是出席再审法庭的"定海神针"，指引着检方所有的出席法庭活动。

6. 充分参与庭前会议

再审案件多为复杂、疑难、敏感的，一般都会召开庭前会议，解决程序事项，确定是否在再审中启动非法证据排除程序，并协调检辩双方形成法庭调查的事实、证据焦点，检方必须高度重视再审的庭前会议，充分的参与庭前会议。检察官参与庭前会议，主要目标有三：一是提前解决是否需要回避、是否需要不公开审理等程序性事项。二是了解辩方是否提出排除非法证据的申请，并努力在庭前会议中通过出示相关证据解决这一问题，争取与辩方达成诉讼合意。实在不能解决的，要在庭前会议后进一步调查核实辩方提出的线索和证据材料，为法庭中解决非法证据排除问题做好准备。三是了解辩方提出的新证据，根据检方对"三类证据"的梳理，判断辩方提出的所谓"新证据"是否已在原案诉讼过程中经过法庭质证，是否确实符合法定"新证据"的要求，剔除"旧证据"和无关联性证据，明确双方争议的事实证据焦点。

7. 制作出席庭审预案

出席再审法庭需要提前制作庭审预案，俗称"三纲一书"。三纲，即讯（询）问提纲、举证质证提纲、答辩提纲，是检察官参与法庭调查的脚本，"一书"指出庭检察员意见书。再审"三纲一书"与一审不同，有许多适应再审程序的新变化，如由于再审主要围绕焦点问题进行，"三纲一书"内容总体上比一审简略。再审讯问提纲内容，应根据程序启动方式和检方讯问顺序进行设计，体现主询问与反询问的区别；再审中的举证提纲，应只限于新证据。再审的质证提纲，应包括三方面内容，即对原审裁判采信证据、已质证未采信证据的评判意见和对新证据的质证意见。再审的出庭检察员意见书，应围绕重点问题进行，并非面面俱到。

（三）开展法庭调查"四要决"

参与再审法庭调查，检方总体上应把握三点：一是坚守检方事实立场；二是针对原审裁判认定事实；三是围绕争议焦点和关键证据。

第一点要求再审法庭调查中，出庭检察官要有清醒的立场意识，根据庭前检方对案件的审查、核实情况，对原案证据、事实独立的发表意见，不被辩方观点牵着鼻子走。第二点要求检方证据调查活动直接针对原审生效裁判认定事实，对辩方提出的超越原审裁判认定事实的其他事实，及时提醒法庭注意。第三点要求检察官紧紧围绕双方事实争议焦点参与调查活动，针对关键证据发表检察意见，对辩方提出的细枝末节问题不过多纠缠。具体到讯问、询问、举证和质证等环节，可归纳为四方面的"要决"：

1. 讯问要决

讯问原审被告人，是再审法庭调查的第一项内容。再审法庭调查中，检方讯问应注意三点：

一是争取讯问对象的配合。再审案件一般是不认罪案件，翻供现象比较突出，讯问难度比较大。但在讯问时，检方仍要积极争取被告人的配合，避免庭审中与被告人直接冲突。如可将告知内容调整为"被告人李某某，今天法庭依法审理你诈骗一案，目的是在查清事实的基础上作出公正裁判。下面，检察员有几个问题要对你进行讯问，希望你能实事求是、如实回答。你听清楚了吗？"调整一下告知的表述方式，或者在庭前做好原审被告人的思想工作，让其配合庭审讯问，意在缓和对抗气氛。

二是讯问要符合检方立场。认为原审裁判认定事实应予维持或存疑的，讯问应当围绕定罪的关键事实或者能够认定的事实进行。讯问重点放在已被其他客观证据证实、原审被告人难以否认的事实上，以及翻供理由中与其他证据相矛盾之处，目标是通过有效讯问巩固原审裁判的定罪事实或者能够认定的事实。如果是检方认为原审裁判认定事实错误的，讯问应突出供述的变化过程、变化内容及与原案其他证据的矛盾等方面。

三是注意讯问顺序的影响。先讯问与后讯问，其内容、方式均不同。在检察机关抗诉或检察建议启动的再审法庭中，检方先讯问。这时检方应发挥先问优势，围绕检方立场进行全面讯问，特别是要根据庭前预测对辩方可能发问的关键问题进行讯问，发挥主导讯问作用，压缩辩方发问空间。在法庭自行或基于申诉启动的再审法庭中，检方是后讯问。这时检方应根据辩方的发问情况决定讯问内容，对辩方已经问清的问题要避免重复讯问，对辩方没有问到、没有问清或者"问歪"的问题，要进行补充讯问，突出检方立场。此外，检方讯问还要注意避开被告人可能反复纠缠的一些非关键问题，以免影响讯问效果。

2. 询问要决

完善保障证人、鉴定人、侦查人员及有专门知识的人出庭制度，是以审判为中心改革的一项核心内容。再审法庭中，上述四类出庭作证或参与法庭调查的顺序通常安排在讯问之后。再审中，涉及"四类人员"询问的，应注意以下四点要求：

一是注意询问顺序的影响。对于证人、鉴定人、侦查人员的询问，遵循"传者先问"和"次递进行"原则，由申请方先问，之后是对方询问，最后由审判人员进行补充询问。一轮问不清的，可以轮替数次。检方询问时，应注意询问顺序对询问内容和方式的影响。

二是把握正确的询问方式。国外法庭调查区分主询问与反询问，我国没有类似规定，但询问原理相似。再审法庭调查中，检方对己方证人、鉴定人、侦查人员的询问应大致适用主询问的要求，要进行全面询问，询问时可先让证人叙述所证内容，再采取一问一答方式，以完整呈现待证事实。检方对辩方申请的证人、鉴定人的询问，大致适用反询问的要求，询问内容应围绕证言相关性、作证人身份、与案件的关系、是否受到外界干扰、是否有专业资质等进行。

三是遵守询问规则。根据法律和司法解释的规定，询问规则主要包括：禁止诱导、禁止重复询问，询问内容应具有相关性，意见证据应予排除规则等。其中，禁止诱导询问规则有一些例外需要特别注意，主要是："为明确证人的身份、经历等准备性事项的发问"，"为唤醒证人记忆而确有必要的发问"，"向鉴定人、有专门知识的人就有关专业性问题的发问"等，这些发问并不严格适用禁止诱导询问规则。

四是根据询问对象调整询问内容。对证人的询问，应针对证人与案件的关系、证言内容及来源、证人的感知记忆和表述能力等展开；对鉴定人的询问，重在核实其鉴定人资格、与案件的关系、鉴定依据和材料、鉴定设备和方法、鉴定意见的科学性及鉴定意见与其他的证据的关系等；对侦查人员的询问，应围绕侦查人员的身份、与案件的关系、专业培训和工作经历、侦查行为的规范性等内容展开；对有专门知识的人的询问，应主要询问其与案件及当事人的关系、是否受到外界干扰或影响、提出意见的依据和材料、意见的科学性等。

3. 对原审证据发表意见要诀

再审法庭中，对原审过程中已经质证的证据，检辩双方均可发表意见。检方对原审证据发表意见，需要注意五点：

一是原审证据的展示由法庭负责，不需要检方重新举证。

二是由于相关证据在原审过程中已经法庭质证，此处的检辩双方发表意见并非重新质证。

三是发表意见的对象分两大类，一类是原审裁判采信证据，另一类是原审过程中已经质证但未被原审裁判采信的证据。

四是检方应根据庭前对"三类证据"的审查和出庭预案，针对辩方意见有针对性地发表检方意见，不同意辩方意见的，应予答辩。

五是一般应针对单个证据发表意见，涉及证据之间关系或者整个证据体系的意见一般放在法庭辩论阶段发表，但对此做法应在法庭调查阶段应予说明。

4. 举证、质证要诀

与一审法庭调查中检方需要全面举证不同，再审法庭调查中只需要对"新证据"进行举证、质证，举证的主体既可是检方也可是辩方，法院复查过程中发现的新证据则还可由法庭直接出示。再审法庭调查中，检方举证、质证应注意四点：

一是庭前及时向法庭提交新证据。检方准备向法庭举证的新证据，应在庭前会议之前、最迟在开庭五日前向法庭提交，以便法庭向辩方进行证据展示，为辩方准备质证提供时间。

二是举证一般采取"一证一举、一证一质"的方式。再审中的新证据一般数量不大，且多是对案件事实认定可能产生重大影响的证据，宜采用逐一举证、质证的方式。

三是质证要突出重点，抓住关键。质证的重点是可能动摇或者削弱检方观点的新证据，质证应主要围绕单个证据的"三性"开展，必要时也可运用证据之间的矛盾进行分析，或者申请有专门知识的人出庭辅助质证，但需注意质证与法庭辩论的衔接，质证中不要过多地发表综合性意见，避免将法庭质证变为法庭辩论。

四是对于辩方举证"突袭",未于开庭前向法庭提交新证据的,检方应当庭向法庭提出异议。根据辩方提交证据的情况,检方应当庭判断是否能够质证。需要进一步调查核实的,应建议法庭延期审理。

(四)参与法庭辩论"四要点"

出庭检察员参与法庭辩论,应当注意把握再审辩论的特点,利用首轮辩论的机会充分展现检察意见,同时要注意引导和控制法庭辩论的范围,与辩方形成良性互动,争取好的辩论效果。

1. 充分利用首轮辩论

首轮辩论,检方称为发表检察员出庭意见,辩方称为发表辩护词,名称虽然不同,但都是检辩双方对案件处理基本观点的全面展现。与一审法庭不同,再审法庭中检辩双方对案件的最终处理意见往往具有趋同性,不同点只是具体理由。很多情况下,辩论能够在一到两个回合内结束,检方应争取通过首轮辩论"一锤定音","毕其功于一役"。

具体来讲,如果检辩双方观点是一致的,检方应充分利用双方观点的同一性,全面阐明检方观点,更加客观、公正、精准的指出原审裁判的错误之处,体现检察办案的专业性。如果检辩双方观点一致,但具体立场不一致,如辩方的立场是"纯无辜",检方立场是"存疑无罪",这时检方要在强调双方观点一致性的前提下,就原案为何是"存疑案件"进行详细的说明,特别要强调再审是围绕原审裁判进行的,"本案是否另有真凶"等问题并非再审所能解决,避免在与原审裁判无关的问题上与辩方过多纠缠。当然,如果检方认为原载裁判应予维持,就很难通过一两个回合解决问题,通常需要进行几个回合,这种情况下适用公诉庭的辩论原则,要"抓要点,留后手",第一轮辩论不能面面俱到,要为后来的答辩留足空间。

2. 紧紧抓住辩论焦点

再审开庭,合议庭在组织法庭调查和法庭辩论时都会总结争议焦点问题,检察员参与法庭辩论,必须紧紧围绕辩论的焦点问题展开。实践中,这些焦点可能是原审裁判认定的犯罪事实是否存在,犯罪是否是原审被告人所为,原审被告人是无辜还是存疑无罪,原审被告人是构成此罪还是彼罪，原审被告人的量刑是否适当，附带民事诉讼部分的法律适用是否正确等。再审实践中，经常会出现辩方偏离法庭确定的辩论焦点而另外提出新的辩论观点的情况，对此检方必须提醒法庭注意，引导辩论围绕焦点问题进行。

3. 注意控制辩论范围

再审法庭是有明确审理对象的，就是原审生效裁判。不仅法庭调查要围绕原审裁判进行，法庭辩论也不例外。对于原审裁判没有涉及的问题，如本案是否另有真凶，一般不宜作为辩论的内容。检方在辩论中，不仅自己的发言要紧紧针对原审裁判，发现辩方提出与原审裁判无关的问题，也要明确指出，简单回应，不与辩方纠缠，并提醒法庭注意。否则，再审法庭的辩论就会无边无际，永远也扯不清。

4. 适当调整辩论态度

对于检察官来讲，公诉案件数量多而再审案件数量少，特别是内设机构改革后，刑事检察官不仅要办理公诉案件，也要办理申诉案件，负责出席再审法庭，这就需要检察官们准确把握公诉庭与再审庭的区别，不要把"公诉腔"带到再审辩论中。再审庭辩论中，检方要抑制打败对方的冲动，抵制检察官中心主义，不要咄咄逼人，要理性平和、客观冷静，双方观点趋同时更要在专业水平上、在意见精准度上制胜，而不是一味追求在法庭辩论"互怼"上占上风、气势上压倒辩方。再审法庭辩论中，检察员的风度比态度更重要，大气比气势更重要！

法律链接

一、最高人民法院关于刑事再审案件开庭审理程序的具体规定（试行）（2001年12月26日公布，自2002年1月1日起施行　法释〔2001〕31号）

为了深化刑事庭审方式的改革，进一步提高审理刑事再审案件的效率，确保审判质量，规范案件开庭审理的程序，根据《中华人民共和国刑事诉讼法》、最高人民法院《关于执行〈中华人民共和国刑事诉讼法〉若干问题的解释》的规定，制定本规定。

第一条 本规定适用依照第一审程序或第二审程序开庭审理的刑事再审案件。

第二条 人民法院在收到人民检察院按照审判监督程序提出抗诉的刑事抗诉书后，应当根据不同情况，分别处理：

（一）不属于本院管辖的，决定退回人民检察院；

（二）按照抗诉书提供的原审被告人（原审上诉人）住址无法找到原审被告人（原审上诉人）的，人民法院应当要求提出抗诉的人民检察院协助查找；经协助查找仍无法找到的，决定退回人民检察院；

（三）抗诉书没有写明原审被告人（原审上诉人）准确住址的，应当要求人民检察院在七日内补充，经补充后仍不明确或逾期不补的，裁定维持原判；

（四）以有新的证据证明原判决、裁定认定的事实确有错误为由提出抗诉，但抗诉书未附有新的证据目录、证人名单和主要证据复印件或者照片的，人民检察院应当在七日内补充；经补充后仍不完备或逾期不补的，裁定维持原判。

第三条 以有新的证据证明原判决、裁定认定的事实确有错误为由提出申诉的，应当同时附有新的证据目录、证人名单和主要证据复印件或者照片。需要申请人民法院调取证据的，应当附有证据线索。未附有的，应当在七日内补充；经补充后仍不完备或逾期不补的，应当决定不予受理。

第四条 参与过本案第一审、第二审、复核程序审判的合议庭组成人员，不得参与本案的再审程序的审判。

第五条 人民法院审理下列再审案件，应当依法开庭审理：

（一）依照第一审程序审理的；

（二）依照第二审程序需要对事实或者证据进行审理的；

（三）人民检察院按照审判监督程序提出抗诉的；

（四）可能对原审被告人（原审上诉人）加重刑罚的；

（五）有其他应当开庭审理情形的。

第六条 下列再审案件可以不开庭审理：

（一）原判决、裁定认定事实清楚，证据确实、充分，但适用法律错误，量刑畸重的；

（二）1979年《中华人民共和国刑事诉讼法》施行以前裁判的；

（三）原审被告人（原审上诉人）、原审自诉人已经死亡、或者丧失刑事责任能力的；

（四）原审被告人（原审上诉人）在交通十分不便的边远地区监狱服刑，提押到庭确有困难的；但人民检察院提出抗诉的，人民法院应征得人民检察院的同意；

（五）人民法院按照审判监督程序决定再审，按本规定第九条第（五）项规定，经两次通知，人民检察院不派员出庭的。

第七条 人民法院审理共同犯罪再审案件，如果人民法院再审决定书或者人民检察院抗诉书只对部分同案原审被告人（同案原审上诉人）提起再审，其他未涉及的同案原审被告人（同案原审上诉人）不出庭不影响案件审理的，可以不出庭参与诉讼；

部分同案原审被告人（同案原审上诉人）具有本规定第六条第（三）、（四）项规定情形不能出庭的，不影响案件的开庭审理。

第八条 除人民检察院抗诉的以外，再审一般不得加重原审被告人（原审上诉人）的刑罚。

根据本规定第六条第（二）、（三）、（四）、（五）、（六）项、第七条的规定，不具备开庭条件可以不开庭审理的，或者可以不出庭参加诉讼的，不得加重未出庭原审被告人（原审上诉人）、同案原审被告人（同案原审上诉人）的刑罚。

第九条 人民法院在开庭审理前，应当进行下列工作：

（一）确定合议庭的组成人员；

（二）将再审决定书，申诉书副本至迟在开庭三十日前，重大、疑难案件至迟在开庭六十日前送达同级人民检察院，并通知其查阅案卷和准备出庭；

（三）将再审决定书或抗诉书副本至迟在开庭三十日以前送达原审被告人（原审上诉人），告知其可以委托辩护人，或者依法为其指定承担法律援助义务的律师担任辩护人；

（四）至迟在开庭十五日前，重大、疑难案件至迟在开庭六十日前，通知辩护人查阅案卷和准备出庭；

（五）将开庭的时间、地点在开庭七日以前通知人民检察院；

（六）传唤当事人，通知辩护人、诉讼代理人、证人、鉴定人和翻译人员，传票和通知书至迟在开庭七日以前送达；

（七）公开审判的案件，在开庭七日以前先期公布案由、原审被告人（原审上诉人）姓名、开庭时间和地点。

第十条 人民法院审理人民检察院提出抗诉的再审案件，对人民检察院接到出庭通知后未出庭的，应当裁定按人民检察院撤回抗诉处理，并通知诉讼参与人。

第十一条 人民法院决定再审或者受理抗诉书后，原审被告人（原审上诉人）正在服刑的，人民法院依据再审决定书或者抗诉书及提押票等文书办理提押；

原审被告人（原审上诉人）在押，再审可能改判宣告无罪的，人民法院裁定中止执行原裁决后，可以取保候审；

原审被告人（原审上诉人）不在押，确有必要采取强制措施并符合法律规定采取强制措施条件的，人民法院裁定中止执行原裁决后，依法采取强制措施。

第十二条 原审被告人（原审上诉人）收到再审决定书或者抗诉书后下落不明或者收到抗诉书后未到庭的，人民法院应当中止审理；原审被告人（原审上诉人）到案后，恢复审理；如果超过二年仍查无下落的，应当裁定终止审理。

第十三条 人民法院应当在开庭三十日前通知人民检察院、当事人或者辩护人查阅、复制双方提交的新证据目录及新证据复印件、照片。

人民法院应当在开庭十五日前通知控辩双方查阅、复制人民法院调取的新证据目录及新证据复印件、照片等证据。

第十四条 控辩双方收到再审决定书或抗诉书后，人民法院通知开庭之日前，可以提交新的证据。开庭后，除对原审被告人（原审上诉人）有利的外，人民法院不再接纳新证据。

第十五条 开庭审理前，合议庭应当核实原审被告人（原审上诉人）何时因何案被人民法院依法裁判，在服刑中有无重新犯罪，有无减刑、假释，何时刑满释放等情形。

第十六条 开庭审理前，原审被告人（原审上诉人）到达开庭地点后，合议庭应当查明原审被告人（原审上诉人）基本情况，告知原审被告人（原审上诉人）享有辩护权和最后陈述权，制作笔录后，分别由该合议庭成员和书记员签名。

第十七条 开庭审理时，审判长宣布合议庭组成人员及书记员，公诉人、辩护人、鉴定人和翻译人员的名单，并告知当事人、法定代理人享有申请回避的权利。

第十八条 人民法院决定再审的，由合议庭组成人员宣读再审决定书。

根据人民检察院提出抗诉进行再审的，由公诉人宣读抗诉书。

当事人及其法定代理人、近亲属提出申诉的，由原审被告人（原审上诉人）及其辩护人陈述申诉理由。

第十九条 在审判长主持下，控辩双方应就案件的事实、证据和适用法律等问题分别进行陈述。合议庭对控辩双方无争议和有争议的事实、证据及适用法律问题进行归纳，予以确认。

第二十条 在审判长主持下，就控辩双方有争议的问题，进行法庭调查和辩论。

第二十一条 在审判长主持下，控辩双方对提出的新证据或者有异议的原审据以定罪量刑的证据进行质证。

第二十二条 进入辩论阶段，原审被告人（原审上诉人）及其法定代理人、近亲属提出申诉的，先由原审被告人（原审上诉人）及其辩护人发表辩护意见，然后由公诉人发言，被害人及其代理人发言。

被害人及其法定代理人、近亲属提出申诉的，先由被害人及其代理人发言，公诉人发言，然后由原审被告人（原审上诉人）及其辩护人发表辩护意见。

人民检察院提出抗诉的,先由公诉人发言,被害人及其代理人发言,然后由原审被告人(原审上诉人)及其辩护人发表辩护意见。

既有申诉又有抗诉的,先由公诉人发言,后由申诉方当事人及其代理人或者辩护人发言或者发表辩护意见,然后由对方当事人及其代理人或辩护人发言或者发表辩护意见。

公诉人、当事人和辩护人、诉讼代理人经审判长许可,可以互相辩论。

第二十三条 合议庭根据控辩双方举证、质证和辩论情况,可以当庭宣布认证结果。

第二十四条 再审改判宣告无罪并依法享有申请国家赔偿权利的当事人,宣判时合议庭应当告知其该判决发生法律效力后即有申请国家赔偿的权利。

第二十五条 人民法院审理再审案件,应当在作出再审决定之日起三个月内审结。需要延长期限的,经本院院长批准,可以延长三个月。

自接到阅卷通知后的第二日起,人民检察院查阅案卷超过七日后的期限,不计入再审审理期限。

第二十六条 依照第一、二审程序审理的刑事自诉再审案件开庭审理程序,参照本规定执行。

第二十七条 本规定发布前最高人民法院有关再审案件开庭审理程序的规定,与本规定相抵触的,以本规定为准。

第二十八条 本规定自2002年1月1日起执行。

二、人民法院办理刑事案件第一审普通程序法庭调查规程(试行)
(2017年12月11日公布,自2018年1月1日起施行 法发〔2017〕31号)

(略)

三、刑事抗诉案件出庭规则(试行)(2001年3月5日公布 〔2001〕高检诉发第11号)

一、通则

第一条 为了规范刑事抗诉案件的出庭工作程序,根据《中华人民共和国刑事诉讼法》和《人民检察院刑事诉讼规则》等有关规定,制定本规则。

第二条 本规则适用于人民检察院检察人员出席人民法院开庭审理的刑事抗诉案件。

第三条 检察人员出席刑事抗诉案件法庭的任务是：

（一）支持抗诉；

（二）维护诉讼参与人的合法权利；

（三）代表人民检察院对法庭审判活动是否合法进行监督。

二、庭前准备

第四条 收到刑事抗诉案件开庭通知书后，出席法庭的检察人员应当做好如下准备工作：

（一）熟悉案情和证据情况，了解证人证言、被告人供述等证据材料是否发生变化；

（二）深入研究与本案有关的法律、政策问题，充实相关的专业知识；

（三）拟定出席抗诉法庭提纲；

（四）上级人民检察院对下级人民检察院按照第二审程序提出抗诉的案件决定支持抗诉的，应当制作支持抗诉意见书，并在开庭前送达同级人民法院。

第五条 出席抗诉法庭提纲一般应当包括：

（一）讯问原审被告人提纲；

（二）询问证人、被害人、鉴定人提纲；

（三）出示物证，宣读书证、证人证言、被害人陈述、被告人供述、勘验检查笔录，播放视听资料的举证和质证方案；

（四）支持抗诉的事实、证据和法律意见；

（五）对原审被告人、辩护人辩护内容的预测和答辩要点；

（六）对庭审中可能出现的其他情况的预测和相应的对策。

第六条 上级人民检察院支持下级人民检察院提出的抗诉意见和理由的，支持抗诉意见书应当叙述支持的意见和理由；部分支持的，叙述部分支持的意见和理由，不予支持部分的意见应当说明。

上级人民检察院不支持下级人民检察院提出的抗诉意见和理由，但认为原审判决、裁定确有其他错误的，应当在支持抗诉意见书中表明不同意见和理由，并且提出新的抗诉意见和理由。

第七条 庭审开始前，出席法庭的检察人员应当做好如下预备工作：

（一）核对被告人及其辩护人，附带民事诉讼的原告人及其诉讼代理人，以及其他应当到庭的诉讼参与人是否已经到庭；

（二）审查合议庭的组成是否合法；刑事抗诉书副本等诉讼文书的送达期限是否符合法律规定；被告人是盲、聋、哑、未成年人或者可能被判处死刑而没有委托辩护人的，人民法院是否指定律师为其提供辩护；

（三）审查到庭被告人的身份材料与刑事抗诉书中原审被告人的情况是否相符；审判长告知诉讼参与人的诉讼权利是否清楚、完整；审判长对回避申请的处理是否正确、合法。法庭准备工作结束，审判长征求检察人员对法庭准备工作有无意见时，出庭的检察人员应当就存在的问题提出意见，请审判长予以纠正，或者表明没有意见。

三、法庭调查

第八条 审判长或者审判员宣读原审判决书或者裁定书后，由检察人员宣读刑事抗诉书。宣读刑事抗诉书时应当起立，文号及正文括号内的内容不宣读，结尾读至"此致某某人民法院"止。

按照第二审程序提出抗诉的案件，出庭的检察人员应当在宣读刑事抗诉书后接着宣读支持抗诉意见书，引导法庭调查围绕抗诉重点进行。

第九条 检察人员应当根据抗诉案件的不同情况分别采取以下举证方式：

（一）对于事实清楚，证据确实、充分，只是由于原审判决、裁定定性不准、裁定定性不准、适用法律错误导致量刑明显不当，或者因人民法院审判活动违反法定诉讼程序而提起抗诉的案件，如果原审事实、证据没有变化，在宣读支持抗诉意见书后由检察人员提请，并经审判长许可和辩护方同意，除了对新的辩论观点所依据的证据进行举证、质证以外，可以直接进入法庭辩论。

（二）对于因原审判决、裁定认定部分事实不清、运用部分证据错误，导致定性不准，量刑明显不当而抗诉的案件，出庭的检察人员对经过原审举证、质证并成为判决、裁定依据，且诉讼双方没有异议的证据，不必逐一举证、质证，应当将法庭调查、辩论的焦点放在检察机关认为原审判决、裁定认定错误的事实和运用错误的证据上，并就有关事实和证据进行详细调查、举证和论证。对原审未质证清楚，二审、再审对犯罪事实又有争议的证据，或者在二审、再审期间收集的新的证据，应当进行举证、质证。

（三）对于因原审判决、裁定认定事实不清、证据不足，导致定性不准、量刑明显不当而抗诉的案件，出庭的检察人员应当对案件的事实、证据、定罪、量刑等方面的问题进行全面举证。庭审中应当注意围绕抗诉重点举证、质证、答辩，充分阐明抗诉观点，详实、透彻地论证抗诉理由及其法律依据。

第十条 检察人员在审判长的主持下讯问被告人、讯问应当围绕抗诉理由以及对原审判决、裁定认定事实有争议的部分进行，对没有异议的事实不再全面讯问。

讯问前应当先就原审被告人过去所作的供述是否属实进行讯问。如果被告人回答不属实，应当讯问哪些不属实。针对翻供，可以进行政策攻心和法制教育，或者利用被告人供述的前后矛盾进行讯问，或者适时举出相关证据予以反驳。

讯问时应当注意方式、方法，讲究技巧和策略。对被告人供述不清、不全、前后矛盾，或者供述明显不合情理，或者供述与已查证属实的证据相矛盾的问题，应当讯问。与案件无关、被告人已经供述清楚或者无争议的问题，不应当讯问。

讯问被告人应当有针对性，语言准确、简练、严密。

对辩护人已经提问而被告人作出客观回答的问题，一般不进行重复讯问。辩护人提问后，被告人翻供或者回答含糊不清的，如果涉及案件事实、性质的认定或者影响量刑的，检察人员必须有针对性重复讯问。

辩护人提问的内容与案件无关，或者采取不适当的发问语言和态度的，检察人员应当及时请求合议庭予以制止。

在法庭调查结束前，检察人员可以根据辩护人、诉讼代理人、审判长（审判员）发问的情况，进行补充讯问。

第十一条 证人、鉴定人应当由人民法院通知并负责安排出庭作证。对证人的询问，应当按照刑事诉讼法第一百五十六条规定的顺序进行，但对辩方提供的证人，公诉人认为由辩护人先行发问更为适当的，可以由辩护人先行发问。

检察人员对证人发问，应当针对证言中有遗漏、矛盾、模糊不清的有争议的内容，并着重围绕与定罪量刑紧密相关的事实进行。发问应当采取一问一答的形式，做到简洁清楚。

证人进行虚假陈述的，应当通过发问澄清事实，必要时还应当出示、宣读证据配合发问。

第十二条 询问鉴定人参照第十一条的规定进行。

第十三条 检察人员应当在提请合议庭同意宣读有关证言、书证或者出示物证时，说明该证据的证明对象。合议庭同意后，在举证前，检察人员应当说明取证主体、取证对象以及取证时间和地点，说明取证程序合法。

对检察人员收集的新证据，向法庭出示时也应当说明证据的来源和证明作用以及证人的有关情况，提请法庭质证。

第十四条 二审期间审判人员通过调查核实取得的新证据，应当由审判人员在法庭上出示，检察人员应当进行质证。

第十五条 检察人员对辩护人在法庭上出示的证据材料，无论是新的证据材料还是原审庭审时已经举证、质证的证据材料，均应积极参与质证。既要对辩护人所出示证据材料的真实性发表意见，也要注意辩护人的举证意图。如果辩护人运用该证据材料所说明观点不能成立，应当及时予以反驳。对辩护人、当事人、原审被告人出示的新的证据材料，检察人员认为必要时，可以进行讯问、质证，并就该证据材料的合法性证明力提出意见。

第十六条 法庭审理过程中，对证据有疑问或者需要补充新的证据、重新鉴定或勘验现场等，检察人员可以向审判长提出休庭或延期审理的建议。

四、法庭辩论

第十七条 审判长宣布法庭调查结束，开始进行法庭辩论时，检察人员应当发表支持抗诉的意见。

出庭支持抗诉的意见包括以下内容：

（一）原审判决、裁定认定的事实、证据及当庭质证的情况进行概括，论证原审判决认定的事实是否清楚，证据是否确实充分；

（二）论证原审判决、裁定定罪量刑、适用法律的错误之处，阐述正确观点，明确表明支持抗诉的意见；

（三）揭露被告人犯罪行为的性质和危害程度。

第十八条 检察人员对原审被告人、辩护人提出的观点，认为需要答辩的，应当在法庭上进行答辩。答辩应当抓住重点，主次分明。对与案件无关或者已经辩论过的观点和内容，不再答辩。

第十九条 法庭辩论结束后，检察人员应当认真听取原审被告人的最后陈述。

五、其他规定

第二十条 书记员应当认真记录庭审情况。庭审笔录应当入卷。

第二十一条 检察人员发现人民法院审理案件违反法定诉讼程序的，应当在开庭审理结束后报经检察长同意，以人民检察院的名义，向人民法院提出书面纠正的意见。

第七讲　存疑案件的调查与复核

存疑案件，简称"疑案"，是案件事实真伪不明的案件。根据刑事诉讼法的规定，"疑案"本应做无罪处理，但在很长一段时间，"疑罪从轻"或"留有余地"成为众多"定放两难"案件的主要处理方式。近年来，越来越多的"疑案"被作为错案纠正，如浙江张氏叔侄强奸再审案、安徽于英生故意杀人再审案、云南钱仁凤投放危险物质再审案，均是在真凶没有出现的情况下，以原审裁判认定被告人有罪的证据不确实、不充分为由而被宣告无罪的，都是典型的"疑案"。有些案件，虽然是因为可能的"真凶再现"被纠正的，但囿于再审只针对原审裁判进行，只确认原案处理是否正确，对原案的纠正也是依据"疑罪从无"原则进行的，最典型的是聂树斌故意杀人、强奸再审案。

"疑案"，是我国刑事申诉与再审办案中非常典型的一类案件。一方面，"疑案"的证据问题十分复杂。实践中有的案件历经多次审判，有的年代比较久远，有的案卷因保存不善部分缺失，进一步加剧了审查判断证据的难度。另一方面，"疑案"的纠正还涉及价值判断问题。对于法院已经有确定裁判结论的案件，如何历史地、客观地进行重新评价，在真凶没有出现的情况下，能否适用"疑罪从无"原则，是疑案办理中必须要面对的价值选择问题。近年来，疑案正成为事实证据类冤错案件的主要类型，必须引起大家的注意。

本书的第七讲，我们讲一下"疑案"的调查和复核问题。主要内容有三部分：一是存疑案件的主要表征，谈谈实践中存疑案件所表现出来的外部特征，这些表征是办案人员初步判断刑事申诉是否有冤错可能的重要参考；二是存疑案件的切入路径，介绍四个刑事申诉办案中常用的四个切入点，即原审被告人被锁定过程是否可靠、原案客观证据是否充分、侦查机关收集的证据是否移送完整、原审有罪供述是否可信，这些常用切入点可以为"疑案"查办提供可行的思路；三是"疑罪从无"原则的适用，从理论上简要解读"疑罪从无"，并谈谈我国疑罪从无的具体规则和法条引用问题。

一、存疑案件的五大表征

存疑案件的表征，是存疑案件通常具有的外部特征，是办案人员通过通常途径如审查申诉材料、会见申诉人、了解申诉及服刑情况等，就能形成的关于刑事申诉案件的初步印象。这些印象虽然是初步的，但能够表明原审裁判有错误可能，并能为进一步的查办提供切入点。从纠正的冤错案件司法实践看，刑事申诉具有以下五条中的两条以上表征时，办案人员要高度注意：

（一）原审裁判以人证为主要定案依据

以人证为主要定案依据，是存疑申诉案件的证据表征。根据证据理论，我们可以把证据分为人证和物证两大类，刑事诉讼中的人证主要指被告人供述、证人证言、被害人陈述三大类。法院裁判认定案件事实，一般要求既有人证又有物证，且人证与物证、人证之间及物证之间要求相互印证，指向明确且结论唯一。但实践中也有许多刑事裁判是没有物证，或者虽有物证但不能对原审被告人起锁定作用，实质上证明原审被告人实施犯罪仍仅依靠人证的情况，甚至有的刑事裁判认定案件事实仅有口供，或者仅有被害人指认，或者仅有证人指认，对于这类刑事裁判提出的申诉，办案人员要特别留意。因为这种情况下，原审裁判的证明体系是不完整的，证明原审被告人系作案人的证据仅有人证，而且一般人证的来源也只有一个，没有与之相互印证的其他人证和物证，如果口供、证人证言或被害人指认又有反复、不稳定或者取证合法性存疑，办案人员就更要在心里打个问号。实践一再证明，这类案件出错的概率是相当高的。

（二）原审裁判事实认定可能有悖常理

事实认定可能有悖常理，是存疑申诉案件的事实表征。事实认定可能有悖常理，通常表现为原审裁判认定的犯罪起因，原审被告人选择的犯罪时机、采取的犯罪手段、事后进行的掩盖现场行为等，或者与案件情况不符，或者与原审被告人性格不符，或者与当地风俗习惯不符。

在犯罪起因上，因婚恋纠纷故意杀人的，要审查案发前原审被告人与被害人感情是否已经严重恶化，有无第三者介入，原审被告人有无犯罪准备行为，原审被告人的个性及日常表现如何，如果原审被告人与被害人矛盾尚未激化，也无犯罪准备行为，且原审被告人平时表现良好，各方面情况明显不足以支持原审被告人因婚恋纠纷而实施杀人行为的，对原审裁判认定的"激情杀人"一定要谨慎对待。

熟人之间因日常琐事引发杀人等恶性犯罪的，要考虑原审被告人与被害人案发前发生冲突的程度，两者之间是否素有矛盾，原审被告人的性格是否过激，以评估原审裁判认定的犯罪起因的合理性。因见财起意抢劫杀人的，要考虑被害人"露财"的数量、场合，原审被告人的日常经济状况，案发前后的表现，在案是否查获赃款赃物，以判断原审被告人是否有劫财的可能性。

唐某某故意杀人案中，原审裁判认定唐某某因与被害人案发当晚发生口角而故意杀人，且被害人当晚曾在饭桌上当众从衣兜掏出一沓钱"炫富"，现场勘查笔录显示被害人在案发当晚12时左右在一城市道路旁被人用领带扼颈的方式杀害，被害人衣兜的钱也被掏走。但检察人员发现，原审被告人与被害人是多年的朋友关系，相互了解且没有大的矛盾，因几句口角就故意杀人的可能性很小。且原审被告人经济状况良好，年收入十几万元，见财起意而杀人的可能性也很小。因此，原审裁判认定的案件起因是难以站得住脚的。

（三）原案办理中定罪量刑变化不合理

原案办理中定罪量刑变化不合理，是存疑申诉案件的法律表征。刑事案件办理过程上，由于公检法三机关认识上的分歧和证据发生变化，在侦查、审查起诉和审判过程中发生罪名变化，或者在一审、二审过程中发生量刑变化，也是常见现象。需要关注的是定罪量刑发生重大变化，原审裁判又没有说明合理理由的情况。比如原审被告人故意杀人且被害人众多、犯罪手段恶劣，一审判处死刑，案件多次发回重审，最终二审法院以"根据本案具体情况"等笼统理由改判死缓或无期徒刑的，应高度怀疑原审裁判为证据可能存疑的"留有余地"裁判。

在刑事申诉案件办理中，对定罪量刑变化及其理由的审查，既要关注审判程序，也要关注审前程序。审判程序中，要审查原案在办理过程中有无反复发回重审的情况，在历次审判中定罪量刑是否有重大变化，原审裁判中是否说明理由，理由是否合理。审前程序中，如果案件存在长期侦查而未结案，多次不批捕，移送起诉后反复退回补充侦查等情况的，要注意是否存在"带病"起诉、"勉强"裁判等情况，审查原案中是否存在公安司法机关将民事纠纷作为犯罪处理等问题。

（四）原审被告人不认罪且申诉不息

原审被告人不认罪且申诉不息，是存疑案件的申诉表征。从申诉与再审办案角度看，原审被告人对原审裁判所持的态度是判断原审裁判是否可能有错误的一个重要依据。如果原审裁判认定事实正确的，原审被告人可能在诉讼中不认罪，但到执行阶段一般会认罪服判，接受改造。如果原案办理过程中原审被告人从未认罪，或者先认罪后翻供，在刑罚执行过程中拒不认罪且坚持申诉的，要审查其申诉理由是否有合理根据，申诉人提出原审被告人没有作案时间、没有参与作案条件等申诉理由的，办案人员更要特别的注意。

实践证明，许多冤错案件的原审被告人符合上述申诉特征，如安徽的于英生、贵州的杨明、海南的黄家光、云南的钱仁凤等，都是多年坚持申诉且申诉不息的案例。当然，并不是说只要申诉人拒不认罪、坚持申诉就一定意味着有冤情。实际办案中，既要看原审裁判的情况，又要看申诉人的申诉理由，是一个综合判断的过程。

（五）原审被告人服从监狱管理但拒绝减刑

原审被告人服从监狱管理但拒绝减刑，是存疑申诉案件的行刑表征。原审被告人在行刑过程中，是否服从监狱等行刑机关的管理，是否接受减刑，也是申诉办案中判断原审裁判是否可能有错误的一个重要参考因素。笔者在办案中发现，许多冤错案件的原审被告人在服刑过程中具有两方面的特点：一是虽然不认罪并坚持申诉，但基本能服从监狱的管理，能够完成劳动任务，总体表现还是良好的。二是许多不认罪的原审被告人认为，接受减刑即是接受原审裁判，因此坚决拒绝接受减刑。实践中，有的原审被告人在死缓执行两年后就拒绝减为无期徒刑，有的服刑二十多年，仍拒绝由无期徒刑减为有期徒刑。对于这种不认罪、长期坚持申诉并拒绝减刑的刑事申诉，办案中要认真调查了解其原因，以判断原审裁判是否可能有错误。

二、存疑案件的四个切入点

办理"疑案"，需要解决的主要是证据调查、复核、判断和重新评价问题。调查和复核存疑案件，最基本的要求是"寻根溯源"，就是要从证据产生根源和过程中去寻找答案，要回溯到案件立案侦查的初期去探个究竟。要求刑事申诉办案人员要特别注重亲历性调查复核，应坚持到案发地实地调查了解情况，必要时要调取侦查机关内卷查看案件发破案过程，向现场勘查、尸体检验等原案侦查技术人员了解案发现场情况，向鉴定人员了解鉴定意见形成过程。办案中常见的四个切入点如下：

（一）不可小觑的发破案经过

我国刑事案件的侦查模式大致可分为两类，一类是"由人查事"模式，主要用于职务犯罪、经济犯罪的侦查；另一类是"由事查人"模式，主要适用于普通刑事犯罪的侦查。在普通刑事犯罪的侦查中，存在一个发现犯罪危害后果后，侦查机关通过勘查现场、调查取证、案情分析等侦查工作，确定犯罪嫌疑人并将其缉拿到案的过程，表现为从"发案"到"破案"的过程，简称"发破案经过"。复查刑事申诉案件时，办案人员对案卷中的公安机关出具的"发破案经过"说明不可小觑，因为它不仅仅是对发破案过程的记载，还能反映原案侦查人员从立案到破案的思维演进过程，即侦查人员发现罪行、获取证据、锁定嫌犯的思维判断过程，研究原案发破案过程还有助于揭示侦查机关构建原案证据体系的过程，对于发现原案定罪证据体系是否完整，是否排除了合理怀疑具有重要价值。

从申诉办案的角度看，发破案经过就是原审被告人被确定为犯罪嫌疑人的过程。我国冤错案件纠正实践表明，侦查初期公安机关确定犯罪嫌疑人的过程中出现偏差往往是导致冤错的最初原因，如河北聂树斌故意杀人、强奸案，内蒙古呼格故意杀人案等，都是根据群众举报或矛盾排查确定的犯罪嫌疑人，这种原始的犯罪嫌疑人锁定过程出错的概率较高。因此，申诉办案中必须重视对原案侦查中"发破案经过"的审查，除审查案卷中的书面材料外，还要重视到案发地了解情况，向侦查人员当面了解原案侦查初期情况，特别是侦查人员最初对罪犯是如何刻画的，确定侦查方向的依据是什么，排除其他犯罪嫌疑人的根据是什么，并要结合原审被告人到案后的初期供述、相关报案材料及现场勘查笔录等在案证据进行细致的比对分析。

实践中，有两类案件需要办案人员高度警惕：一是侦查机关根据因果关系排查锁定嫌疑对象，依靠突破口供而成案，其后又缺乏客观性证据有效佐证的案件。因果关系排查容易导致侦查人员先入为主，且因果关系只是以作案可能性确定嫌疑对象，有较强的假设性。如安徽于英生故意杀人案、浙江丁国勤故意杀人案、江西李锦莲故意杀人案等，都是公安机关在侦查初期认为案件由婚恋矛盾引发，熟人作案所致。二是客观性证据来源存疑的案件。这类案件中虽有客观性证据，但由于客观性证据的来源不清或者取证合法性存疑，导致客观性证据的真实性、可靠性存疑，也使原审裁判定罪证据不充分。① 这类案件也要引起申诉办案人员的重视。

---

① 参见钟晋：《不可小觑的发破案经过》，载"国家公诉"微信公众号，2018年4月2日。

（二）仍待揭示的客观性证据

客观性证据，通常指物证、书证、电子数据、视听资料及现场勘查笔录、尸体检验报告等客观性比较强的证据种类。鉴定意见实质上是专家证言，本身属于主观性证据，但因其依据物证及科学技术得出，特别是指纹鉴定意见、DNA鉴定意见等，往往能够进行同一认定，实践中多被视为客观性证据，甚至被视为现代"证据之王"。近年来，随着刑事侦查科技水平的提高，一个案件完全按言词证据定案的情况几乎是不存在的，定案证据中一般都会有客观性证据。但有了客观性证据，是否就意味着案件没有问题呢？司法实践一再证明，客观性证据也会"不客观"，科学性证据也会"不科学"。

比如DNA鉴定意见，常被认为是认定罪犯的"神奇子弹"，但实践证明许多情况下其作用被误读。

2017年再审宣告无罪的福建缪某某等人故意杀人案中，原审定案主要证据就是在被告人家浴室下水道中发现的被害人毛发的DNA鉴定意见，但再审中备受质疑并最终导致原审裁判被推翻的，恰恰也是这份DNA鉴定意见，根本原因是这份DNA鉴定意见依据的是"线粒体DNA"鉴定技术。

线粒体是为细胞提供能量的细胞器，线粒体DNA是线粒体中的遗传物质，它不易腐烂，在骨质中能存活几个世纪，常常被用来分析千年古尸的身份，如在俄国革命时期被处决的沙皇尼古拉遗骸的身份分析，就采用了线粒体DNA技术。但是，不像细胞核DNA从双亲那儿遗传而来，线粒体DNA是完全从母亲那儿遗传而来的，对它的鉴定意见只能用作母系家族成员的认定依据，不能被用来进行身份的同一认定。在福建缪某某等人故意杀人案中，之所以采用线粒体DNA鉴定技术，是因为从被告人家浴室中提取的疑似被害人毛发都没有发根，不具备提取细胞核DNA的条件，只能提取线粒体DNA。但依据该鉴定意见认定被害人就是在缪某某家被害则证明力不足。

再看一下福建的念某案，该案历时8年10次开庭审判，被告人念某4次被判处死刑立即执行，最终被二审改判无罪。该案虽不是再审案件，但对于客观证据作用认定的提示非常有典型意义。该案一审判决认定，念某因生意竞争对被害人丁某某心怀不满投毒报复，造成俞乙、俞丙两人死亡的严重后果，经鉴定两人均系氟乙酸盐鼠药中毒死亡。从定案证据看，关于被害人死亡原因和念某实施投毒行为，公安机关都提取了相关物证并进行了鉴定。但在后续的审判中，权威毒物专家指出，公安机关的现场勘验检查工作及笔录制作不规范，相关投毒所用的工具提取送检程序不合法，导致物证来源不清，鉴定机构对投毒所用工具的检验过程不规范，根据检验数据也不能认定检出氟乙酸盐鼠药成分。更为严重的是，专家们发现一审裁判认定死者系中毒死亡所依据的俞丙的尿液鉴定意见中的质谱图，竟然与氟乙酸盐标准参照图谱一模一样。这意味着，鉴定机构在鉴定意见中没有采用实际所得的检材质谱图，而是直接"盗用"了一个氟乙酸盐的标准样品图谱。

这两个真实案例都提醒大家，在司法办案中一定要审慎对待客观性证据，要认识到客观性证据并不必然具有客观性和科学性，也不必然具有高于其他证据的证明力，更不必然可以作为定案证据，同样要接受检辩质疑和司法评价。申诉办案中，对客观性证据有疑问的，要审查侦查机关提取物证是否依法、规范，检材保管、送检过程是否符合法定要求，司法鉴定是否严格遵守法定程序，鉴定活动是否遵循了专业规范，是否在法庭上接受了检辩的举证、质证，证据采信时法官是否尽到了法定审查职责。在申诉办案中，审查鉴定意见等客观性证据，应就专业问题咨询权威专家或委托专家出具审查意见，要重视法庭质证中辩护律师和专家辅助人提出的质疑意见，认真审查鉴定意见的真实性、关联性、合法性，尤其要排除鉴定意见与其他证据之间的矛盾，审慎采信每一份客观性证据。

（三）没有移送的关键证据

第四讲我们说过"颠覆性"新证据，这是启动再审重新审判的一个重要理由。实践中，由于申诉案件年代久远，真正在申诉办案中发现的新证据少之又少，再审中出现的所谓"新证据"往往是侦查机关在原案办理中已经发现，但由于种种原因没有移送给检察机关的"老证据"。因此，在申诉办案中如发现案件有疑点的，需要办案人员寻根溯源，采取调查公安机关侦查内卷、向原侦查人员调查了解办案情况、向鉴定人员了解鉴定情况等方式，从原案关键证据形成的根源和过程上进行查证。前面我们已经讲过安徽于英生案，检察机关就是通过调取公安机关的侦查内卷，发现了没有向检察机关移送的手写"现场手印检验报告"等"新证据"，成功纠正了一起重大冤错案件。

原审裁判认定1996年7月某日刘某某对本村邻居李某入室实施强奸并灭口杀人，以强奸罪、故意杀人罪数罪并罚判处其死缓。原审裁判认定刘某某实施犯罪的锁定性证据是被害人李某尸体上提取的血迹"在STR位点（AATG）上与原审被告人刘某某的基因型相同"的DNA鉴定结论。另外，对现场提取的三枚烟头的血型鉴定与原审被告人的血型也相符，均为"AB"型。但申诉办案人员发现，上述DNA鉴定并未写明有"同一认定"字样，经调取公安机关侦查内卷后发现公安机关还有一份关于上述DNA鉴定结论"可靠程度只有80%、不能用于完全同一认定"的说明也没有移送检察机关。为进一步查清另外一份证据——现场提取的三枚烟头的血型鉴定情况，申诉办案人员走访调查了原案侦查人员，得知三枚烟头也曾送检作DNA鉴定，为此申诉办案人员又向当时负责DNA鉴定的技术人员了解情况。据鉴定人员反映，对于送检的三枚烟头当时也作了DNA鉴定，但结论是"可以排除为原审被告人刘某某所留"。至此，原审裁判认定强奸杀人系原审被告人人刘某某所为的主要客观性证据，均因发现"新证据"而被否定。

（四）令人纠结的原案供述

我国刑事案件的定罪裁判，一般都是在取得原审被告有罪供述的情况下作出的。当然也有例外，如贵州的杨明故意杀人案中，杨明一直拒绝供述自己实施杀人行为。但在更多的刑事申诉案件中，原审被告人是做过有罪供述的，往往经过了初期不供、侦查中作有罪供述、审查起诉或一审中翻供，之后再不供述的过程，这种反复使原审有罪供述的真实性判断变得"扑朔迷离"。对于后一种情况，在申诉案件中需要认真审查，小心求证。

审查判断刑事申诉案件的原案供述，不仅要审查有罪供述，也要审查无罪辩解。对于有罪供述的审查和调查主要有两种方法：一是对有罪供述自身前后情况进行比对；二是将有罪供述与在案其他证据进行比对。具体审查时办案人员要从供述内容变化、讯问时间、地点等细节上入手进行判断，并审查供述与其他证据能否相互印证，讯问中有无指供诱供等违法情况，相关内容在本书第四讲中已经有较多阐述，此处不赘。无罪辩解的审查，重点是审查相关辩解是否有合理根据，辩解理由能否查证实属。

需要强调的是，对原案供述的判断是非常具体和复杂的问题，必须根据个案情况进行具体判断，并没有一个统一的标准。实践中，办案人员仅以原案有罪供述存疑是难以有效质疑原审裁判真实性的，原案有罪供述的真实性、合法性高度存疑一般作为刑事抗诉书或再审裁判文书的最后一条理由，也从侧面说明了原案有罪供述的司法判断是多么令人纠结的一件事情。

三、"疑罪从无"的具体适用

疑案，最终需要依据"疑罪从无"规则宣告无罪。"疑罪从无"本应作为一个刑事诉讼原则存在，但在我国刑事诉讼法中其只表现为一些具体的规则。"疑罪从无"问题，既有很强的理论性，又有很强的实践性，再审程序中具体适用"疑罪从无"，还有诸多需要明确的问题。

（一）"疑罪从无"的理论解读

"疑罪从无"是一个理论性很强的问题。从程序法理上看，"疑罪从无"的逻辑起点是"无罪推定"，它意味着所有公民和组织在被证明有罪之前都应被依法推定无罪，而证明有罪的责任应由检察机关等控方承担，只有首先承认"无罪推定"，"疑罪从无"才有适用的空间。从证据法理看，"疑罪从无"并不是一个实体裁判规则，而是一个证明责任分配规则，是在案件事实经过所有诉讼程序查证仍真伪不明，而法院又必须最终作出裁判的情况下，不得不适用的一条程序性裁判规则。

（二）"疑罪从无"的具体规定

我国1979年刑事诉讼法通过后，曾在1996年、2012年做过两次大修。2018年10月26日，全国人大常委会又审议通过决定对刑事诉讼法进行了再次修改。"疑罪从无"规则最早确立于1996年刑事诉讼法，到目前经历了两个发展阶段：

1. 1996年至2012年："疑罪从无"适用于一审程序而再审程序仅参照适用

1979年刑事诉讼法没有规定"疑罪从无"。现行"疑罪从无"的相关规定最早确立于1996年刑事诉讼法，但只规定在第一审程序公诉案件部分，具体为第162条第3项关于"证据不足，不能认定被告人有罪的，应当作出证据不足、指控的犯罪不能成立的无罪判决"的规定。

案件经二审程序审理或死刑复核程序后，法院认为案件事实仍不清或证据不足的，应裁定撤销原判，发回原审法院重审。

案件经再审程序审理后，发现原审裁判认定事实不清或证据不足的，有两种处理方式：一是如再审适用的是一审程序，则应直接依据"疑罪从无"规则作出宣告无罪判决；二是如再审适用的是二审程序，既可以裁定发回重审，也可以参照一审程序的规定依据"疑罪从无"规则作出宣告无罪判决。

这一时期，再审程序中依据"疑罪从无"规则作出宣告无罪判决的直接依据是1996年《刑事诉讼法》第162条第3项，以及1998年9月8日实施的最高人民法院《关于执行〈中华人民共和国刑事诉讼法〉若干问题的解释》第312条第2款、第176条第（四）项的规定。

2. 2013年至今："疑罪从无"既适用于一审程序也可直接适用于再审程序

1996年刑事诉讼法确立"疑罪从无"相关规则后，2012年、2018年两次刑事诉讼修法相关规定内容未做修改，只是法条序号作了调整。从刑事诉讼法条文看，"疑罪从无"仍只适用于一审程序。

但 2013 年 1 月 1 日实施的最高人民法院《关于执行〈中华人民共和国刑事诉讼法〉若干问题的解释》关于再审程序作了修改，规定再审审理后可以直接依据"疑罪从无"作出宣告无罪判决，无需再参照一审程序的规定。具体依据是该司法解释第 389 条第 2 款"原审裁判事实不清或者证据不足，经审理事实已经查清的，应当根据查清的事实依法改判；事实仍无法查清，证据不足，不能认定被告人有罪的，应当撤销原判决、裁定，判决宣告被告人无罪"。

（三）"疑罪从无"的法条引用

法院再审裁判依据"疑罪从无"作出宣告无罪的判决时，应当如何引用法条？实践中出现了两种做法：

一是再审判决除引用刑事诉讼法关于再审应当适用程序的相关法条外，还必须引用一审程序关于"疑罪从无"的具体规定。

二是再审判决引用刑事诉讼法关于再审适用程序的相关法条后，直接引用 2013 年 1 月 1 日实施的最高人民法院《关于执行〈中华人民共和国刑事诉讼法〉若干问题的解释》第 389 条第 2 款的规定作出判决，无需再引用一审程序的相关规定。

除了法条引用，实践中法院还有一种做法，就是依据二审程序再审后发现原审裁判事实不清、证据不足的，并不直接作出宣告无罪的判决，而是再层层发回到一审法院重新审判，这一问题也与大家对再审后能否直接依据"疑罪从无"规则作出宣告无罪判决认识不一有关。

笔者认为，2013 年 1 月 1 日后法院经过再审后以原审裁判事实不清、证据不足作出无罪判决，没有必要引用刑事诉讼法关于在一审审理中对"证据不足，不能认定被告人有罪的，应当作出证据不足、指控的犯罪不能成立的无罪判决"的规定，而应当直接引用 2013 年 1 月 1 日实施的最高人民法院《关于执行〈中华人民共和国刑事诉讼法〉若干问题的解释》第 389 条第 2 款的规定作出"疑罪从无"的宣告无罪判决。主要理由如下：

一是再审案件审理无论是适用一审程序还是适用二审程序，其目的都在于审判监督，并非原本意义上的一审或二审案件。只不过刑事诉讼法为了立法上的简洁，对再审程序规定不多，要求再审时具体参照一审或二审程序规定执行。

二是再审程序中检察机关并非犯罪指控机关，再审出庭的检察人员也并非公诉人而是检察员，其职责并非指控而是法律监督。实践中，许多案件是由检察机关抗诉或提出再审检察建议启动的，再审中检察员的角色更多是纠错者而不是控诉者。在这一情况下，法院再审后作出判决，适用一审程序中关于"指控罪名不能成立"的规定是不合适的。

三是根据程序法的时间效力适用原理，在新法与旧法效力上，应当适用"从新兼从轻"原则，即就相关程序问题新法有规定的，应当优先适用新法规定，只有旧法的规定对于原审被告人更为有利时，才适用旧法的规定。如前所述，"疑罪从无"在再审中的确立经历了一个过程：1979年刑事诉讼法没有关于"疑罪从无"的规定；1996年刑事诉讼法确立了一审程序中可以适用"疑罪从无"的具体规则，司法解释规定了再审程序可以参照一审程序适用"疑罪从无"的具体规则；2013年生效的最高人民法院《关于〈中华人民共和国刑事诉讼法〉若干问题的解释》进一步明确了再审后可直接依据"疑罪从无"作出宣告无罪判决的规则。由此，无论是从规定内容和详细程度看，还是从有利于原审被告人看，2013年之后法院依据"疑罪从无"作出再审宣告无罪判决，都无需再引用刑事诉讼法中一审程序关于"疑罪从无"的规定，更无需将案件再层层发回重审，那样不仅不利于及时纠正冤错案件，也是有违现行法律和司法解释的不当做法。

法律链接

一、中华人民共和国刑事诉讼法（1979年7月7日公布，自1980年1月1日起施行 全国人大常务委员会委员长令第6号 1996年3月17日、2012年3月14日、2018年10月26日分别修正）（节录）

第二百条 在被告人最后陈述后，审判长宣布休庭，合议庭进行评议，根据已经查明的事实、证据和有关的法律规定，分别作出以下判决：

（一）案件事实清楚，证据确实、充分，依据法律认定被告人有罪的，应当作出有罪判决；

（二）依据法律认定被告人无罪的，应当作出无罪判决；

（三）证据不足，不能认定被告人有罪的，应当作出证据不足、指控的犯罪不能成立的无罪判决。

二、最高人民法院关于适用《中华人民共和国刑事诉讼法》的解释（2012年12月20日公布，自2013年1月1日起施行　法释〔2012〕21号）（节录）

第三百八十九条　再审案件经过重新审理后，应当按照下列情形分别处理：

（一）原判决、裁定认定事实和适用法律正确、量刑适当的，应当裁定驳回申诉或者抗诉，维持原判决、裁定；

（二）原判决、裁定定罪准确、量刑适当，但在认定事实、适用法律等方面有瑕疵的，应当裁定纠正并维持原判决、裁定；

（三）原判决、裁定认定事实没有错误，但适用法律错误，或者量刑不当的，应当撤销原判决、裁定，依法改判；

（四）依照第二审程序审理的案件，原判决、裁定事实不清或者证据不足的，可以在查清事实后改判，也可以裁定撤销原判，发回原审人民法院重新审判。

原判决、裁定事实不清或者证据不足，经审理事实已经查清的，应当根据查清的事实依法裁判；事实仍无法查清，证据不足，不能认定被告人有罪的，应当撤销原判决、裁定，判决宣告被告人无罪。

第八讲　存疑案件的实例与剖析

上一讲我们介绍了存疑案件的调查与复核，从实务操作的角度，谈了办案人员拿到申诉材料后如何判断案件是否存在冤错可能，继而如何确定调查复核思路和切入点，以及发现原审裁判证据不确实、不充分后如何适用"疑罪从无"原则宣告无罪等三方面的问题。目的是让大家对存疑案件办理有了一个初步了解。在上一讲的基础上，本讲将选择两起存疑典型案例，进一步说明存疑案件的办理思路与技巧。

本讲选择的两起案例，都是在没有发现真凶的情况下，检察机关通过细致的调查复核，提出再审检察建议，促使法院适用"疑罪从无"再审宣告无罪的成功范例。其中一起是 2013 年再审无罪的于某某"杀妻"案。于某某案再审纠正后，公安机关经过重新侦查发现了案件真凶。另一起是 2017 年再审无罪的丁某某"杀害女友"案，丁某某再审案被评为"2017 年度十大法律监督案例"，入选新浪网"2017 年度十大刑事再审复查案例评选活动"，在社会上影响也很大。

本讲主要内容有三个方面：一是介绍两起存疑案件的基本案情、原案及复查、再审等诉讼过程；二是从证据法和程序法的层面，对两起案件在证据采集、事实认定、司法办案中的致错原因进行分析；三是结合两起案件审查、复查的过程，总结存疑案件发现与纠正的共性特点。

一、存疑案件的两起实例

（一）于某某案

于某某，男，1962 年生，山东文登人。案发前，时年 34 岁的于某某挂职蚌埠市某区区长助理，是市委组织部重点培养的跨世纪干部。于

第八讲 存疑案件的实例与剖析

某某案的诉讼过程和基本案情如下:

1. 丈夫"杀妻"

1996年12月2日,蚌埠市南山路于某某家中,于某某之妻韩某在家中被人杀害。案发后,公安机关根据当时的现场情况和尸检报告推断案件性质为窒息性死亡的他杀案件,作案时间在早上七点左右。于某某家中没有发现门窗被强行破坏的痕迹,屋内不凌乱,也没有明显的打斗痕迹。妻子死后,于某某第一时间报案。但10天之后,于某某被蚌埠警方作为重要嫌疑人刑事拘留。之后,于某某供述了其杀妻的主要犯罪事实。1996年12月19日,警方宣布案件告破。

1996年12月21日,于某某因涉嫌故意杀人被批捕。1997年12月,蚌埠市人民检察院对于某某案提起公诉。

1998年4月至2002年7月,于某某案一审宣判后,于某某上诉,案件先后被两次发回重审,前前后后经过了六次审判:1998年12月、1999年9月蚌埠市中级人民法院先后两次以故意杀人罪判处于某某死缓,均被安徽省高级人民法院发回重审;2000年10月,蚌埠市中院改判于某某无期徒刑,于某某再次上诉后,安徽省高级人民法院二审裁定维持原判。"杀妻"案就此落定。

原审两级法院认定:案发前一天,于某某妻子韩某交给其2800元钱让其存入银行,于对韩没有讲钱的来源而不满。1996年12月2日7时20分,于某某送儿子上学后返回家中,追问2800元钱的来源,继而与韩某发生争吵、厮打,并捂住其口鼻致其窒息死亡后,于某某到单位上班。约9时50分,于某某外出办完事后再次返回家中,用刀在韩某颈部割了数刀,将现场衣柜、抽屉里的物品翻乱,并把液化气瓶搬到中心现场,拧开气瓶阀门,又在现场点燃一根蜡烛,企图排出的液化气达到一定的浓度,烧毁现场。之后,于某某逃离现场,返回单位上班。

裁判生效后,于某某不服,一直坚持申诉。2008年5月,安徽省人民检察院经审查认为于某某案可能有错误,对该案立案复查。2012年安徽省人民检察院经复查认为该案"确有错误",提请最高人民检察院抗诉。2013年5月,最高人民检察院向最高人民法院发出再审检察建议书。最高人民法院经审查认为于某某案证据不足，指令安徽省高级人民法院再审。

2013年8月5日，安徽省高级人民法院不公开开庭审查了该案。同年8月13日，安徽省高级人民法院公开宣判：认为于某某故意杀害其妻韩某的事实不清、证据不足，宣告于某某无罪。

2. 真凶浮现

2013年8月15日，于某某无罪释放后，蚌埠市公安局成立专案组启动重新调查。案件侦破过程中，专案组对原案卷材料和物证资料进行细致梳理，获得了案发现场犯罪嫌疑人DNA的关键证据。专案组通过联系全国多家刑事科研单位进行反复比对分析，成功检测出犯罪嫌疑人DNA样本中的独特信息，经江苏、安徽等多地警方的协查，警方锁定了犯罪嫌疑人武某某。

2013年11月27日，犯罪嫌疑人交警武某某在蚌埠被抓获，经审讯武某某供述了17年前强奸杀害韩某的犯罪事实。2015年5月14日，安徽蚌埠"于某某杀妻案"疑凶武某某强奸案一审公开宣判，被告人武某某因强奸罪被安徽省芜湖市中级人民法院判处死刑，剥夺政治权利终身。

芜湖市中院认为，被告人武某某违背妇女意志，采取暴力手段强行和被害人韩某发生性关系，并在实施强奸的过程中致被害人死亡，其行为构成强奸罪。武某某在发现韩死亡后，为掩盖罪行，用菜刀切割韩的颈部，并用引爆液化气罐的方法试图彻底毁灭现场，其犯罪后果极其严重，犯罪手段极其残忍，罪行极其严重，依法应予严惩。

2016年1月15日，安徽省高级人民法院对武某某强奸上诉一案裁定驳回上诉，维持死刑，并依法报请最高人民法院核准。

3. 赔偿追责

于某某被宣告无罪后，蚌埠市公安局就于某某错案向于某某以及他的家人道歉，同时对于某某案启动了错案追究程序。

2013年12月，于某某获得国家赔偿并补发17年公务员工资，获赔金额共计百余万元。

（二）丁某某案

2017年浙江丁某某故意杀人再审案，被检察机关评为"2017年度十大法律监督案例",也是2018年"两会"期间最高检官方微信公众号"图说检察迎两会"专栏中"纠防冤错案件"宣传的典型案例,还入选了新浪网"2017年度十大刑事再审复查案例评选活动"。

导致丁某某18年前因涉嫌故意杀人罪被捕入狱的,是2000年10月4日发生在浙江省湖州市德清县武康镇吉祥花园小区的一桩凶杀案。

1. 丁案始末

丁某某,男,1978年生,湖州市德清县武康镇居民,案发前为该镇某饭店厨师。

1999年下半年,丁某某与邵某(被害人)相识并建立了恋爱关系,次年两人开始同居。2000年10月3日晚,邵某因为丁某某的恋爱纠纷而怄气,不愿与丁某某一同回家。2000年10月4日6时10分许,武康镇吉祥花园小区晨练人员发现该小区花园草地上有一女尸而报警,后确定死者为邵某。经法医鉴定,邵某系机械性窒息而死。

当日9时,警方传唤丁某某,经调查发现邵某与丁某某曾有过感情危机,认定丁某某有重大作案嫌疑,但丁某某一直否认自己作案。同日,丁某某因涉嫌故意杀人罪被刑事拘留,同年11月10日被逮捕。12月11日18时许,即在丁某某到案68天后,丁某某突然主动要求提审。当晚21时许,丁某某开始交待自己杀人的经过。

2001年3月,湖州中院对该案作出一审判决,认定案发当晚丁某某曾数次传呼邵某未获回复,即上街寻找,并一直尾随邵的身后。当晚10点左右,丁某某接到邵某从一杂货店打的电话,表示要分手,两人约定在吉祥小区中心花园见面。零时许,两人在吉祥花园相见,两人发生争吵,丁某某见无力挽回恋爱关系,伸手猛掐邵某颈部,致其当场死亡,接着,丁某某还将邵某包中物品倒在地上,并将包带缠绕在邵某颈部,给人造成劫财错觉后即逃离现场。一审判决认为,丁某某因为恋爱受挫,为泄愤对女友采用掐颈的手段,故意非法剥夺他人生命,以故意杀人罪判处丁某某死刑。

丁某某不服,提出上诉。2001年5月,浙江省高级人民法院作出终审判决,认定事实与一审一致,"但鉴于丁某某能如实供述犯罪事实，及根据本案的具体情节，其尚不属必须立即执行死刑的犯罪分子"，改判丁某某死刑，缓期二年执行。后执行中因多次减刑，2016年10月9日丁某某刑满释放。

2. 再审回放

丁某某在服刑期间一边"认罪悔罪"争取减刑，一边坚持申诉。2015年7月20日，丁某某的申诉迎来转机。浙江省检察院经过复查认为该案确有冤错可能，向浙江省高院提出再审检察建议。2017年5月，浙江省高院决定再审该案。2017年7月13日，浙江省高院公开开庭审理了该案。

再审法庭调查中，辩护律师通过发问向法庭还原案发前后经过和丁某某作有罪供述的原因，对原审判决所认定的原审证据发表了意见，提出丁某某的有罪供述前后矛盾，不能排除刑讯逼供的可能性，真实性、合法性均存在问题，原审证据不足以认定丁某某构成故意杀人罪。辩护律师还提交了一份"新证据"，即丁某某家人保留了17年的新闻报道。该报道在丁某某作有罪供述的第二天发表于德清县莫干山报，意在明证侦查机关经过68天侦查审讯才获得有罪供述。

再审法庭辩论中，辩护律师认为原判证据不足，不能排除他人作案可能。主要理由有二：

（1）原审证据不足以认定丁某某构成故意杀人罪，丁某某的有罪供述前后矛盾，不能有效排除刑讯逼供，真实性、合法性均存在问题；

（2）间接证据没有形成完整的证据锁链、DNA鉴定不能证实丁某某就是凶手等。

此外，辩护律师还就本案中存在的重破案、轻保护，特情耳目使用，原审中律师作用没有充分发挥等问题，向法庭阐述了意见。

再审法庭调查中，出庭检察员进行了重点讯问，对原审证据发表了客观的评判意见，出示了复查期间取得的两份新证据，法庭也出示了法院复查期间调查取得的四份新证据。

再审法庭辩论中，检方认为原判认定事实不清，证据不足，依法应当对丁某某宣告无罪。主要理由有五：

（1）原判据以定罪量刑的证据除有罪供述之外，均非直接证据，无法形成证据链证明丁某某实施了杀人行为；

（2）原判采信的丁某某有罪供述真实性存疑，不能作为定案依据；

（3）有新证据证明原判认定丁某某杀人的事实可能存在严重错误；

（4）原判认定丁某某杀人存在诸多不合常理之处；

（5）本案无法排除他人作案的合理怀疑。

3. 存疑无罪

经再审开庭，法庭认为本案证据存在如下几方面的问题：

（1）丁某某有罪供述的客观性、真实性存疑，不能作为定案依据。丁某某归案后在侦查阶段共被审讯53次，制作38份讯问笔录，前33份笔录均为无罪辩解，后5份笔录才作有罪供述，而且丁某某是在被羁押68天后才开始作有罪供述的。丁某某的供述经历了从不承认犯罪到承认犯罪，又否认犯罪到再次承认犯罪的反复。此外，丁某某在侦查阶段的5份有罪供述均不能完整反映具体的犯罪手段和详细的作案过程，且有罪供述内容前后矛盾。

（2）丁某某的有罪供述与其他证据之间存在重大矛盾。丁某某有罪供述称与邵某曾发生争吵拉扯，但现场勘查笔录、尸检报告等证实，被害人身上无搏斗创伤，现场无搏斗痕迹。丁某某称从正面用手掐颈致被害人死亡，但尸检报告等证据证实，被害人颈部遭受过手扼、带勒，最终系用包带勒颈引起机械性窒息死亡。

（3）本案除丁某某有罪供述外，无其他证据指向丁某某作案。原判作为主要证据采信的目击证人证言及辨认笔录，只能证明丁某某当晚去过吉祥小区中心花园，但不能证明其进入案件现场并杀害了邵某。案发之初，侦查机关将丁某某锁定为凶手的关键证据DNA检验报告证实，丁某某案发当晚所穿的深灰色长裤上的白色斑迹为混合斑迹，与被害人邵某具有相同的等位基因，不能排除该白色斑迹中混有被害人的斑迹。但由于两人系男女朋友，早已同居且关系密切，不能据此认定本案系丁某某所为。

（4）不排除他人作案的可能性。证据显示案发时凶手对被害人实施过捂嘴、用手扼颈、用包带勒颈打结等行为，意在致被害人于死地，与激情杀人短时间内行为失控的特征不符，并且邵某的钱包去向不明，所以本案不完全符合激情杀人特征，不排除他人作案可能。

综上，再审法庭认为原判认定丁某某杀害邵某不具有唯一性和排他性，原判事实不清、证据不足，指控的犯罪不能成立。

2017年7月17日，浙江高级人民法院认为原判事实不清、证据不足，决定撤销2001年该院作出的死缓判决和湖州中院作出的死刑判决，改判丁某某无罪。

二、存疑案件的错因分析

于某某案、丁某某案，是近年来司法机关纠正的重大冤错案件中存疑案件的典型。两案的纠正，体现了司法机关坚持"疑罪从无""依法纠错"的决心。深入分析和反思两案中的致错原因，更应引起公安司法机关的重视。依据公开资料，笔者从事实认定、证据采信和程序法治的角度，对两案的错因综合分析如下：

（一）侦查、起诉和审判以口供构建证据体系

在于某某案中，原审裁判认定于某某构成犯罪的唯一直接证据就是于某某的有罪供述。在案件侦查的初期，公安机关通过勘查案发现场的门窗，没有发现外人进入现场的痕迹后，就锁定于某某为犯罪嫌疑人，随后的侦查取证即围绕于某某是凶手展开，办案重点就是要获取于某某的有罪供述，目的就是围绕口供构建证据体系。在侦查中，于某某虽作有罪供述，但并不稳定且得不到现场勘查笔录等客观证据的印证，证据间的矛盾没有排除，但这些并未引起侦查人员的重视。甚至在痕检员发现外来陌生人手印，被害人体内所留精斑DNA鉴定非于某某所留时，侦查人员仍愿意相信于某某的有罪供述是真的，以至于原审裁判的事实认定在许多方面并不符合常理，如没有犯罪前科的于某某，为何杀人后还能处心积虑地伪造、毁灭现场，甚至泰然自若地返回单位上班。

丁某某案原审裁判定罪证据中，除了丁某某认罪供述属于直接证据外，其余均是间接证据。其中，现场勘查笔录、DNA鉴定意见等，不

能直接证实凶手就是丁某某。有两名报警人只能证实早上发现尸体后的报警经过。丁某某舅舅、舅妈的证言只是证实案发当晚在信用社门口遇到过被害人邵某。当晚花园里的目击证人钱某某仅能证实在案发的吉祥花园小区道路上,曾经看到过丁某某好像在找人,但没有看到丁某某杀人。公安人员从丁某某裤子提取的白色斑迹及鉴定意见,虽能证据与被害人有关,但丁某某与被害人邵某是同居恋人,衣裤上有被害人毛发、体液均属正常,这份鉴定意见亦不能证实丁某某就是本案凶手。

在间接证据未能形成完整证据锁链情况下,有罪口供便成为证明犯罪事实的关键一环。为了获得丁的有罪供述,侦查人员对丁某某进行了长时间的审前羁押,进行了53次审讯,因丁某某一直不认罪,当地公安人员还邀请了外省市的预审专家对丁某某进行审讯,终于在丁某某被羁押68天后取得了5份有罪供述。正是这5份有罪供述,成为一审、二审法院认定丁某某有罪的直接证据。

无需否认,在目前国内的司法实践中,口供的作用还是很大的,在获得有罪供述的案件中,被告人通常会被定罪。但是如果过分重视口供,甚至在没有可靠物证等客观性证据印证口供真实性的情况下,主要以口供定案则是极度危险的,这一原理已经被反复证明!

(二) 办案人员过于重视有罪证据且对无罪证据不认真审核

于某某案中,原审办案期间并非没有无罪证据,而是原审办案人员没有足够的重视。如在侦查过程中,虽然初期锁定的犯罪嫌疑人是于某某,但被害人体内所留精斑DAN鉴定意见显示其并非于某某所留,且最初痕检员在犯罪现场也发现有外来的2枚新鲜手印,于某某到案亦辩解没有作案,这些都是无罪证据,但均没有引起办案机关的重视。又如在起诉和审判期间,办案人员都或多或少认识到了本案证据不足且存在矛盾,DNA鉴定不能合理解释,但由于没有重视这些无罪证据的调查核实,最终没能坚守住防范冤错案件的底线。

丁某某案中,有38份讯问笔录,其中33份笔录是无罪辩解。从原审裁判认定的丁的有罪供述看,也与其他证据间存在许多矛盾。如丁某某有罪供述称与邵某曾发生争吵拉扯,但现场勘查笔录、尸检报告等证实,被害人身上无搏斗创伤,现场无搏斗痕迹。丁某某称从正面用手掐颈致被害人死亡,但尸检报告等证据证实,被害人颈部遭受过手扼、带勒,最终系用包带勒颈引起机械性窒息死亡。又如本案的重要物证——被害人钱包,警方在现场并没有发现,丁某某供述中一会儿说丢在小区食堂里,一会说丢在运河里。但这些矛盾在侦查、起诉和审判中均没有得到认真调查核实。

(三)办案中过于相信鉴定意见等科学证据

于某某案中存在多份客观性证据,其中不乏科学证据,如现场勘查笔录、尸体检验报告、被害人体内提取精斑的 DNA 鉴定意见、现场手印检验报告等,特别是现场勘查笔录和现场手印检验报告,是判断犯罪现场没有外人进入的,并致使办案人员相信犯罪嫌疑人系熟人的重要证据。在起诉和审判中,检察官、法官对上述客观性证据特别是科学证据中的矛盾也没有认真审查和核实,以致最终酿成冤案。这些科学证据真的没有问题吗?真的不能通过审查和核实发现吗?在该案复查中,刑事申诉检察官正是通过审查现场勘查笔录发现,除记载在手印检验报告中的 26 枚指纹外,现场勘查笔录上还记载有"低柜右面抽屉上有手印"的记录,由此检察官判断在案发现场至少提取了 27 枚指纹,并在此后调取公安内卷印证后印证了这一判断。

丁某某案也不缺乏科学证据,如现场勘查笔录、DNA 鉴定意见等。特别是公安人员从丁某某裤子提取的白色斑迹及其鉴定意见,是侦查机关认定丁某某是作案人的重要依据。无疑,现代鉴证科学是司法办案的利器,但科学证据又是不会说话的证据,其对案件事实的证明力需要借助人的判断。丁某某案中,缺少的正是办案人员对科学证据的全面、审慎判断。如对丁裤子上斑迹的鉴定意见,如果是在与被害人没有关系的其他陌生人身上发现的,其犯罪嫌疑就很大。而本案中丁与被害人是恋爱关系,俩人长期同居,丁身上有被害人的生物斑迹对于证明其有犯罪嫌疑,就需要综合判断。更为重要的是,在起诉和审判中,检、法机关对于这些科学证据,不能简单地"照单全收",而需要进行实质性审查,特别是运用法庭调查中鉴定人、有专门知识的人的出庭作证机制进行全面交叉询问、质证核实，否则这种科学证据就很容易导致不科学的恶果。

（四）移送审查起诉时隐匿、选择移送证据

这也是我国错案的常见问题，如在安徽于某某杀妻案中，公安机关曾隐匿犯罪现场发现的 2 枚新鲜外来成年人指纹，于某某于案发期间曾接到传呼的一个传呼机，还有对于于某某是否在杀人后有时间点燃蜡烛引燃室内的液化气瓶，公安机关曾进行的侦查实验报告，均未移送检察机关。

在丁案复查中，检察机关调取公安工作内卷时，发现了一份关于丁某某衣裤皮鞋上未发现葱兰花粉的检测报告。因为被害人尸体被发现在种植葱兰花的小区花园内，案发时正值花季，如果到过现场的人衣裤上和鞋子上肯定有花粉，而且鉴定人反映这种花粉粘附性很强，未经特殊处理是很难去除的。因此，这份检测报告是证明丁某某在案发当晚没有去过杀人现场的重要证据。还有就是丁某某在案发当日至第二日凌晨的通话清单，该清单显示第二日凌晨零时 11 分，丁还拨打过被害人的传呼机。但这份对丁某某有利的检测报告和通话清单，侦查机关之前没有提交给检察院。司法实践再次证明，侦查机关隐匿无罪证据、对证据进行选择移送的行为，是酿成冤错案件的重要原因。

（五）侦查中使用特情耳目不规范

使用特情耳目不规范的问题近年来屡见不鲜，如在浙江张氏叔侄案中，公安机关不规范使用特情耳目是错案的直接原因之一。在天津李某故意杀人案中，公安机关也使用了多名特情耳目，该案被纠正后发现证明李某主观犯罪心态的证言和李某写给家人的信件，多是特情耳目故意设计的。丁某某案也存在类似情况。丁某某是在到案被羁押第 68 天即 12 月 11 号晚上主动向看守所管教民警要求交代的，随后看守所通知办案人员来录取认罪笔录。律师阅卷发现，当天白天侦查人员提审时丁某某还是否认犯罪的，而且当天晚上有一个奇怪的现象，是同监室人员帮助丁某某敲监门要求交代问题而非其本人。在法庭上，出庭检察员和辩护律师也就本案中的特情耳目使用问题提出了意见。

（六）整个刑事诉讼活动以侦查为中心

从深层次上讲，上述两案的致错还与"以侦查为中心"的传统诉讼模式、不严格落实证据裁判原则的司法习惯和办案人员"先入为主、有罪推定"的司法理念有关。从司法心理学上看，如果公安司法人员认定犯罪嫌疑人就系作案人后，便从心理上形成了一种"隧道视野"效应，更愿意接受强化犯罪嫌疑人有罪的供述和证据，而不愿意相信其无罪的辩解和证据。在这种"先入为主、有罪推定"思维定式的引导下，加之"以侦查为中心"的诉讼模式和审查起诉、审判中不严格落实证据裁判原则的司法习惯，就会形成"侦查开始错、检察跟着错、审判错到底"的现象。

因此，从根本上防止错案再度发生，必须推进"以审判为中心"的刑事诉讼制度改革，通过实质化的法庭调查程序和证人、鉴定人、侦查人员出庭接受询问制度，让侦查中取得的证据接受法庭的深度质疑，严格排除非法证据，以庭审为中心认定案件事实，在不能认定被告人有罪时坚决做到"疑罪从无"。在审前程序中，检察机关需要发挥主导作用，提前介入侦查、积极引导取证，并通过严格的审查起诉活动进行审前过滤和侦查监督，促进侦查人员全面依法收集和移送证据。唯如此，才能从根本上避免出现下一个"于某某""丁某某"，努力在每一个司法案件中实现公平正义！

三、存疑案件的审查与复查

办理存疑案件，是在没有发现真凶的情况下对原审裁判的事实认定、证据采信提出质疑，通过启动再审程序纠正冤错案件的特殊过程。由于并没有发现真凶，真正的新证据又很难发现，加上时过境迁，存疑案件成为刑事申诉与再审案件中难度最大的一类案件。如何判断存疑案件？如何复查存疑案件？前面在第七讲中笔者已经讲过，在此再结合两起真案例总结如下：

（一）存疑案件的审查

在第七讲中，笔者提出了存疑案件存在五大表征，即原审裁判以人证为主要定案依据、事实认定可能有悖常理、原案办理中定罪量刑变化不合理、原审被告人不认罪且申诉不息、原审被告人服从监狱管理但拒绝减刑,并提出如果一个申诉案件中存在上述五条中的两条以上时,就要高度重视。下面我们审视一下于某某案、丁某某案,看是否符合上述特征。

笔者认为,于某某案至少符合上述四方面的特征:一是原审裁判定罪的直接证据即于某某的有罪供述,符合以人证为主要定案的依据的特征;二是原审裁判在于某某系公职人员、没有犯罪前科的情况下,认定其因琐事以残忍手段杀害妻子,采取了伪造现场、企图毁灭现场等通常惯犯才会采用的手段,且在杀人后还能正常上班,主动报案,这些从常理上判断都是不能合理解释的,符合事实认定有悖常理这一特征;三是该案一审裁判在于某某犯罪手段残忍、致一人死亡的情况下判处其死缓,于某某上诉后浙江省高级人民法院两次因部分事实不清、证据不足发回重审,一审法院最终改判于某某无期徒刑,明显属于"留有余地"的判决,原案办理中定罪量刑的变化不合理;四是该案从一审判决开始,于某某始终不认罪,3次上诉,浙江省高院作出终审裁定后,于某某又多次向浙江高院、省检察院提出申诉,该案符合原审被告人不认罪且申诉不息的特征。

于某某案承办人的感受印证了笔者的上述判断。据安徽省检察院刑事申诉办案人员介绍:于某某提出申诉后,承办人在听取申诉意见和审查申诉材料后,发现本案两次发回重审、两次判处于某某死缓,终审又改判无期徒刑,给承办人的第一感觉就是案件存在疑点。经进一步审查,承办人发现了于某某作案时间不足、被害人体内精斑不是于某某所留等较为明显的疑点,凭借多年的办案经验,承办人认识到该案定案证据存在矛盾,案件有错误可能,果断建议对该案立案复查。[①]

再来看丁某某,几乎完全符合上述方面的特征:一是丁某某案是典型的主要依靠被害人有罪供述定案的案件,该案侦查过程中大部分精力花费在突破被告人口供上,符合以人证为主要定案依据的特征;二是从

---

① 最高人民检察院刑事申诉检察厅编:《精品的魅力——全国刑事申诉检察精品案件选》,中国检察出版社2017年版。

现场勘查情况看,该案更像一个劫财杀人的案件,但原审裁判却认定同样没有犯罪前科的丁某某伪造现场,事实认定有悖常理;三是该案一审裁判判处丁某某死刑,可见其犯罪的严重性,但二审法院却以丁某某能够如实供述和本案的具体情节改判死缓,但是根据什么具体情节改判又言语不详,原案办理中定罪量刑变化不合理;四是丁某某虽然能够服从监狱管理,多次减刑,提前出狱,但并不认罪,一直坚持申诉,符合原审被告人不认罪且申诉不息以及被告人服从监狱管理等两方面的特征。

上述两起案例证明,冤错案件确实是有一定共性特征的。办案人员需要了解这些共性特征,在实践中要善于通过听取申诉人意见、审查申诉材料、调取复查报告等常规方式,对申诉案件作出初步判断,以及时发现可能存在错误的案件,为进一步的复查纠正工作奠定基础。

(二) 存疑案件的复查

在第七讲中,笔者介绍了实践中办案人员复查刑事申诉案件常用的四个切入点,即审查原案的发破案经过、进一步揭示客观性证据的证明价值和指向、审查调取侦查机关未移送的证据、综合审查判断原案有罪供述的真实性和合法性。下面,笔者结合上述两起实例具体介绍一下复查中的这些办案技巧:

1. 审查复核原案的发破案经过

从申诉办案的角度看,发破案经过就是原审被告人被确定为犯罪嫌疑人的过程。实践表明,侦查初期公安机关确定犯罪嫌疑人的过程中出现偏差往往是导致冤错的最初原因,这种偏差如果在后续的侦查、审查起诉和审判中没有被发现,就会最终酿成冤错案件。实践中,侦查机关根据因果关系排查锁定嫌疑对象,依靠突破口供而成案,其后又缺乏客观性证据有效佐证的案件,需要办案人员高度警惕。上述所讲的于某某故意杀人案、丁某某故意杀人案,就都是公安机关在侦查初期认为案件由婚恋矛盾引发,熟人作案所致。这类刑事申诉案件要引起申诉办案人员的高度重视。

2. 进一步揭示客观性证据证明价值和指向

客观性证据如物证、书证、电子数据、视听资料及现场勘查笔录、尸体检验报告等，具有提供犯罪线索、佐证言词证据真实性等重要作用。但需要注意的是，客观证据是一种不会"说话"的证据，其证据价值的发现和揭示依赖于办案人员、鉴定人员，且这一提示过程具有主观性，可能会导致客观性证据的"不客观"。

如于某某案中侦查机关的现场勘查笔录，原审裁判认为其是排除外人作案可能性的重要证据，并以此证明系于某某作案。而在复查中，办案人员通过审查发现了除手印检验报告中26枚指纹外还有其他外来人员的指纹，这一证据的指向就开始发生变化，经过进一步调取初始的手印检验报告发现另有2枚外来新鲜手印后，现场勘查笔录实际上已经成为不能排除他人作案可能性的重要证据，证据价值和证明指向发生了重大变化。在丁某某案中，侦查机关从丁某某裤子上提取的白色斑迹DNA鉴定证明其中不能排除混有被害人的斑迹，这原本也是原审裁判据以认定丁某某有罪的重要客观性证据。复查中办案人员认为，由于丁某某与被害人是恋爱关系并同居，该DNA鉴定意见对证明丁某某作案并无证明力，从而使该证据的证明价值和指向发生了重大变化。

因此，复查刑事申诉案件中，办案人员一定要审慎对待原审裁判采信的客观性证据，做到不轻信、不盲从，认真审查其客观性、科学性，有疑问的要咨询权威专家或委托专家出具审查意见，进一步揭示客观性证据的价值和证明指向。实践一再证明，这是发现原审裁判错误的关键一步！

3. 审查调取侦查机关未移送证据

根据刑事诉讼法的要求，侦查机关侦查终结后应当全案移送证据。但实践中，侦查机关出于各种原因特别是追诉犯罪的原因，有时会有意或无意地将其认为没有价值或与追诉犯罪相冲突的证据归入侦查内卷，不移送检察机关。近年来纠正冤错案件实践表明，这已经成为导致冤错案件的重要成因。

如于某某案中，公安机关对侦查中痕检员所作的初始手印检验报告（有2枚外来人员手印）、对蜡烛燃烧进行的侦查实验、于某某的案发前所用的传呼机，均没有移送检察机关审查起诉。丁某某案中，丁某某案发时仍在打电话的传呼机、案发现场提取的土壤和植物花粉及丁某某衣服中不含有上述花粉的检测报告，公安机关也没有移送检察机关审查起诉。而上述这些证据，均是在检察机关复查案件时通过调取公安机关内卷重新发现的。

因此，在申诉办案中如发现案件有疑点的，办案人员需要寻根溯源，采取调取公安机关侦查内卷、向原侦查人员调查了解办案情况、向鉴定人员了解鉴定情况等方式，从原案关键证据形成的根源和过程上进行查证，以审查是否存在没有移送的关键证据。

4. 综合审查判断原案有罪供述的真实性和合法性

我国刑事案件的定罪裁判有些都是在取得原审被告有罪供述的情况下作出的，刑事申诉案件复查中审查复核原审有罪供述的真实性、合法性往往是绕不开的一步。如于某某案复查过程中，办案人员围绕侦查阶段的有罪供述，对于某某故意杀人的作案动机、作案时间、供述的真实性和合法性进行了认真细致的审查和分析，并结合复查中发现的新证据，认定其原有罪供述真实性不强，证明力较弱。在丁某某案复查中，办案人员针对其提出的因同监室人员殴打而供述的申诉理由，走访了看守所民警、向法院调取了同监室人员减刑材料、找同监室人员调查核实情况，查实丁某某反映的情况基本属实，从而为其有罪供述的合法性判断提供了证据。

当然，存疑案件的纠正仅凭办案人员的上述努力还是远远不够的。除了申诉人及其律师的坚持，公安司法机关执法司法理念的转变，检察机关上下一体的共同努力，检察机关与人民法院共同推动纠错，都是纠正存疑案件的必要条件。特别是在检察机关推动纠正的冤错案件中，没有领导的高度重视和检察一体化的办案机制，没有上下级检察院的鼎力配合，冤错案件的复查纠正几乎是不可能完成的任务！

第九讲　产权错案的发现与纠正

2018年5月31日，随着最高人民法院对原审被告人张文中再审一案公开宣判无罪，"纠正涉产权和企业家冤错案件"一词变得家喻户晓。涉产权和企业家冤错案件，笔者简称为"产权错案"，它与所涉罪名多为自然犯、错误原因多为事实证据错误的传统冤错案件不同，是近年来我国司法实践中出现的新型冤错案件。

与传统冤错案不同，产权错案多涉经济罪名和法律适用问题，是刑事申诉与再审办案新的增长点。特别是近年来的涉产权申诉案件，多涉公司股权、市场准入、经营创新、融资投资、税费征管等专业领域，办案中多是罪与非罪、此罪与彼罪、一罪与数罪等定性问题，法律适用十分复杂，加之产权申诉案件往往跨越数年、甚至数十年，期间法律政策多有变迁，对办案者的法律素养要求很高。

因此，我们专门用一讲的内容来讲产权错案问题。本讲内容有三个方面：一是产权错案的纠正概况，简要梳理一下近年来司法机关发现和纠正产权错案的情况；二是产权申诉的司法规则，谈产权保护政策的基本导向、产权申诉案件的范围、主要类型及产权错案的纠正标准四方面的问题，这些都是办案中应知应会的具体规则；三是产权错案的甄别发现，谈与民营企业产权结构、产权来源、经营发展以及民营企业所涉司法案件相关的四个切入点，为具体办案提供参照。

一、产权错案的纠正概况

近年来，产权保护的提法很热。这一提法来源于2016年11月中共中央、国务院《关于完善产权保护制度依法保护产权的通知》（以下简称"中央《产权保护通知》"),该通知从"有恒产者有恒心"出发,提出了产权保护的"五大原则""十大任务",其中十大任务中提到要"妥善处理历史形成的产权案件",这是产权错案纠正的权威政策来源。

(一)产权保护的司法政策

中央出台《产权保护通知》后,"两高"相继发布了产权保护的司法政策。主要有最高人民法院2016年11月印发的两个"意见"——《关于充分发挥审判职能作用切实加强产权司法保护的意见》《关于依法妥善处理历史形成的产权案件工作实施意见》(以下简称最高法《历史产权意见》),最高人民检察院于2017年1月发布的《关于充分履行检察职能加强产权保护的意见》及产权保护的典型案例,2016年2月发布实施的促进非公经济发展"18条"意见(《关于充分发挥检察职能依法保障和促进非公有制经济健康发展的意见》),这些司法文件明确的司法政策,形成了我国产权司法保护的基本制度框架。

2018年11月中央召开民营企业家座谈会后,产权保护问题再次成为社会舆论的焦点。发改委、财政部、国家税务总局、市场监管局、央行、银保监会等多个高层部门发声,中政委、最高法、最高检、公安部、司法部也先后表态并提出了具体工作举措,其中最高人民检察院发布了《规范办理涉民营企业案件的11条执法司法标准》并与全国工商联共同出台了《关于建立健全检察机关与工商联沟通联系机制的意见》,为产权司法提供了更加详细的规则指引。

(二)产权错案的纠正情况

上述司法文件发布后,司法机关集中甄别发现、决定再审了一批产权申诉案件。2017年12月,最高人民法院依法决定再审三起产权申诉案件,其中的张文中案、顾雏军案均为刑事申诉案件。最高人民法院第三、第二巡回法庭还先后启动了耿万喜诈骗再审案、赵明利诈骗再审案等。目前,张文中案、耿万喜案、赵明利案均经再审宣告原审被告人无罪。其中,原审被告人张文中诈骗、单位行贿、挪用资金再审一案,被最高人民法称为依法保护产权和企业家合法权益的"标杆"案件,也被官媒称为依法纠正涉产权和企业家冤错案件的"第一案"。

张文中案对于产权错案的纠正具有重要示范意义。该案具有以下三方面特点：第一，涉及重大产权处置。该案中的涉案财产共计3790万元。加之，挪用资金罪中还涉及大笔资产。这些在20世纪末、21世纪初，均可称得上"重大产权"。第二，涉案主体是知名民营企业和企业家。涉案的物美集团是我国发展较早的一家现代流通领域民营企业，2004年其在全国500强企业排行中位居205位，是当时中国北方最大的连锁零售企业。涉案的张文中是物美集团原董事长，知名企业家，涉案前曾兼任全国政协委员、全国工商联常务委员等职，2004年在福布斯大陆富豪榜上以125亿美元的个人财产名列第125位。第三，最高司法机关提审开庭。近年来冤错案件纠正已经成为一种常态，但大多数案件是由地方法院再审纠正的，像张文中案这样由最高人民法院提审且在最高人民法院开庭、宣判的刑事再审案件仍是极为罕见的，这也从侧面反映了最高人民法院对产权申诉的重视程度。

检察机关对产权申诉办案也极为重视，专门分别成立了办案组对张文中案、顾雏军案进行同步审查，派员出席耿成喜案再审法庭和赵明利案公开宣判，与最高人民法院共同纠错。最高人民检察院还专门开展了产权申诉办案专项行动，2018年5月以来最高人民检察院对13件涉产权申诉案件挂牌督办，各省级检察院对71件涉产权案件挂牌督办，共纠正21件。

二、产权申诉的司法规则

办理申诉案件，需要正确理解产权保护政策的基本导向，准确界定产权申诉案件的范围、类型，把握好产权错案的纠正标准。

（一）产权政策的基本导向

笔者认为，我国产权保护政策的基本导向有三方面：

1. 稳定恒产预期

当今天下并不太平，国内外政治经济形势不稳，在复杂多变的国内外形势下，"稳定"对中国至关重要。稳定，首先是稳定中国经济这艘大船，关键是稳定大家对中国经济向好的预期！而稳定经济向好预期，稳定全社会特别是民营经济主体对财产长久受保护的预期是重要基础。经过近40多年的改革开放，我国经济结构发生了很大改变，国企、民企成为中国经济的"左右手"，特别是非公经济早已异军突起，逐渐与公有制经济在质和量上形成"平分秋色"的局面，非公经济特别是民营企业的稳定对整个国家经济的稳定已经十分重要。从社会财富的分配看，绝大多数中国人也已不是原本意义上的"无产者"，拥有了不同量级的财产。民营企业主、企业高管拥有民营企业产权或股权，广大知识分子、技术人员拥有大量知识产权，城市、城镇的大多数居民拥有自己的房产，广大农民拥有自己的土地承包权和宅基地财产权。

孟子云"有恒产者有恒心，无恒产者无恒心"。对于数量庞大、拥有大量资产或财产权益的民营企业主、企业高管、知识分子、技术工人、城镇居民和广大农民，其财产是否像公有产权那样长久受保护，预期并不稳定，缺少安全感。正是为了打消大家的疑虑和恐惧，稳定大家对私人财产长久受保护的预期，中央出台了产权保护意见，旗帜鲜明地提出了两个"毫不动摇"和两个"不可侵犯"原则，目的就是稳定大家的财产预期，让民营企业家放心投资，让老百姓安居乐业，促进社会活力再次大迸发。因此，稳定财产长久受保护预期、稳定中国经济向好预期是产权保护政策的原点，也是产权司法保护特别是纠正产权冤错案件的原点。

2. 促进经济改革

针对当前国内经济领域的问题，中央确定未来国民经济改革的方向为"推进结构性改革"。结构性改革，旨在用市场激活资本、土地、劳动力、技术和管理五大要素，使创造社会财富的源泉充分涌流。但如果没有产权保护作为保障，激活恐怕只能是一句空话。比如，我国已经确定下一步国有企业改革方向是进行混合所有制改革，就是让民营资本与国有资本进行合作以提高国企活力、实现共赢。但如果混改之后，国家对不同资本不能平等保护，民营资本与国有资本无法实现同股同权、同资同责，民营资本家参与国有企业混合所有制改革的积极性必然会受到影响。又如，在深化投融资体制改革、激发民间投资活力、提高公共产权和服务供给效率方面,近年来政府加大了 PPP 项目推进工作。但如果政府在与社会资本合作中不严格兑现政策承诺、不认真履行与投资主体签订的各种合同,不依法承担赔偿、补偿责任,PPP 项目还能繁荣多久就很难确定。再有,当前我国农村正在经历一场深刻的产权制度变革。农村土地改革试点的核心是集体土地所有权、农民承包权与经营权的分置,目的是盘活农村土地资源、提高土地利用效益。试点改革中会涉及集体土地经营权和宅基地使用权的转让、互换、出租、入股、抵押等诸多全新问题,如果司法产权保护跟不上,农民的财产权就无法得到保障,农村土地改革就有流产的危险。因此,产权保护是事关未来国民经济结构性改革能否实现的重大制度安排。

3. 体现公平保护

产权保护的核心是公平,其中司法公平是最后一道防线,纠正历史形成的涉产权申诉案件又是当下司法公平最迅捷、最直观的体现。中国的社会大众特别是民营企业家判断政策走向,不仅要看政府怎么说,还要看政府怎么做。对于申诉案件,特别是长期申诉不息、引发社会广泛关注的产权申诉案件,司法机关是否重启调查、能否公正复查、敢否坚决纠正,是社会大众判断产权保护政策实施力度的"风向标"。纠正产权冤错案件,体现的是可感知的公平正义。

(二)产权申诉案件的范围

1. 历史起点

中央和两高产权保护意见中都提到"要妥善处理历史形成的产权案件",此处的"历史形成"如何理解?也就是产权申诉案件的时间起点问题。笔者认为,产权申诉案件的时间起点应理解为"改革开放以来"。主要根据有三:

一是计划经济时代是公有制的天下,产权保护不存在大的问题。改革开放以来,随着多种所有制经济特别是民营经济的发展壮大,不同产权主体之间的实际不公平地位,使产权保护和产权法律制度完善问题日益凸显。为此,2003 年党的十六届三中全会提出"要依法保护各类产权"。因此,产权保护是市场经济的内在要求,是与改革开放相伴的。

二是中央《保护产权通知》中虽未明确产权申诉案件的时间起点，但文件的引言部分提到了"改革开放以来"的表述，显然是指文件出台背景，可以理解为产权申诉案件的时间起点。

三是最高法《历史产权意见》规定："对于改革开放以来做出的涉及重大财产处置的产权纠纷以及民营企业和投资人违法犯罪的生效裁判，当事人、案外人提出申诉的，人民法院要及时审查……"此一规定，明确了涉产权申诉案件的时间起点。

2. 何为"产权"

"产权"一词，并不是标准的法律用语，如何将"产权"转换成法律概念，可从正反两方面界定：

一是从正面界定，产权案件涵盖哪些具体权利类型。笔者认为，"产权"大致与"财产权利"含义相对应。产权案件主要指涉及以下财产权利的案件：第一是涉物权案件；第二是涉债权案件；第三是涉知识产权案件；第四是涉股权和其他投资性权利案件；第五是涉受法律保护的数据、网络虚拟财产案件。

二是从反的方面界定，就是哪些案件可以除外。笔者认为，第一，仅涉及自然人人身权利的案件一般可以除外；第二，自然人的个人信息受法律保护权、继承权等，虽然也与财产相关，但人身属性更强，不宜作为产权案件处理。

3. 何为"重大"产权

产权是否"重大"，主要应从涉案财产价值数额上考虑，并综合财产种类、处置行为性质等因素进行考量。涉及重大产权申诉案件的数额标准，具体可参照中级法院管辖的第一审民商事案件、知识产权案件的标准确定。当然，有的案件虽然标的数额没有达到上述数额标准，但由于涉及重要财产权益的处分，也应纳入重大产权申诉案件范围。再有，是要考虑处置行为的性质，对于不当采取没收财产、罚金、追缴等刑事财产处罚措施的，即使涉案财产权益数额没有达到重大的数额标准，也应当给予充分重视。

4. 何为对产权的"处置"

产权处置，应主要理解为司法权对财产权的处分行为。其他公权力如行政权对财产权的处分行为，如行政机关做出的行政处罚、行政强制、行政裁决及财产征收、征用决定，必须经过司法过程，才能纳入产权申诉案件的范围。

5. "民营企业"和"投资人"如何界定

我国宪法将经济结构明确为公有经济和非公有经济。平常所称的民营企业，是"非公有经济"的代名词，具体包括个体经济、私营经济等。个体经济，是指个体工商户、农村承包经营户，以自然人或家庭为经营单位，是改革开放初期我国民营企业的主要形式。私营经济，主要指各种形式的内资公司法人、合伙及外商投资企业，目前是我国民营企业的主要成分。民营企业的"投资人"，主要是指民营企业的发起人、股东、合伙人以及其他投资人。由于目前我国大多数民营企业都是家族式企业，因此，民营企业的投资人主要是指企业控制家族的家长、单人业主或合伙人。

（三）产权申诉案件的类型

目前主要有三种提法：

一是中央《产权保护通知》认为，需要甄别纠正的产权申诉案件是"社会反映强烈的产权纠纷申诉案件、侵害产权案件"，是确属冤案错案的"涉及重大财产处置的产权纠纷申诉案件和民营企业和投资人违法申诉案件"。

二是最高法《历史产权意见》将产权申诉案件的"办案范围"界定为六大类：第一，罪与非罪界限把握不准导致的错案，主要是司法机关把经济纠纷错误作为犯罪处理的申诉案件；第二，刑事执法介入民事纠纷导致的错案，其致错原因是公安司法机关的主观违法故意；第三，因产权混同引发的申诉案件，主要是因为司法机关办案中没有严格区分个人财产与企业法人财产，违法财产与合法财产，涉案人员个人财产与家庭成员财产造成的错案；第四，与政府行为有关的产权申诉案件，主要是行政承诺、行政协议纠纷和征地拆迁纠纷中政府侵犯行政相对人权益的申诉案件；第五，涉案财产处置申诉案件，针对的是司法机关不规范的强制、保全、执行行为；第六，涉及产权保护的国家赔偿案件。

三是最高检除民事、行政产权申诉案件外，主要基于"产权类型"将刑事产权申诉案件分为六类：第一，与国家资产产权相关的案件，包括国有资产监督管理和交易处置过程中涉及的贪污、贿赂、挪用公款、私分国有资产等申诉案件；第二，与自然资源资产产权相关的案件，包括自然资源资产产权监管、有偿使用涉及的受贿、滥用职权、玩忽职守、污染环境、非法采矿、盗伐滥伐林木等刑事申诉案件；第三，与农村集体产权相关的案件，包括农村集体产权管理、处置方面涉及的贪污、职务侵占、非法占用农用地等刑事申诉案件；第四，与民营企业产权相关的案件，包括民营企业经营发展中涉及的职务侵占、合同诈骗、侵犯知识产权以及利用公权力严重侵害私有产权、在特定经济领域形成非法控制的涉黑案件等刑事申诉案件；第五，与公民个人财产相关的案件，包括诈骗、集资诈骗、敲诈勒索等非法侵犯公民个人财产的刑事申诉案件；第六，与涉案财产相关的案件，包括不服没收、追缴决定的申诉案件和因违法对财产采取查封、扣押、冻结、追缴等措施而提出的国家赔偿和赔偿监督案件。上述申诉案件均包涵国家赔偿和赔偿监督案件。

以上三种提法各有特点。中央《产权保护通知》归纳了需要甄别的产权申诉案件的特点，划定了两大类需要审查办理的产权申诉案件。最高法《历史产权意见》立足司法操作，突出了"重大典型"产权申诉案件的类型化问题。以"罪与非罪界线""刑事介入民事""产权混同引发""与政府行为有关""涉案财产处置""涉产权保护国家赔偿"等申诉案件特点为标准，确定了六种"重大典型"产权申诉案件类型，便于司法把握。

最高检对刑事产权申诉案件办案重点的归纳，更多结合了检察机关职能，重点关注了利用职务便利侵犯公有、私有产权类申诉案件，是检察机关办理产权刑事申诉案件的具体指引。

（四）产权错案的纠正标准

1. 需要纠正的产权错案为重大典型案件

重大典型产权案件，指同时符合以下三方面条件的案件：

一是重大案件。有两个判断标准：第一个标准是看涉产权申诉案件是否涉及犯罪和刑罚问题。刑事诉讼关涉公民、法人的基本权利，司法中凡由于未能正确区分法律界线而将经济纠纷作为犯罪处理，更有甚者个别刑事司法机关故意介入民事纠纷，将民营企业及其投资人的民事行为刑事化处理的，均应作为重大产权冤错案件纠正。第二个标准是看所涉产权是否重大，主要应从涉案财产价值数额上考虑。

二是典型案件。也有两个具体的参照标准。第一个参照标准是最高法《历史产权意见》具体划分的六大类案件。第二个参照标准是最高检基于"产权类型"所明确的六类案件。凡符合上述两个标准的均为典型案件。

三是冤错案件。对产权申诉案件来讲，冤案是关注的重中之重。产权冤案主要是指两类：第一类是由于公安司法机关故意介入民事纠纷，将原本的民事案件作为刑事案件处理的情况，多发生在公安机关立案管辖的职务侵占、合同诈骗、非法集资等经济类犯罪案件中。致错原因主要是定罪证据不足、案件事实不清，其背后的深层次原因多是地方保护、部门利益驱动和个别公安司法人员滥用权力。第二类是由于法律界线不清或公安司法机关执法理念落后，而"过失"地将民事案件作为犯罪来处理的情况，致错原因主要是法律适用错误。

2. 严格限制对"历史旧账"再行处理

在处理涉产权申诉案件中，除对已经作出有罪或实质性处理的生效裁判提出申诉的案件外，还有一类针对未处理或未做出实质性处理意见的事项提出申诉的案件，如当时未发现而现在有人进行举报或提出控告的事项，或者当时作了不立案决定、不予受理裁定等而现在又有人提出申诉的事项。对于这类未经处理的"历史旧账"类举报、控告或申诉事项，应根据依法妥善处理原则，对"原罪"与"本罪"区别对待，依法从宽处理。

具体来讲有两方面：第一个方面，针对由于国家制度不合理或转型过程中民营企业及其投资人不可避免、不得已而作出的"原罪"型违法行为，应一律不再追究；第二个方面，民营企业及其投资人的行为违法且存在可归责于民营企业及其投资人的罪过的，考虑到当时的社会背景、客观条件和经过的时间、企业当前经营管理状况等因素，可依法从宽处理。在实践中，除罪大恶极犯罪必须依法追诉外，一般也不宜再追诉。可具体归纳为几个"不宜再追诉"：第一是对企业一般违法和轻微犯罪行为不宜再追诉；第二是与生产经营有关的违法行为，企业已经走向正规的，不宜再追诉；第三是原违法事实已经不能查清的，不宜再追诉；第四是对于在一个历史时期、某个经营领域内带有普遍违法性质的行为，不宜再追诉；第五是原违法行为已经处理的（包括行政处罚），不宜再追诉。①

三、产权错案的甄别发现

实践中，对产权刑事申诉进行审查，及时甄别和发现其中的可能存在冤错的案件，可以考虑从以下四点切入：

（一）抓住与民营企业产权结构相关的敏感点

我国民营企业的产权结构主要有三种：第一种是由个体户起家逐渐积累发展起来，或者直接由家庭成员投资兴办的家族式企业，企业产权主要掌握在家长一个人手中，我们称其为家族式单一产权结构。第二种是由朋友、同事参股合资开办的合伙企业，产权由合伙人共同所有，我们称其为合伙式共同产权结构。第三种是在混合所有制改革中，民营企业通过参股国有企业或国有企业参股民营企业形成的混合制企业，企业产权部分由国家所有、部分由私人所有，我们称其为公私混合式产权结构。历史上通过"买断"国营或集体企业而形成的私营企业，其产权结构多为家族式单一产权结构，也有一部分为合伙式共同产权结构。

---

① 参见杨小军：《非公有制经济产权保护的几个重要问题》，载《贵州省委党校学报》2017年第1期。

家族式单一产权结构是一种典型的人合模式。其主要风险在于，一旦企业或家长涉入经济纠纷或涉嫌犯罪，何为企业财产？何为家长个人财产？何为家族成员财产？何为合法财产？何为非法财产？均难以清楚区分。非常容易导致司法办案中对产权的混淆处理、甚至错误处置。对于家族式单一产权结构民营企业涉财纠纷或家长犯罪刑事申诉案件，司法甄别工作要格外注意财产性质的区分。

合伙式共同产权结构，人合的成分大于资合。合伙式民营企业在形式上不限于法律上的合伙，很多采取了公司制形式。合伙式共同产权结构具有不稳定性，往往随着民营企业的发展壮大而在合伙人之间发生产权纠纷，其中多为股权纠纷，包括股东出资纠纷、股权确认纠纷、股权转让纠纷、股东权利纠纷等，实践中股东权纠纷、股权转让纠纷更为常见。股权纠纷的升级常常牵扯出犯罪问题，主要是资本犯罪如虚报注册资本、虚假出资、抽逃出资和职务侵占型犯罪，导致刑事司法的介入，最终形成股权民事纠纷和刑事案件交叉的情况。因此，对股权纠纷及其引发的刑事案件的审查，要特别注意是否有刑事司法故意介入民事纠纷，以及是否存在侦查人员受贿、侵权等职务犯罪问题。

公私混合式产权结构，包括民营企业参股国有企业或国有资本参股民营企业两种情况。民营资本面临的主要风险：第一个是由于公私之间的利益争夺、地方保护主义、企业法人治理结构不完善、信息披露不充分等因素，常会引起股权纠纷。第二个是在兼并重组中，一旦出现国有资本流失或者民营资本收购国有股权情形，而该国有资本监管又存在漏洞时，民营投资人常常被"有罪推定"。因此，在遇到公有资本、私有资本混合产权结构企业的股权纠纷或民营投资人产权犯罪刑事申诉案件时，司法甄别工作要格外注意国有资本流失或收购国有股权行为是否与国有资本监管漏洞存在因果关系，民营投资人是否存在侵占国有资本的恶意等。

（二）抓住与民营企业产权来源相关的敏感点

我国民营企业来自两大方面，一是民营经济的自我发展，二是对国有、集体企业的"买断"。前者是国民经济的增量，后者是现有国民经济存量的调整。民营经济的自我发展开始于20世纪80年代十一届三中全会之后,首先是提倡个体户的发展,后来慢慢允许私人办工厂。这一阶段公有制经济的存量不变,主要是个体、私有经济增量的发展。20世纪80年代后期、主要是90年代,在国家"抓大放小"政策的指导下,国家通过改革把国有或集体所有的企业或车间卖给了职工、厂长,或者个别私人企业通过承包或租用国营企业积累了财产,逐渐改变了企业的所有权。这一阶段民营企业发展的突出特点是,公有制经济的存量开始缩小,个体、私有经济的存量相应增大。

民营企业的这两种来源中,我们需要特别关注"买断"方式的正当性。如在一些地方的公有制企业经济不景气,但厂长、经理将企业占有的地皮拿出来卖,或者将地皮拿出来与他人共同投资办企业,最后企业股权成了厂长、经理的私有财产,这里面就要审查是否存在违法的问题。公有制企业用地大多是通过划拨方式取得的,是国有资产,未经批准作为个人出资,有侵犯公有产权的嫌疑。遇到这类申诉案件,我们要对公有产权变为私有产权的过程进行认真的调查核实。

(三)抓住与民营企业经营发展相关的敏感点

这方面的问题很多,比如市场准入问题、创新带来的风险、避税相关问题、企业融资相关问题等,这些问题常常引发产权纠纷或犯罪。

1. 关于市场准入问题

长期以来,我国在市场准入上对国有企业、外资企业与民营企业标准不同,许多领域早已对外资开放,但对国内民间资本仍有限制,实践中往往在投资立项、能源供应、贷款支持、征用土地等方面设有障碍。还有一些行业,由于受国家管理体制限制,民营资本很难进入。偶有民营企业进入上述领域,常常面临是否有违相关产业国家由垄断经营政策要求的危险。因此,对于因市场准入问题而被判处非法经营违法犯罪的民营企业及其投资人的申诉案件,需要认真区分"国家垄断"与"行业垄断"的界限,审查该行业是否是国家垄断经营行业。如果法律未明确禁止其他非公经济主体进入,不能因为一个行为是国有企业控制为主就认为民营企业违反了"国家垄断"经营的规定。

2. 关于创新带来的法律风险

民营企业由于受到外在的压力和自身的激励,只有在不断创新中才能获得竞争优势。正是这种创新动力,促使民营企业能够不断应用新技术、新工艺、新材料,采取新的生产方式,创新经营模式。但创新某种程度上也意味着风险,新技术、新工艺的采用可能涉及知识产权侵权问题,新的经营模式很可能有触犯法律的风险。因此,对于涉及技术创新、经营模式创新而引发的知识产权类、非法经营类违法犯罪申诉案件,需要认真审查采用新技术、新工艺、新材料的行为是否侵犯了他人的知识产权。对企业经营模式创新,司法机关要持一种开放态度,只要不是法律明文禁止的,应本着"法不禁止即自由"的原则,不宜认定为违法和犯罪。已经认定为违法犯罪而提出申诉的,应认真审查原裁判或决定处罚定罪的依据是否有明确的法律依据,否则应予纠正。

3. 民营企业避税问题

民营企业的税费成本比较高,常常面临税收违法犯罪风险。在"2016 中国民营企业 500 强"中,有 287 家企业反映受到税费负担重的影响,占比 57.4%。① 因此,通过各种办法避税是民营企业的通常做法,这里就有一个"合理避税"与"偷税漏税"违法犯罪的界线问题。还有就是发票类犯罪,包括虚开增值税专用发票,虚开用于骗取出口退税、抵扣税款发票等,也是民营企业经常涉及的罪名。对于这两类申诉案件,一定要注意审查民营企业或其投资人在主观方面是否有"偷税漏税"、虚开发票的故意,其"避税"手段是否违反了法律、行政法规的禁止性规定,在财务报告中是否存在故意造假行为,是否存在虚假交易等。

4. 民营企业融资相关问题

民营企业容易涉入融资类违法犯罪。融资难一直是制约民营企业发展的"瓶颈",特别是在经济下行、银行收缩贷款规模时,民营企业往往面临着生死考验。我国目前的银行体系主要服务于国有企业,民营企

---

① 参见李仁平等:《解读"2016 中国民营企业 500 强"》,载《中华工商时报》2016 年 8 月 26 日第 2 版。

业特别是高科技企业由于自身资产少,从银行获取抵押贷款和信用贷款的能力有限。而上市融资的门槛又比较高,民营企业初期发展需要资金支持时一般达不到上市条件,无法获得风险投资的支持。加之近年来随着互联网金融的兴起,出现了一大批利用互联网技术进行金融运作的非金融机构,如电商企业、P2P模式网络借贷平台、众筹模式网络投资平台、挖财类手机理财APP以及第三方支付平台等。民营企业在向这些互联网非金融机构融资时,常常会被牵涉进民间借贷纠纷甚至是非法吸收公众存款、集资诈骗、合同诈骗等刑事案件中。对于这类申诉案件,一定要调查民营企业融资的背景、利息本金支付情况等,判断其主观上是否有违法犯罪的故意,严格区分民间借贷与融资、欺诈类犯罪的界线。

(四)抓住与民营企业司法案件相关的敏感点

审查与民营企业及其投资人相关的产权申诉案件,还要对产权案件司法过程从严审查。如对于民营企业举报犯罪的,公安司法机关是否存在长期不处理的情况?对于侦查机关移送审查批捕、移送审查起诉的案件,检察机关是否有多次要求侦查机关补充侦查的情况?案件是否存在撤回起诉后,多次变更管辖、重新起诉的情况?民营企业及其投资人犯罪案件在侦查、起诉和裁判过程中,其涉嫌罪名有无重大变化?对于案件涉及"民刑交叉"问题的,更需要严格区分民事纠纷与刑事犯罪的界线。办案中存在巨额涉案资产被查封、扣押、冻结,量刑中存在巨额财产没收或罚金的,也需要认真审查甄别。

法律链接

一、中共中央、国务院关于完善产权保护制度依法保护产权的意见
(2016年11月4日公布 中发〔2016〕28号)(节录)

产权制度是社会主义市场经济的基石,保护产权是坚持社会主义基本经济制度的必然要求。有恒产者有恒心,经济主体财产权的有效保障和实现是经济社会持续健康发展的基础。改革开放以来,通过大力推进产权制度改革,我国基本形成了归属清晰、权责明确、保护严格、流转顺畅的现代产权制度和产权保护法律框架，全社会产权保护意识不断增强，保护力度不断加大。同时也要看到，我国产权保护仍然存在一些薄弱环节和问题：国有产权由于所有者和代理人关系不够清晰，存在内部人控制、关联交易等导致国有资产流失的问题；利用公权力侵害私有产权、违法查封扣押冻结民营企业财产等现象时有发生；知识产权保护不力，侵权易发多发。解决这些问题，必须加快完善产权保护制度，依法有效保护各种所有制经济组织和公民财产权，增强人民群众财产财富安全感，增强社会信心，形成良好预期，增强各类经济主体创业创新动力，维护社会公平正义，保持经济社会持续健康发展和国家长治久安。现就完善产权保护制度、依法保护产权提出以下意见。

四、妥善处理历史形成的产权案件

坚持有错必纠，抓紧甄别纠正一批社会反映强烈的产权纠纷申诉案件，剖析一批侵害产权的案例。对涉及重大财产处置的产权纠纷申诉案件、民营企业和投资人违法申诉案件依法甄别，确属事实不清、证据不足、适用法律错误的错案冤案，要依法予以纠正并赔偿当事人的损失。完善办案质量终身负责制和错案责任倒查问责制，从源头上有效预防错案冤案的发生。严格遵循法不溯及既往、罪刑法定、在新旧法之间从旧兼从轻等原则，以发展眼光客观看待和依法妥善处理改革开放以来各类企业特别是民营企业经营过程中存在的不规范问题。

五、严格规范涉案财产处置的法律程序

进一步细化涉嫌违法的企业和人员财产处置规则，依法慎重决定是否采取相关强制措施。确需采取查封、扣押、冻结等措施的，要严格按照法定程序进行，除依法需责令关闭企业的情形外，在条件允许情况下可以为企业预留必要的流动资金和往来账户，最大限度降低对企业正常生产经营活动的不利影响。采取查封、扣押、冻结措施和处置涉案财物时，要依法严格区分个人财产和企业法人财产。对股东、企业经营管理者等自然人违法，在处置其个人财产时不任意牵连企业法人财产；对企业违法，在处置企业法人财产时不任意牵连股东、企业经营管理者个人合法财产。严格区分违法所得和合法财产，区分涉案人员个人财产和家庭成员财产，在处置违法所得时不牵连合法财产。完善涉案财物保管、鉴定、估价、拍卖、变卖制度，做到公开公正和规范高效，充分尊重和依法保护当事人及其近亲属、股东、债权人等相关方的合法权益。

六、审慎把握处理产权和经济纠纷的司法政策

充分考虑非公有制经济特点，严格区分经济纠纷与经济犯罪的界限、企业正当融资与非法集资的界限、民营企业参与国有企业兼并重组中涉及的经济纠纷与恶意侵占国有资产的界限，准确把握经济违法行为入刑标准，准确认定经济纠纷和经济犯罪的性质，防范刑事执法介入经济纠纷，防止选择性司法。对于法律界限不明、罪与非罪不清的，司法机关应严格遵循罪刑法定、疑罪从无、严禁有罪推定的原则，防止把经济纠纷当作犯罪处理。严禁党政干部干预司法活动、介入司法纠纷、插手具体案件处理。对民营企业在生产、经营、融资活动中的经济行为，除法律、行政法规明确禁止外，不以违法犯罪对待。对涉及犯罪的民营企业投资人，在当事人服刑期间依法保障其行使财产权利等民事权利。

二、最高人民检察院关于充分发挥检察职能依法保障和促进非公有制经济健康发展的意见（2016年2月19日公布　高检发〔2016〕2号）（节录）

二、积极履行检察职能，依法保障非公有制企业产权和合法权益

3. 依法打击侵犯非公有制企业权益和非公有制经济人士人身、财产权利的刑事犯罪，营造平安稳定社会环境。依法履行批捕、起诉职能，突出工作重点，依法惩治侵犯非公有制经济投资者、管理者和从业人员人身安全、财产安全的犯罪活动。依法惩治黑社会性质犯罪组织和恶势力犯罪团伙以暴力、胁迫等方式向非公有制企业收取"保护费"，欺行霸市、强买强卖的犯罪。依法惩治盗窃、抢夺、敲诈勒索、哄抢非公有制企业财物的犯罪。依法惩治利用职务便利侵占、挪用非公有制企业财产的犯罪。依法惩治由经济纠纷引发的暴力讨债、绑架、非法拘禁等犯罪。积极配合有关部门加强对非公有制企业周边治安乱点的专项整治，维护企业管理秩序，保障企业生产经营活动正常进行。

4. 依法惩治破坏市场秩序、侵犯非公有制企业产权和合法权益的

经济犯罪，营造诚信有序的市场环境。依法惩治侵犯非公有制企业合法权益的金融诈骗、合同诈骗、商业贿赂等破坏市场经济秩序的犯罪。依法惩治强揽工程、串通投标、强迫交易、官商勾结垄断经营以及故意损害商业信誉等破坏公平竞争的犯罪。依法惩治侵犯商标专用权、专利权、著作权、商业秘密等破坏非公有制企业创新发展的侵犯知识产权犯罪。依法惩治集资诈骗、非法吸收公众存款等涉众型犯罪。依法惩治利用互联网金融平台、打着金融创新旗号从事非法活动等增加金融风险的犯罪。通过惩治各种经济犯罪，有力维护公平竞争、健康有序的市场秩序，提高非公有制企业投资信心，激发资本参与热情。

5. 依法打击侵犯非公有制企业合法权益的职务犯罪，推动构建新型政商关系。依法惩治国家工作人员利用市场准入、市场监管、招商引资、证照颁发审验、项目审批、土地征用、工商管理、税收征管、金融贷款以及国家财政补贴等职务之便，向非公有制企业通过明示、暗示等方式索贿、受贿的犯罪。依法惩治电力、电信、交通、石油、天然气、市政公用等领域非公有制企业资本参股、参与经营活动等公私合营过程中发生的贪污受贿、失职渎职等犯罪。

6. 强化对涉及非公有制企业和非公有制经济人士诉讼活动的法律监督，维护非公有制企业合法权益和司法公正。重点监督纠正涉及非公有制企业的案件该立不立、不该立乱立、违法使用刑事手段插手经济纠纷，以及适用强制措施、查封扣押冻结财物不当等问题。着力加强对涉及非公有制企业债务纠纷、股权分配、知识产权、职工工资、劳动争议、工伤赔偿等案件审判、执行活动的法律监督。切实加强对涉及市场准入、不正当竞争等问题的法律监督。坚持把加强对诉讼活动的法律监督与查处司法腐败结合起来，注重查办执法不严、司法不公背后的虚假诉讼、贪赃枉法等司法人员违法犯罪案件，加大对虚假诉讼、恶意诉讼的打击惩治力度，促进和优化非公有制经济发展环境，努力适应经济发展新常态。

三、准确把握法律政策界限，努力营造法治化营商环境

7. 准确把握法律政策界限，严格执行宽严相济刑事政策。坚持法

治思维，充分考虑非公有制经济的特点，优先考虑企业生存发展，防止不讲罪与非罪界限、不讲法律政策界限、不讲方式方法，防止选择性司法，防止任意侵犯非公有制企业合法权益问题的发生。注意严格区分经济纠纷与经济犯罪的界限，个人犯罪与企业违规的界限，企业正当融资与非法集资的界限，经济活动中的不正之风与违法犯罪的界限，执行和利用国家政策谋发展中的偏差与钻改革空子实施犯罪的界限，合法的经营收入与违法犯罪所得的界限，非公有制企业参与国企兼并重组中涉及的经济纠纷与恶意侵占国有资产的界限。对于法律政策界限不明，罪与非罪、罪与错不清的，要慎重妥善处理，加强研究分析，注意听取行业主管、监管部门意见，坚决防止把一般违法违纪、工作失误甚至改革创新视为犯罪，做到依法惩治犯罪者、支持创业者、挽救失足者、教育失误者，确保办案的质量和效果。

8. 注意研究新情况新问题，鼓励和支持非公经济主体投入到创新发展中去。注重研究创新发展中出现的新兴产业、新兴业态、新型商业模式、新型投资模式和新型经营管理模式等新变化，慎重对待创新融资、成果资本化、转化收益等不断出现的新问题，坚持"法无明文规定不为罪"。对法律规定不明确、法律政策界限不清晰的，要及时向上级人民检察院请示报告。

四、改进办案方式和规范司法行为，确保办案"三个效果"有机统一

9. 更加注重改进办案方式方法。坚持既充分履行职能、严格依法办案，又注意改进办案方式方法，防止办案对非公有制企业正常生产经营活动造成负面影响。坚持深入查办案件与规范自身司法行为并重，采取强制措施、侦查措施与维护非公有制企业正常经营秩序、合法权益并重，打击经济犯罪、查办职务犯罪与依法帮助非公有制企业挽回和减少经济损失并重，严格公正廉洁司法与理性平和文明规范司法并重。慎重选择办案时机和方式，慎重使用搜查、扣押、冻结、拘留、逮捕等措施；不轻易查封企业账册，不轻易扣押企业财物。对于有自首、立功表现，认罪态度较好，社会危险性不高、积极配合的非公有制企业涉案人员，一般不采取拘留、逮捕措施。对于查办非公有制企业经营管理者和

关键岗位工作人员的犯罪案件，主动加强与涉案企业或者当地政府有关部门、行业管理部门的沟通协调，合理掌控办案进度，严格慎用拘留、逮捕措施，帮助涉案非公有制企业做好生产经营衔接工作；确需查封扣押冻结的，预留必要的流动资金和往来账户，减少对正常生产经营活动的影响；对于涉案非公有制企业正在投入生产运营或者正在用于科技创新、产品研发的设备、资金和技术资料等，原则上不予查封、扣押、冻结，确需提取犯罪证据的，可以采取拍照、复制等方式提取。慎重发布涉及非公有制企业案件的新闻信息，对涉及知名的非公有制企业或者上市公司的案件一般不对外报道，在法律允许的范围内合理顾及非公有制企业关切，最大限度维护非公有制企业声誉、促进长远发展。对于涉及非公有制企业和企业经营人员的举报，经查证失实的，应当按照检察机关举报工作规定，及时采取适当方式澄清事实，最大限度维护非公有制企业和企业经营人员的声誉，最大限度减少对非公有制企业正常生产经营活动的影响。

10. 严格规范司法行为。强化规范司法意识，明确司法行为不规范必然损害非公有制企业的合法权益。严禁越权办案、插手经济纠纷，严禁以服务为名到发案单位吃拿卡要报，严禁使用涉案单位的交通通讯工具和办公设备，严禁乱拉赞助和乱摊派，严禁干预发案单位的正常生产经营活动，严禁干预非公有制企业合法自主经济行为。对于知法犯法、违法办案的，发现一起、处理一起、通报一起，让司法不规范行为见人、见事、见案件，依法保护非公有制企业合法权益。

三、最高人民法院关于充分发挥审判职能作用切实加强产权司法保护的意见（2016年11月28日公布　法发〔2016〕27号）（节录）

二、准确把握、严格执行产权保护的司法政策

4. 依法惩治各类侵犯产权犯罪，平等保护各种所有制经济产权。依法惩治侵吞、瓜分、贱卖国有、集体资产的犯罪，促进资产监督管理制度不断健全。加大对非公有财产的刑法保护力度，依法惩治侵犯非公有制企业产权以及侵犯非公有制经济投资者、管理者、从业人员财产权益的犯罪。对非法占有、处置、毁坏财产的，不论是公有财产还是私有

财产，均依法及时追缴发还被害人，或者责令退赔。

5. 客观看待企业经营的不规范问题，对定罪依据不足的依法宣告无罪。对改革开放以来各类企业特别是民营企业因经营不规范所引发的问题，要以历史和发展的眼光客观看待，严格遵循罪刑法定、疑罪从无、从旧兼从轻等原则，依法公正处理。对虽属违法违规、但不构成犯罪，或者罪与非罪不清的，应当宣告无罪。对在生产、经营、融资等活动中的经济行为，除法律、行政法规明确禁止的，不得以犯罪论处。

6. 严格区分经济纠纷与刑事犯罪，坚决防止把经济纠纷当作犯罪处理。充分考虑非公有制经济特点，严格把握刑事犯罪的认定标准，严格区分正当融资与非法集资、合同纠纷与合同诈骗、民营企业参与国有企业兼并重组中涉及的经济纠纷与恶意侵占国有资产等的界限，坚决防止把经济纠纷认定为刑事犯罪，坚决防止利用刑事手段干预经济纠纷。对于各类经济纠纷，特别是民营企业与国有企业之间的纠纷，不论实际损失多大，都要始终坚持依法办案，排除各种干扰，确保公正审判。

7. 依法慎用强制措施和查封、扣押、冻结措施，最大限度降低对企业正常生产经营活动的不利影响。对涉案企业和人员，应当综合考虑行为性质、危害程度以及配合诉讼的态度等情况，依法慎重决定是否适用强制措施和查封、扣押、冻结措施。在刑事审判中，对已被逮捕的被告人，符合取保候审、监视居住条件的，应当变更强制措施。在刑事、民事、行政审判中，确需采取查封、扣押、冻结措施的，除依法需责令关闭的企业外，在条件允许的情况下可以为企业预留必要的流动资金和往来账户。不得查封、扣押、冻结与案件无关的财产。

8. 严格规范涉案财产的处置，依法维护涉案企业和人员的合法权益。严格区分违法所得和合法财产，对于经过审理不能确认为违法所得的，不得判决追缴或者责令退赔。严格区分个人财产和企业法人财产，处理股东、企业经营管理者等自然人犯罪不得任意牵连企业法人财产，处理企业犯罪不得任意牵连股东、企业经营管理者个人合法财产。严格区分涉案人员个人财产和家庭成员财产，处理涉案人员犯罪不得牵连其家庭成员合法财产。按照公开公正和规范高效的要求，严格执行、不断完善涉案财物保管、鉴定、估价、拍卖、变卖制度。

12. 依法处理历史形成的产权申诉案件，坚决落实有错必纠的要求。建立专门工作机制，抓紧甄别纠正一批社会反映强烈的产权纠纷申诉案件。对涉及重大财产处置的产权纠纷申诉案件、民营企业和投资人犯罪的申诉案件，经审查确属事实不清、证据不足、适用法律错误的，依法及时予以纠正并赔偿当事人损失。严格落实司法责任制，对存在违法审判情形的依法依纪严肃追究，同时完善审判管理，从源头上、制度上有效防范冤错案件的发生。

四、最高人民法院关于依法妥善处理历史形成的产权案件工作实施意见（2016年11月28日公布　法发〔2016〕28号）（节录）

一、充分认识依法妥善处理历史形成的产权案件的重要意义

1. 依法妥善处理历史形成的产权案件，是全面贯彻落实中央完善产权保护制度、依法保护产权决策部署的重大举措。加强产权保护，是坚持社会主义基本经济制度的必然要求，是全面建成小康社会的必然要求，是夯实党长期执政社会基础的必然要求，也是维护国家长治久安的必然要求。依法妥善处理历史形成的产权案件，是中央加强产权保护决策部署的重要内容和重大举措，对于完善现代产权制度、推进产权保护法治化，对于增强人民群众财产财富安全感、增强社会信心、形成良好预期，对于营造公平公正透明稳定的法治环境、激发各类经济主体创业创新动力，对于维护社会公平正义、促进经济社会持续健康发展，都具有十分重要意义。

2. 依法妥善处理历史形成的产权案件，是人民法院肩负的一项重大而紧迫的政治任务。以习近平同志为核心的党中央高度重视产权保护。党的十八届三中、四中、五中、六中全会均有明确要求。今年党中央、国务院就完善产权制度依法保护产权专门作出系统的决策部署，并就中央有关部门贯彻实施作出明确分工，将依法妥善处理历史形成的产权案件确定为人民法院的工作任务。各级人民法院要讲政治、讲大局，切实把思想和行动统一到中央的决策部署上来，站在统筹推进"五位一体"总体布局和协调推进"四个全面"战略布局的高度，增强责任

感和使命感,以敢于担当的精神和攻坚克难的勇气,充分发挥审判职能作用,坚决完成好此项重大政治任务。

3. 依法妥善处理历史形成的产权案件,是一项法律性、政策性很强的审判工作。历史形成的产权案件往往时间跨度较长、形成原因复杂。妥善处理此类案件既有严格的法律性,又有严肃的政策性;既要取得好的法律效果,又要取得好的社会效果和政治效果,充分体现政策导向。各级人民法院要坚持司法为民,公正司法,严格按照中央的统一要求,抓紧甄别纠正社会反映强烈的产权纠纷申诉案件,剖析侵害产权的案件,总结宣传依法有效保护产权的好案例,不断丰富和积累产权保护司法经验,着力提高产权保护精准度,努力推进产权保护的法治化。

二、明确目标任务和总体要求

4. 明确办案范围。对于改革开放以来作出的涉及重大财产处置的产权纠纷以及民营企业和投资人违法犯罪的生效裁判,当事人、案外人提出申诉的,人民法院要及时审查,认真甄别;确有错误的,坚决依法纠正。

5. 突出工作重点。着重抓好重大典型案件的甄别、纠正和宣传工作。注重查清案件事实和焦点问题,厘清相关法律政策问题,摸清案件背景和社会反应,准确适用法律和有关政策规定,作出妥善处理。对重点案件要逐案制定包括立案、再审、执行、善后在内的一揽子工作方案。

三、正确把握工作原则

6. 坚持实事求是原则。尊重历史,实事求是,以发展眼光客观看待和依法妥善处理改革开放以来各类企业特别是民营企业经营过程中存在的不规范问题。

7. 坚持平等保护原则。为各类产权主体提供平等的司法保护,坚持法律面前人人平等,畅通产权申诉案件的立案渠道,规范适用再审审理程序,确保诉讼地位平等、诉讼权利平等、法律适用平等。

8. 坚持依法纠错原则。坚持以事实为根据,以法律为准绳,严格遵循法不溯及既往、罪刑法定、在新旧法之间从旧兼从轻等原则,严守法定程序。对符合再审条件的申诉案件,依法启动再审程序;对确有错误的生效裁判,坚决予以纠正,维护公平正义,提升司法公信。

9. 坚持纠防结合原则。通过对产权错案冤案的甄别和纠正,强化审判监督司法救济、倒逼防错和统一法律适用功能;落实司法责任制,加强源头预防。

四、严格甄别纠正工作程序

10. 保障诉讼权利。畅通申诉渠道,做好诉讼服务。充分尊重、依法保障当事人的申请权、申诉权、知情权、陈述权、辩护辩论权和处分权。

11. 强化程序监督。对产权申诉案件,要加强审级监督,上级法院可以提审和改判的,不宜指令再审和发回重审,强化对下级法院办理产权案件的监督和指导,防止程序空转。重视检察监督,依法办理检察机关提起的抗诉和检察建议案件。

12. 维护程序公正。落实接谈要求,完善询问方式,充分听取申诉人的意见。突出庭审功能,注重裁判说理,强化司法公开。加强司法救助与法律援助,为确有困难的涉诉民营企业及投资人减轻负担。

五、审慎把握司法政策

13. 准确把握罪与非罪的法律政策界限。严格区分经济纠纷与经济犯罪特别是合同纠纷与合同诈骗的界限、企业正当融资与非法集资的界限、民营企业参与国有企业兼并重组中涉及的经济纠纷与恶意侵占国有资产的界限。准确把握经济违法行为入刑标准,准确认定经济纠纷和经济犯罪的性质,坚决纠正将经济纠纷当作犯罪处理的错误生效裁判。对于在生产、经营、融资等活动中的经济行为,当时法律、行政法规没有明确禁止而以犯罪论处的,或者虽属违法违规但不构成犯罪而以犯罪论处的,均应依法纠正。

14. 坚决纠正以刑事执法介入民事纠纷而导致的错案。对于以刑事手段迫使当事人作出意思表示,导致生效民事裁判错误的,要坚决予以纠正。对于涉及犯罪的民营企业投资人,在当事人被采取强制措施或服刑期间,依法保障其行使财产权利等民事权利。对于民营企业投资人因被限制人身自由而严重影响行使民事诉讼权利,被解除人身自由限制后，针对民事案件事实提供了新的证据，可能推翻生效裁判的，人民法院应当依职权调查核实；符合再审条件的，应当依法启动再审。

15. 依法妥善处理因产权混同引发的申诉案件。在甄别和再审产权案件时，要严格区分个人财产和企业法人财产，对股东、企业经营管理者等自然人违法的案件，要注意审查在处置其个人财产时是否存在随意牵连企业法人财产的问题；对企业违法的案件，在处置企业法人财产时是否存在随意牵连股东、企业经营管理者个人合法财产的问题。要严格区分违法所得和合法财产、涉案人员个人财产和家庭成员财产，要注意审查在处置违法所得时是否存在牵连合法财产和涉案人员家庭成员合法财产的问题，以及是否存在违法处理涉案财物的问题，尤其要注意审查是否侵害了当事人及其近亲属、股东、债权人等相关方的合法权益。对确属因生效裁判错误而损害当事人财产权的，要依法纠正并赔偿当事人损失。

16. 依法妥善处理与政府行为有关的产权申诉案件。甄别和再审产权案件时，对于在招商引资、政府与社会资本合作等活动中与投资主体依法签订的各类合同，因政府换届、领导人员更替而违约毁约侵犯投资主体合法权益的，或者因法定事由改变政府承诺和合同约定，对投资主体受到的财产损失没有依法补偿的，人民法院应当依法再审和改判。对于政府在土地、房屋等财产征收、征用过程中，没有按照补偿范围、形式和标准给予被征收征用者公平合理补偿的错误裁判，人民法院应当依法审查，启动再审。在再审审查和审理中，要注意运用行政和解协调机制、民事调解方式，妥善解决财产纠纷。

17. 依法妥善处理涉案财产处置申诉案件。对于因错误实施保全措施、错误采取执行措施、错误处置执行标的物，致使当事人或利害关系人、案外人等财产权利受到侵害的，应当及时解除或变更强制措施、执行回转、返还财产。执行过程中，对执行标的异议所作裁定不服的，当事人、案外人可以通过执行异议之诉或者审判监督程序等法定途径予以救济；造成损害的，受害人有权依照法律规定申请国家赔偿。

18. 依法审理涉及产权保护的国家赔偿案件。对于因产权申诉案件引发的国家赔偿，应当认真审查，符合立案条件的应当依法立案，符合赔偿条件的应当依法赔偿。坚持法定赔偿原则，加大赔偿决定执行力度。

五、最高人民检察院关于充分履行检察职能加强产权司法保护的意见（2017年1月6日公布）（节录）

二、准确把握法律政策界限，规范改进司法行为，注重产权司法保护实效

3. 严格把握产权案件罪与非罪的界限标准。各级检察机关办理有关产权刑事案件，要严格区分经济纠纷与经济犯罪的界限，企业正当融资与非法集资的界限，民营企业参与国有企业兼并重组中涉及的产权纠纷与恶意侵占国有资产的界限，执行和利用国家政策谋发展中的偏差与钻改革空子实施犯罪的界限。坚持主客观相一致原则，避免客观归罪。对民营企业生产、经营、融资等经济行为，除法律、行政法规明确禁止外，不以违法犯罪对待。对于正在办理的涉产权刑事案件，法律和司法解释规定不明确、法律界限不明、罪与非罪界限不清的，不作为犯罪处理。

4. 依法妥善处理历史形成的产权案件。以发展眼光客观看待和依法妥善处理改革开放以来各类企业，特别是民营企业经营发展过程中存在的不规范问题。办案中坚持罪刑法定、法不溯及既往、从旧兼从轻、疑罪从无原则，对于确属事实不清、证据不足、适用法律错误的错案冤案，坚决予以纠正。对于没有犯罪事实或者具有《刑事诉讼法》第十五条规定的情形之一的，或者犯罪情节轻微不需要判处刑罚的，或者经过补充侦查仍达不到起诉证据标准的，依法不起诉。对于构成犯罪但认罪认罚的，依法从宽处理。对于历史形成的产权案件，社会反映强烈、当事人长期申诉的，要抓紧组织力量进行甄别，对确属错案冤案的，坚决依法纠正并赔偿当事人的损失。

5. 规范自身司法行为，改进办案方式方法，最大程度减少对产权主体合法权益和正常经济活动的损害及影响。严禁以刑事手段插手经济纠纷。严禁使用当事人的交通通讯工具、办公设备，或者以办案为名到发案单位吃、拿、卡、要、报。严禁干预涉案企业正常生产经营活动。

慎重选择办案时机和方式，慎重使用搜查、查封、扣押、冻结、拘留、逮捕等强制性措施。对于涉嫌犯罪的各类产权主体主动配合调查，认罪态度好，犯罪情节较轻，且没有社会危险性的，一律不采取拘留、逮捕、指定居所监视居住等强制措施；对于不涉案的款物、账户，包括企业生产经营资料、涉案人员近亲属的合法财产等，一律不查封、扣押、冻结。对于涉及企业和投资、生产、经营者、科技创新人员犯罪的举报，经查证失实的，及时澄清事实。

五、强化刑事诉讼监督，保障涉案产权主体的合法权益

13.加强刑事审判和刑事执行监督。加强对刑事审判活动的监督，重点监督判决、裁定在认定事实、采信证据、适用法律方面确有错误的案件，做到敢于监督、善于监督、依法监督和规范监督，对符合法定条件的案件依法提出抗诉。加强对刑事执行活动的监督，重点监督涉产权案件生效判决、裁定的执行活动，发现人民法院执行财产刑过程中，存在应当执行而不执行，不应当执行而执行，非法处置被执行人或者案外人财产等侵犯产权违法情形的，应当依法提出纠正意见，确保财产刑执行到位。依法保障各类产权主体在服刑期间的申诉权，防止其因申诉而被限制或者剥夺依法获得减刑的权利。对于犯罪的民营企业投资人，依法保障其在服刑期间行使财产权利等民事权利。

七、加强控告申诉检察工作，依法化解产权纠纷引发的社会矛盾

16.畅通诉求表达渠道，依法受理历史形成产权案件的申诉，做到有错必纠。打造"信、访、网、电"四位一体的诉求表达体系，为产权人寻求法律咨询、权利救济提供更加便捷高效的服务。对社会反映强烈的涉及产权的刑事申诉案件，依法导入法律程序，按照诉求性质、案件管辖和法律程序及时审查办理。凡是违反法律政策侵犯产权、不利于经济发展的决定、判决、裁定，要依法监督纠正。

17.依法办理涉产权保护的国家赔偿案件。坚持法定赔偿原则，保障符合赔偿条件的产权主体依法获得赔偿。支持人民法院对涉产权国家赔偿案件依法进行审理。依法办理检察机关作为赔偿义务机关的刑事赔偿案件，积极履行赔偿义务，保障符合法定赔偿条件的产权主体及时获

得赔偿。依法受理和审查产权主体对人民法院作出的赔偿决定和行政赔偿判决、裁定提出申诉的案件,并依法提出监督意见。

18. 拓展控告申诉工作模式,有效化解社会矛盾。建立涉产权民事、行政申诉案件引导当事人和解机制,积极推动建立社会帮扶、政府扶贫等化解矛盾机制,推动建立健全与人民调解组织、行业调解组织的衔接联动机制,引导当事人向调解组织提出调解申请,并根据调解情况依法作出相应处理。推动律师参与代理和化解涉及产权纠纷信访案件工作,鼓励社会各界共同参与,有效解决产权纠纷。

六、最高人民检察院法律政策研究室《充分发挥检察职能为民营企业发展提供司法保障——检察机关办理涉民营企业案件有关法律政策问题解答》(2018年11月15日公布)(节录)

近年来,检察机关坚持把服务和保障非公有制经济健康发展作为服务大局的重要内容,先后制定实施了《关于充分发挥检察职能依法保障和促进非公有制经济健康发展的意见》《关于充分履行检察职能加强产权司法保护的意见》《关于充分发挥职能作用营造保护企业家合法权益的法治环境支持企业家创新创业的通知》等意见。为进一步统一、规范涉民营企业案件的执法司法标准,最高人民检察院法律政策研究室就办理此类案件相关法律政策问题,作如下解答。

一、办理涉民营企业案件,如何准确区分经营活动中的正当融资行为与非法集资犯罪?

答:民营企业在经营活动中的正当融资行为,应当与非法集资犯罪严格区分。对民营企业生产、经营、融资等经济活动,除法律、行政法规明确禁止外,不得以违法犯罪对待。例如,张文中案的依法改判,就把民营企业执行和利用国家政策谋发展中的偏差与钻改革空子实施犯罪的界限作了严格区分。实践中,要做到"三个严格把握":

第一,严格把握非法集资"非法性"的认定。民营企业的融资行为是否具有"非法性",应当以商业银行法、非法金融机构和非法金融业务活动取缔办法等国家金融管理法律法规作为依据,同时可以参考中国人民银行、中国银行保险监督管理委员会、中国证券监督管理委员会等行政主管部门依照国家金融管理法律法规制定的部门规章或者国家有关金融管理的规定、办法、实施细则等规范性文件。上述法律法规和规范性文件以外的规定，一般不得作为企业非法融资的认定依据，防止任意扩大对民营企业融资行为的刑事打击面。

第二，严格把握正当融资行为与非法吸收公众存款罪的界限。对于民营企业的融资行为以及用款还款中发生的纠纷，要慎用刑事手段解决。对民营企业的融资行为，必须具有以下情形的，才能认定为非法吸收公众存款：1. 未经有关部门依法批准或者借用合法经营的形式吸收资金；2. 通过媒体、推介会、传单、手机短信等途径向社会公开宣传；3. 承诺在一定期限内以货币、实物、股权等方式还本付息或者给付回报；4. 向社会公众即社会不特定对象吸收资金。需要注意的是，对于民营企业非法吸收公众存款，主要用于正常的生产经营活动，能够及时清退所吸收资金的，可以不起诉或者免予刑事处罚；情节显著轻微的，不作为犯罪处理。

第三，严格把握正当融资行为与集资诈骗罪的界限。民营企业的正当融资行为是为了企业开展正常生产经营活动，而集资诈骗是以企业生产经营活动的名义，骗取集资款并非法占有的行为。对民营企业的融资行为，只有证据证明确系以非法占有为目的的，才能以集资诈骗罪认定。实践中，查证犯罪嫌疑人、被告人是否具有集资诈骗非法占有目的，可以重点围绕民营企业融资项目真实性、资金去向、归还能力等事实，综合以下情形予以认定：1. 大部分资金未用于生产经营活动，或者名义上投入生产经营但又通过各种方式抽逃转移资金的；2. 资金使用成本过高，生产经营活动的盈利能力不具有支付全部本息的现实可能性的；3. 对资金使用的决策极度不负责任或肆意挥霍造成资金缺口较大的；4. 归还本息主要通过借新还旧来实现的；5. 其他依照有关法律和司法解释可以认定为非法占有目的的情形。

二、办理涉民营企业案件，如何严格适用非法经营罪、合同诈骗罪，防止刑事打击扩大化？

答：办理涉民营企业案件要坚持罪刑法定、法律面前人人平等、罪责刑相适应和不溯及既往等刑法基本原则,严格区分案件性质及其应承担的责任类型。民营企业的经营行为涉嫌违法犯罪的,要从经济安全、公共利益、市场秩序等方面准确、合理认定行为的社会危害性,综合考虑政策调整、经营不善、市场风险等市场主体意志以外的因素。要积极顺应"放管服"改革趋势,鼓励创新、宽容失败,对民营企业合法经营中出现的失误失败给予更多理解、宽容、帮助。避免以刑事违法取代行政违法、民事违法,以刑事追究代替行政处理、民事处罚。

第一,严格适用非法经营罪。民营企业的经营行为,法律和司法解释没有作出明确禁止性规定的,不得以非法经营罪追究刑事责任。实践中,民营企业涉嫌非法经营罪,要注意审查以下几点:1.严格按照刑法规定,理解和适用非法经营罪中的"违反国家规定"。根据刑法第九十六条的规定,"违反国家规定",是指违反全国人民代表大会及其常务委员会制定的法律和决定,国务院制定的行政法规、规定的行政措施、发布的决定和命令。实践中,应当结合《最高人民法院关于准确理解和适用刑法中"国家规定"的有关问题的通知》把握。"国务院规定的行政措施"应当由国务院决定,通常以行政法规或者国务院制发文件的形式加以规定。以国务院办公厅名义制发的文件,符合有明确的法律依据或者同相关行政法规不相抵触,经国务院常务会议讨论通过或者经国务院批准,在国务院公报上公开发布等条件的,也应视为刑法中的"国家规定"。2.严格按照法律和司法解释,慎用刑法第二百二十五条第四项"其他严重扰乱市场秩序的非法经营行为"的兜底条款,严格把握适用范围。对于法律和司法解释没有明确规定,办案中对是否认定为非法经营行为存在分歧的,应当作为法律适用问题向最高人民检察院请示。3.严格把握认定标准,坚决防止以未经批准登记代替违反国家规定的认定,对不属于违反国家规定的禁止性行为的,不能按照非法经营罪进行刑事追究。

第二,严格适用合同诈骗罪。民营企业的经营行为,不具有非法占有目的的,不得认定为合同诈骗罪。实践中,民营企业是否涉嫌合同诈骗罪,要注意以下几点:1.防止客观归罪,避免片面关注行为结果而忽略主观上是否具有非法占有的目的，或者以造成损失后果代替非法占有目的的认定。2. 注重收集证明行为人具有非法占有目的的客观证据。除按照刑法第二百二十四条规定推定行为人具有非法占有目的外，可以从标的物用途、是否具有履约能力、有无实际履约行为、是否存在转移资产、资金去向等方面，综合认定行为人是否具有诈骗的主观目的。3. 严格审查行为人在签订、履行合同的过程中是否具有虚构事实、隐瞒真相的行为，是否符合刑法第二百二十四条合同诈骗罪规定的五种情形之一。

三、民营企业为开展正常经营活动而给付"回扣""好处费"的，如何处理？

答：依法保护民营企业合法权益和正常经营活动，增强企业信心和财富安全感，是检察机关的重要职责。办理涉民营企业案件，要以"谦抑、审慎、文明"理念作为办案指导思想。对企业为开展正常经营活动而给付"回扣""好处费"的行为，既要在法律允许范围内讲政策、给出路，又要防止片面强调保护企业经营而放纵犯罪。民营企业在经营活动中，违反国家规定，给予各种名义的"回扣""好处费"，涉嫌行贿犯罪的，要区分个人犯罪和单位犯罪，要从起因目的、行贿数额、次数、时间、对象、谋利性质及用途等方面综合考虑其社会危害性。具有以下情形之一的，依法从宽处理：1. 情节较轻，积极主动配合有关机关调查的；2. 对办理受贿案件起关键作用的；3. 因国家工作人员不作为而不得已行贿的；4. 具有认罪认罚等情形的。特别需要注意的是，因被勒索给予国家工作人员以财物，没有获得不正当利益的，不能认定为行贿犯罪。

四、办理涉民营企业案件，如何准确区分民营企业参与国有企业重组改制过程中的产权纠纷与恶意侵占国有资产犯罪？

答：检察机关要落实中央"鼓励民营企业依法进入更多领域，引入非国有资本参与国有企业改革，更好激发非公有制经济活力和创造力"的相关要求，准确把握产权纠纷与恶意侵占国有资产犯罪的界限。

第一，严格把握刑法关于恶意侵占国有资产犯罪的本质特征，对于不符合贪污罪等职务犯罪构成要件的，依法不能定罪处罚。对于民营企业依据法律、行政法规参与国有企业重组改制产生的民事纠纷，不应当以犯罪处理。

第二，严格把握恶意侵占国有资产犯罪的罪名适用。民营企业负责人与国有企业人员相勾结，共同侵吞国有资产的，以贪污罪等相关职务犯罪的共犯论处。例如，国有企业中的国家工作人员或者受国有企业委托管理、经营国有财产的人员利用职务上的便利，在企业改制过程中故意通过低估资产、隐瞒债权、虚设债务、虚构产权交易等方式隐匿公司、企业财产，转为本人持有股份的改制后公司、企业所有的，以贪污罪定罪处罚；民营企业负责人与上述人员共同实施的，以贪污罪的共犯处理。民营企业在参与国有企业重组改制过程中，为谋取侵吞国有资产给予国有企业人员财物的，以相关行贿犯罪处理。

五、办理涉民营企业案件，如何准确区分个人犯罪和单位犯罪？

答：办理涉民营企业案件，准确区分是民营企业实施的单位犯罪还是民营企业负责人实施的个人犯罪，直接决定案件的处罚范围和刑事责任的承担方式，需要严格把握。

第一，根据刑法第三十条的规定，法律规定为单位犯罪的，才能以单位犯罪论处。民营企业实施犯罪行为，但刑法分则和其他法律未规定追究单位刑事责任的，不得以单位犯罪追究民营企业的刑事责任。只有以企业名义实施刑法规定的单位犯罪，违法所得归企业所有的，才能依法追究民营企业的刑事责任。

第二，民营企业单位犯罪的，还要准确区分民营企业和民营企业分支机构的责任。民营企业分支机构具备独立法人资格，不符合单位犯罪特征的，不能作为单位犯罪追究刑事责任；民营企业分支机构不具备独立法人资格，违法所得完全归分支机构的上级企业所有并支配的，分支机构不能作为单位犯罪追究刑事责任。

第三，民营企业单位犯罪的，还要严格区分企业财产和民营企业负责人个人财产的界限，不能将企业财产和个人财产相混淆，不能将对企业判处罚金和对民营企业直接负责的主管人员和其他直接责任人员判处的罚金相混淆。

第十讲 产权错案的案例与解读

2016年以来，我国司法机关先后纠正了一批涉产权刑事申诉和再审案件。笔者认为，其中的张某甲案、赵某某案最具典型性。因此，本讲将在介绍这两起产权刑事再审案件的基础上，对案件中涉及的证据采信、事实认定和法律适用问题展开讨论，并将从经济体制改革的宏观角度进一步解读产权司法的特殊性。

本讲内容有三：一是产权错案的两个案例，介绍张某甲案、赵某某案两个刑事再审案例的纠正情况；二是产权错案的相关分析，从证据采信、事实认定和法律适用的角度对张某甲案进行综合分析，对赵某某案的分析主要着眼于对诈骗罪与民事欺诈的区别方面，意在引导办案人员在司法中正确区分刑事犯罪与民事纠纷；三是产权司法的经济逻辑，将从改革开放后中国经济体制改革的过程着眼，深入解读中国产权制度演变的特殊之处，说明产权司法应有的认知和态度。

一、产权错案的两起实例

（一）张某甲案

张某甲案共有三原审被告。原审被告人张某甲，男，汉族，1962年××月××日出生，原系物美控股集团有限公司董事长；原审被告人张某乙，原系物美控股集团有限公司行政总监；原审被告单位物美控股集团有限公司（以下简称物美集团）。

1. 诉讼过程

2006年11月、12月，河北省衡水市公安局、衡水市人民检察院分别对张某甲等涉嫌诈骗、单位行贿案立案侦查。2007年12月25日，衡水市人民检察院以张某甲犯单位行贿罪、挪用公款罪、诈骗罪提起公诉。

2008年10月9日,河北省衡水市中级人民法院作出一审判决,认定张某甲犯诈骗罪、单位行贿罪、挪用资金罪,数罪并罚决定执行有期徒刑18年,并处罚金人民币50万元。张文中不服,提出上诉。

2009年3月30日,河北省高级人民法院作出终审判决,将张某甲所犯诈骗罪改判为有期徒刑10年,并处罚金人民币50万元,数罪并罚决定执行有期徒刑12年,并处罚金人民币50万元。

原判生效后,张某甲先后向河北省高级人民法院、最高人民法院提出申诉。2017年12月27日,最高人民法院决定提审本案。

收到再审通知后,最高人民检察院成立了张某甲案办案组,对案件进行同步审查。办案组审阅了全部卷宗,会见了案件当事人,听取了辩护人、诉讼代理人的意见,参加了庭前会议。

2018年2月12日上午,最高人民法院公开开庭审理本案,最高人民检察院派员出席再审法庭。出庭检察员发表了原审生效判决适用法律错误,应依法宣告原审被告人张某甲等无罪的意见。

2018年5月31日上午,最高人民法院公开宣判,改判张某甲等无罪,出庭检察员主要意见被再审判决采纳。

2. 原审裁判

原一审、二审裁判认定:

(1) 诈骗罪

2002年初,被告人张某甲得知国家对重点企业、重点项目实行国债贴息补贴政策,遂与被告人张某乙、物美集团副总裁张某丙等人商议此事,并委派张某乙到原国家经贸委等部门进行了咨询。在得知该批国债技改贴息资金主要用于支持国有企业技术改造项目、物美集团作为民营企业不属于国债技改贴息资金支持范围的情况下,张某甲与张某乙商量后决定以中国诚通控股集团有限公司(国有企业,以下简称诚通公司)下属企业的名义进行申报。为此,张某甲与诚通公司董事长田某某多次联系,田某某答应了张某甲的要求。在张某甲指使下,张某乙等人以虚假资料编制了物美集团技改项目《可行性研究报告》，以诚通公司下属企业名义上报原国家经贸委。物流项目获得审批后，物美集团既未实施，也未向银行申请贷款；物美集团以信息化项目为名，以与其关联公司北京和康友联技术有限公司（以下简称和康友联公司）签订虚假设备采购合同和开具虚假发票为手段，获得1.3亿元贷款，用于公司日常经营，未实施信息化项目。2003年10月29日，财政部将3190万元国债技改贴息资金拨付到诚通公司，后诚通公司将该款汇入物美集团账户，物美集团将该款用于偿还公司贷款。案发后，已追缴赃款3190万元。

（2）单位行贿罪

2002年，在被告单位物美集团收购中国国际旅行社总社（以下简称国旅总社）持有的泰康人寿保险股份有限公司（以下简称泰康公司）5000万股股份过程中，被告人张某甲向国旅总社总经理办公室主任赵某提出让其提供帮助，并承诺给其一笔好处费。在赵某的积极协调、帮助下，2002年底，物美集团以其关联公司和康友联公司的名义顺利收购了国旅总社持有的5000万股泰康公司股份。张某甲遂指派张某丙给付赵某30万元。2003年1月至2004年2月间，张某丙通过物美集团的关联公司卡斯特经济评价中心以报销费用的方式向赵某支付了30万元。

2002年，在被告单位物美集团收购广东粤财信托投资公司（以下简称粤财公司）持有的泰康公司5000万股股份过程中，被告人张某甲向粤财公司总经理梁某承诺事成之后给予梁某个人500万元好处费。2003年底，物美集团以其关联公司华美现代流通发展有限公司（以下简称华美公司）的名义收购了粤财公司持有的5000万股泰康公司股份，张某甲遂指使张某丙通过北京敬业和康投资咨询中心（以下简称敬业和康中心）向梁某支付500万元。

（3）挪用资金罪

1997年3月，被告人张某甲与泰康公司董事长陈某某商定挪用泰康公司的4000万元资金申购新股谋利。后张文中指使张某丙从泰康公司转出4000万元，具体负责申购新股。张某甲、陈某某又与中国国际期货有限公司（以下简称中期公司）董事长田某某商定，通过中期公司所兼管的河南省国际信托投资公司（以下简称河南国投公司）的途径转款，以掩盖挪用情节，炒股所得盈利由张、田、陈三人按3∶3∶4比例分配。其间，中国人民银行检查，三人遂于1997年7月通过河南国投公司，又从泰康公司转出5000万元用于归还前次挪用款项。1997年8月19日，张某丙归还泰康公司4000万元，同年9月3日和9日又分两次归还了5000万元。其间，炒股共盈利1000余万元。

原一、二审法院认为，被告人张某甲、张某乙以非法占有为目的，虚构事实，隐瞒真相，骗取国家贷款贴息，数额特别巨大，其行为均已构成诈骗罪；被告单位物美集团在收购泰康公司股权过程中，给予国家工作人员好处费，其行为已构成单位行贿罪，张某甲作为被告单位直接负责的主管人员，应予刑事处罚；张某甲伙同他人并利用他人职务上的便利挪用泰康公司资金，归个人使用进行营利活动，数额较大，构成挪用资金罪的共犯，其在追诉期限内又犯新罪，应追究刑事责任。

3. 再审判决

再审判决依法宣告原审被告人张某甲、张某乙和原审被告单位物美控股集团有限公司无罪，原审判决已执行的罚金及追缴的财产，依法予以返还。

主要判决理由如下：

（1）关于诈骗

再审判决认为，物美集团在申报国债技改贴息项目时，国债技改贴息政策已有所调整，民营企业具有申报资格，且物美集团所申报的物流项目和信息化项目均属于国债技改贴息重点支持对象，符合国家当时的经济发展形势和产业政策。原审被告人张某甲、张某乙在物美集团申报项目过程中，虽然存在违规行为，但未实施虚构事实、隐瞒真相以骗取国债技改贴息资金的诈骗行为，并无非法占有3190万元国债技改贴息资金的主观故意，不符合诈骗罪的构成要件。故原判认定张某甲、张某乙的行为构成诈骗罪，属于认定事实和适用法律错误，应当依法予以纠正。

(2) 关于单位行贿

再审判决认为，原审被告单位物美集团在收购国旅总社所持泰康公司股份后，给予赵某 30 万元好处费的行为，并非为了谋取不正当利益，亦不属于情节严重，不符合单位行贿罪的构成要件；物美集团在收购粤财公司所持泰康公司股份后，向李某某公司支付 500 万元系被索要，且不具有为谋取不正当利益而行贿的主观故意，亦不符合单位行贿罪的构成要件，故物美集团的行为不构成单位行贿罪，张某甲作为物美集团直接负责的主管人员，对其亦不应以单位行贿罪追究刑事责任。原判认定物美集团及张某甲的行为构成单位行贿罪，属于认定事实和适用法律错误，应当依法予以纠正。

(3) 关于挪用资金

再审判决认为，张某甲与陈某某、田某某共谋，并利用陈某某职务上的便利，将陈某某所在泰康公司 4000 万元资金转至卡斯特投资咨询中心股票交易账户进行营利活动的事实清楚，证据确实。但原判认定张某甲挪用资金归个人使用、为个人谋利的事实不清、证据不足。故原判认定张某甲的行为构成挪用资金罪，属于认定事实和适用法律错误，应当依法予以纠正。

(二) 赵某某案

2019 年 1 月 9 日，最高人民法院对 24 年前的一起诈骗再审的原审被告人宣告无罪，并依法返还已执行的财产。原审被告人叫赵某某，男，汉族，1954 年某月某日出生，系原鞍山市立山区春光铆焊加工厂厂长。该案再审时，赵某某已因病死亡。

1. 诉讼经过

1994 年 8 月，时为辽宁省鞍山市立山区春光铆焊加工厂厂长的赵某某，因涉嫌诈骗被鞍山市公安局收容审查，后执行逮捕。1998 年 9 月 14 日，鞍山市千山区人民检察院向鞍山市千山区人民法院提起公诉，指控赵某某犯诈骗罪。同年 12 月 24 日，千山区人民法院经审理后判决，赵某某犯诈骗罪证据不足，宣告无罪。

一审宣判后，鞍山市千山区人民检察院提起抗诉。鞍山市中级人民法院于1999年6月3日作出终审判决，认定被告人赵某某利用东北风冷轧板公司管理不善之机，采取提货不付款的手段，于1992年4月29日、5月4日、5月7日、5月8日从东北风冷轧板公司骗走冷轧板46.77吨（价值人民币134189.50元）。据此撤销一审判决，认定赵某某犯诈骗罪，判处有期徒刑5年，并处罚金人民币20万元。

赵某某2015年因病死亡后，妻子马某某向最高人民法院提出申诉。最高人民法院于2018年7月27日作出再审决定，提审本案，并依法组成合议庭。鉴于赵某某已经死亡，根据相关法律、司法解释的规定，依照第二审程序对本案进行了书面审理。

2. 检察意见

该案提审后，最高人民法院第二巡回法庭通知最高人民检察院同步审查。经审查，检察机关提出的书面意见认为，原二审判决认定赵某某犯诈骗罪确有错误，应当依法改判赵某某无罪。

主要理由：

（1）原二审判决认定事实不全面、不客观。1992年至1993年间，赵某某与东北风冷轧板公司存在多次购销冷轧板业务往来，其中大部分货款已结算并支付。实际交易中，提货与付款不是一次一付、一一对应的关系。赵某某的4次提货仅是多次交易中的一小部分，应当将4次交易行为放在双方多次业务来往和连续交易中进行评价。

（2）依据现有证据，不能认定赵某某对4次提货的货物具有非法占有的目的。案发时双方未经最终结算，交易仍在持续，涉案4次提货后，赵某某仍有1次提货结算和2次转账付款行为。赵某某在交易期间具有正常履行支付货款义务的能力，在双方交易中积极履行了大部分支付货款义务，4次提货未结算后亦未实施逃避行为。

（3）赵某某的4次未结算行为不符合虚构事实、隐瞒真相的诈骗行为特征。涉案4次提货前，双方已有多次交易，且4次提货前赵某某已预交支票，正常履行了提货手续。东北风冷轧板公司相关员工给赵某某发货，并未陷入错误认识，也非基于错误认识向赵某某交付货物。

3. 再审无罪

再审法院认定：

1992年初，原审被告人赵某某担任厂长并承包经营的鞍山市立山区春光铆焊加工厂与东北风冷轧板公司建立了持续的钢材购销关系。1992年至1993年间，赵某某从东北风冷轧板公司多次购买冷轧板。赵某某提货后，通过转账等方式，向东北风冷轧板公司支付了大部分货款。实际交易中，提货与付款不是一次一付、一一对应的关系。其中，1992年4月29日、5月4日、5月7日、5月8日，赵某某在向东北风冷轧板公司财会部预交了支票的情况下，从东北风冷轧板公司购买冷轧板46.77吨（价值人民币134189.50元）。提货后，赵某某未将东北风冷轧板公司开具的发货通知单结算联交回东北风冷轧板公司财会部。1992年5月4日、5月29日、1993年3月30日，赵某某支付的货款220535元、124384元、2万元分别转至东北风冷轧板公司账户。后双方在赵某某是否付清货款问题上发生争议，产生纠纷。1994年8月11日，东北风冷轧板公司以赵某某诈骗该公司冷轧板为由，向公安机关报案。

再审法院认为，原二审判决认定赵某某的行为构成诈骗罪，属于认定事实和适用法律错误，应当依法予以纠正。主要理由是原审被告人赵某某在与东北风冷轧板公司的冷轧板购销交易过程中，主观上没有非法占有的目的，客观上亦未实施虚构事实、隐瞒真相的行为，其行为不符合诈骗罪的构成要件，不构成诈骗罪。

二、产权错案的相关分析

（一）张某甲案

张某甲案再审改判对冤错案件纠正的意义十分重大。张某甲案涉案主体为民营企业及民营企业家，所涉罪名均为经济犯罪，纠错理由既有事实上不清、证据不足，又有适法错误，而且是由最高司法机关提审纠正的"标杆"性案件。

1. 张某甲案纠正的主要意义

（1）错案被告身份更趋多元化。笔者本书第二讲曾指出，我国冤错案件的被告主体身份主要分为四个层次：第一个层次为农民、工人；第二个层次是教师、编辑、医生等知识分子；第三个层次是警察、公务员等公职人员；第四个层次是商人、小企业主、学生、司机等。张某甲案的纠正，将知名的民营企业和企业家，也纳入了错案被告人的范围，使我国错案被告主体身份进一步多元化。

（2）错案类型不限于自然犯罪。如前所述，2016年以前我国纠正的冤错案件以自然犯罪案件为主，且多为侵犯公民人身权利的犯罪类型，如河北聂树斌强奸、故意杀人案，浙江张氏叔侄强奸案，内蒙古呼格强奸杀人案等。错案涉及最多的罪名依次为故意杀人、强奸、故意伤害、抢劫，四者之和占错案总数的80%以上。但张某甲案所涉罪名却不同，诈骗、单位行贿、挪用资金均是经济犯罪类型。经济犯罪，所侵犯的法益主要是公私财产权或职务行为的廉洁性，主要发生在经济领域，与经济社会发展变化联系更为紧密，具有更为复杂的社会原因，时代的烙印也更明显。

（3）致错原因不限于证据问题。笔者曾在本书第二讲中对冤错案件的致错原因进行过分析，发现我国绝大多数的冤错案件是因为实体方面出现错误而被纠正的，且在实体错误中，涉及事实认定错误的案件占一多半。在事实认定方面，出现新证据和原案证据发生重大变化如"真凶出现""亡者归来"，以及原定罪证据体系因存在重大问题导致存疑是案件纠正的主要原因。上述所举河北聂树斌强奸、故意杀人案，浙江张氏叔侄强奸案，内蒙古呼格强奸杀人案等，均因原审裁判认定事实不清，证据不确实、不充分，依据疑罪从无原则纠正。

而张某甲案却不同，对三个罪名的改判理由均为认定事实和适用法律错误两个方面，其中适用法律错误包括：将违规使用国债技改贴息资金行为认定为诈骗行为，将单位在经济活动中未谋取及未实际获取不正当利益而给付好处费的行为认定为单位行贿等；适法错误，一方面源于经济犯罪的复杂性，另一方面也源于经济犯罪认定的政策性、时代性特征。因适法错误而纠正，是涉产权等等经济类冤错案件的一大特点，其纠正理由与之前单纯因证据问题导致的冤错案件存在根本不同。

2. 张某甲案纠正的主要启示

如上所述，产权错案不同与传统上的冤错案件，其致错原因不仅有事实认定和证据采信上的，更有法律适用方面的，需要刑事司法者从中汲取教训！笔者认为，张某甲案的纠正至少对司法有如下几方面的启示：

（1）真正转变司法理念。防范冤错案件，需要刑事司法者真正树立现代司法理念，如严格司法、平等保护、刑事谦抑等。严格司法，要求司法者处理好打击与保护、制约与配合的关系，摒弃重打击、轻保护，重配合、轻制约等落后理念，守住刑事法治的底线；平等保护，要求司法者要做到司法对不同社会主体的平等对待，不能根据出身、身份、来源等不同而不平等对待，特别是在经济领域对民营经济等私有经济要一视同仁，公平保护；刑事谦抑，就是将刑事追究作为处理社会矛盾的最后手段，尽量用民事的、经济的、行政的法律手段去解决问题，将刑事司法作为其他法律的保障手段，而不是动辄就启用刑事手段，保持刑事司法的谦抑态度。

（2）证据把握严中求严。对于刑事司法者来讲，证据问题从来不是小问题。刑事司法面对的是被告人的财产、自由乃至生命，对证据的把握来不得半点将就，必须从严把握，严中求严。首先，是要极为重视关键证据的审查。关键证据，是证明定罪事实中前提性事实或主要事实的证据，如张某甲案诈骗罪中证明"物美集团案发时是否有国债贴息资金项目申报资格"的证据。关键证据能否确证，关系到罪名能否成立，审查必须严而又严，对其真实性、合法性、关联性及证明力、与其他证据的印证程度要反复求证，不得有半点将就。其次，是要极为重视矛盾证据的调查。司法实践中，在案证据往往十分庞杂，就同一事项存在许多相互矛盾的证据。司法者必须高度重视矛盾证据，在审查过程中要对矛盾证据中的矛盾点诸个调查排除，对确不能排除的要评估其证据价值，直到改变原来的事实认定。最后，要极为重视证据体系和证明标准的把握，案件达不到事实清楚、证据确实充分标准的，要及时退回补充侦查或建议延期审理，检察官不能"带病"起诉，法官更不能"带病"下判。

（3）实质把握罪与非罪。判断一个行为是否构成犯罪，不仅需要从行为外观上进行判断，更需要从犯罪构成要件和行为社会危害性上进行把握，笔者称之为实质刑事司法观。德日刑法犯罪论以犯罪构成的该当性、刑事违法性和有责性层层递进对行为进行评价，从表象到实质、从客观到主观，易于司法者从本质上把握犯罪行为。而我国司法中长期适用的四要件犯罪构成理论，对行为进行的是一次性综合评价，容易使司法评价留于形式，导致机械式司法。近年来，出现的内蒙古农民王某某无证收购玉米案、天津大妈赵某某摆射击摊涉枪获刑案等，就是司法者没有从实质上把握犯罪，机械适用刑事法律的结果。

（4）认真对待律师辩护。律师的辩护意见在原案诉讼过程中不被重视，是中国式错案的通病，张某甲案也不例外。最高法再审改判所采纳的辩护意见中，多是当年辩护律师在一审中就已经提出的辩护意见，如物美集团作为民营业企业具有申报国债技改项目的资格，其申报的物流项目、信息化项目等并非虚构等。这些辩护意见如果当年能够得到司法者的认真调查和采纳，也许张案本就不应发生。刑事诉讼是三方结构，控辩双方平等对抗，法官居中进行裁判，才能保障刑事法治的正常运行。如果司法者不能居中，检察官不能客观，律师的意见不被重视，刑事司法的天平何以还能保证公正。检察官、法官作为司法者，有义务重视律师的作用，有责任尊重辩护的意见。保障每个公民都有获得有效辩护的权利，不仅是发现事实真相的必须，更是法律人应有的素养，更支撑着祖国刑事法治的未来！

（二）赵某某案

原涉嫌诈骗的赵某某被再审宣告无罪后，各界认为该案的关键点在于：厘清经济纠纷和刑事犯罪的界限。正如最高法在赵某某再审判决中所讲："对于市场经济中的正常商业纠纷，如果通过民事诉讼方式可以获得司法救济，就应当让当事人双方通过民事诉讼来实现权利、平衡利益,而不应动用刑罚这一最后救济手段。"笔者对此也深有同感,民事纠纷与刑事诈骗必须严格区分!笔者还发现,近一时期最高法通过再审纠正的张某甲等诈骗、单位行贿、挪用资金案,耿某某诈骗案,赵某某诈骗案,都涉及如何认识诈骗犯罪界限的问题。笔者认为,司法实践中应正确区分民事纠纷与诈骗犯罪,需要搞清两者的关系,辨清两者的实质,把握好诈骗犯罪的司法标准。

1. 民事欺诈与诈骗犯罪

民事纠纷中,与诈骗犯罪最易混淆的是民事欺诈。有学者认为,欺诈是指故意欺罔他人,使其陷于错误判断,并基于此错误判断而为意思表示的行为。欺诈的构成要件有四:一是须有欺诈的故意,包括使被欺诈人陷于错误判断之意思,使被欺诈人基于错误判断而为意思表示之意思;二是须有欺诈行为,即为使被欺诈人陷于错误判断,或加深其错误判断、保持其错误,而虚构、变更、隐匿事实之行为;三是须有被欺诈人因受欺诈而陷于错误判断;四是须被欺诈人基于错误判断而为意思表示。① 笔者认为,此欺诈即为通常大家所说的"民事欺诈"。根据我国《民法总则》第148条、第149条的规定,民事欺诈分为两方之间的欺诈和第三人实施的欺诈,对于因欺诈而在违背真实意思情况下实施的民事法律行为,受欺诈方享有撤销权。

据刑法理论通说,诈骗犯罪是以非法占有为目的,用虚构事实或者隐瞒真相的方法,骗取数额较大公私财物的行为。其犯罪构成要件也有四:一是犯罪客体为公私财物所有权,但其侵犯对象仅限于财物,包括有体物与无体物;二是客观上行为人实施了虚构事实或隐瞒真相的行为,被害人因此诈骗行为而陷入认识错误,基于该认识错误处分财产并导致财产损失,且财产损失符合法定的数额较大标准;三是主观方面,要有诈骗故意,还需要行为人对所侵犯财物具有非法占有的目的;四是诈骗罪主体虽为一般主体,但仅限于自然人,单位实施诈骗行为符合刑法规定的,仅对单位主管或直接责任人员以诈骗罪定罪处刑。

---

① 参见梁慧星:《民法总论》,法律出版社2017年版,第185页。

以上可知，民事欺诈与诈骗犯罪既有相同点，又有不同点，但两者是非此即彼的对立关系吗？笔者认为，民事欺诈与诈骗犯罪并非非此即彼的对立关系，而是包含与被包含关系！诈骗犯罪首先是一种民事欺诈行为，符合民事欺诈的条件，正如杀人、伤害、强奸犯罪都符合侵权行为要件一样，只不过由于诈骗行为同时还符合刑法规定的犯罪构成要件而成立诈骗罪！由此，在司法实践中，我们并不能以某一行为属于民事欺诈为由，否认其行为成立诈骗犯罪，虽然这是刑辩律师经常采取的一种辩护策略。当然，更需要司法者注意的是，诈骗犯罪只是欺诈行为中的一小部分，绝不能将具有欺诈特征的行为一概等同于诈骗犯罪！

2. 诈骗犯罪的实质条件

经济活动中的违法行为，是民事违法还是刑事犯罪，如何从实质上进行判断？笔者认为，标准只有一个，即这一行为是否具有严重的社会危害性。社会危害性，是将整个社会利益进行法律拟制作为刑法保护的整体法益，并以此作为行为衡量的标准。某一违法行为是否构成犯罪，就是要看其是否具有社会危害性、社会危害性是否达到了严重的程度，如果该行为具有了严重的社会危害性，就需要作为犯罪行为，施以刑法规制和刑罚制裁，否则就不能作为犯罪来处理。正如赵某某再审判决中所写："在经济活动中，刑事诈骗与经济纠纷的实质界限在于行为人是否通过虚假事实来骗取他人财物并具有严重的社会危害性。刑事诈骗行为超越了民事法律调整的范围和界限，本身具有必须运用刑罚手段予以制裁的必要性。"

但需要注意的是，社会危害性标准是犯罪的实质标准，是立法者用于衡量一种行为是否需要列为犯罪行为并进行刑法规制的标准，虽然对刑事司法也具有重要指导意义，但这一标准过于抽象，不宜作为个案中判断某一行为是否构刑事犯罪的直接依据。

3. 诈骗犯罪的司法标准

民事欺诈与诈骗犯罪的关系，个案中表现纷繁复杂，但司法中的标准是明确的，那就是涉案行为是否符合诈骗罪的犯罪构成要件。司法实践中，判断某一欺诈行为是否构成诈骗犯罪，就是看其是否符合刑法规定的诈骗罪的犯罪构成要件，满足所有构成要件的就是犯罪，任一条件不满足的，都不构成诈骗罪。

区分民事欺诈和刑事诈骗，重点是把握诈骗罪构成要件中的两个方面：一是客观方面，诈骗行为客观上存在一系列紧密的、连续不断的、引起与被引起的要素，即行为人实施虚构事实或隐瞒真相的行为，被害人因此欺诈行为而陷入错误认识，基于该错误认识处分财产并导致财产损失，财产损失符合法定的数额标准。其中，诈骗行为导致被害人财产损失、财产损失符合法定的数额标准，都是诈骗犯罪特有的，民事欺诈对此并无特别要求。二是主观方面，成立诈骗犯罪，除了需要行为人具有诈骗故意外，还需要其对侵犯财物具有非法占有的目的，"行为人是否具有非法占有的目的"是区分诈骗犯罪与民事欺诈的关键主观要素，需要司法者根据个案情况进行细致考量。

反观最高法的几个案例，也都是从犯罪构成要件上、特别是从行为人"是否具有非法占有的目的"这一主观要件上对原审有罪判决进行否定的。如张某甲案中，对于物美集团申报获得的3190万元国债贴息资金，由于物美集团并未隐匿，而是一直作为"应还政府款项"放在账面上，且所申报的项目并非虚构，因此不具有非法占有的目的；耿某某案中，原审被告人具有一定履约能力，也为履行合同作出了努力，亦被认为不具有非法占有他人财产的目的；赵某某案中，由于赵某某在双方购销交易过程中履行了大部分支付货款义务，具有履约能力，涉案4次提货未结算后也未实施逃避行为，而且后续还有支付行为等，也被再审法院认为不具有非法占有的目的。

当然，从客观上考查，张某甲案中物美集团的不实申报行为，耿某某案中原审被告人夸大履约能力、擅自将货款挪作他用的行为，赵某某案中没有按照交易对方要求在提货后及时结算的行为，有的根本难以构成欺诈行为，也没有使对方陷入错误认识，仅是双方间的民事纠纷，有的虽具有一定的欺骗性，但因并不符合诈骗罪的主客观要件，仅构成民事欺诈，这也是原审有罪判决被再审否定的重要原因。

三、产权司法的经济逻辑[①]

近期,一篇有关"私营经济应该离场"的文章引发关注。对私营经济应持何态度?不仅涉及国家的基本经济政策,也与司法工作直接相关。当前司法机关正在办理的涉产权申诉案件,目的正是要稳定非公经济和民营企业家的预期,给予非公经济和民营企业家更为平等的司法保护。作为司法者,深入理解对待私营经济的正确态度,不仅需要了解当下和案件发生时的法律和政策,更需要了解中国产权制度、企业制度和市场经济框架的形成发展过程,需要了解中国经济体制改革的基本脉络。为此,笔者近期研读了北京大学周其仁教授的《中国做对了什么》一书。此书主要讲了中国在改革开放过程中关于产权界定、企业家职能发现、市场经济框架完善、国家权力约束与规范四方面面临的问题和采取的政策。从司法的角度看,这四方面的问题,正是产权司法办案中的背景性、基础性的问题。

(一)中国产权界定的特殊性

新制度经济学的鼻祖、美国芝加哥大学教授科斯先生提出:"清楚的产权界定是市场交易的前提",讲的是产权界定先于市场交易,是市场交易的关键条件。这个命题包含一个朴素的道理:如果一件东西是不是你的都不能确定,当然就不可能进行正常的市场交易!众所周知,资本主义脱胎于封建社会,依赖的是"天赋人权、私有财产神圣不可侵犯和契约自由"三大原则。其中,私有财产神圣不可侵犯,说的就是产权界定和保护制度。资本主义是在私有制基础之上,通过产权界定、市场合约和法治政府,实现了经济繁荣和社会进步。

中国的改革开放,也是从重新界定产权入手的。改革开放之前,中国实行的是公有制计划经济,那是一种单一公有产权制度。中国的私有产权制度,是从农村集体土地的"包产到户"开始的。包产到户,早

[①] 本部分参考了周其仁教授《中国做对了什么》一书的部分内容,中国计划出版社2017年版。

在1956年浙江永嘉县就出现过。1959年至1961年，又出现在"大饥荒"最严重的许多省份，仅安徽省就有40%的生产队进行了包产到户。这种做法实质上是土地公有制下集体与农民关于土地的一个承包合约，虽然能够增加产量、抵御饥荒，但一开始并不合法。周其仁教授认为，改革开放中政府的贡献就是把国家政策的方向，转向了对促进生产力的自发合约的合法承认和保护上。正是有了政府的合法承认，包产到户发展为后来的家庭联产承包责任制，进而覆盖了全国。2002年，全国人大通过了《农地承包法》，明确了承包户对农地的使用权、收益权和转让权，确立了基于合约的中国特色的土地产权制度。这一制度一直延续到现在，当前正在进行的农村土地所有权、承包权和经营权的分置改革，正是这一特色土地产权制度的延伸。通过承包合约界定产权的办法后来从农业扩展到工商业，从农村扩展到城市，进而奠定了中国整个市场经济发展的基础。

中国的私有产权界定过程表明，承包合约是界定农民对公有土地权利的载体。因此，中国产权界定与资本主义国家不同，缔结合约并不后发于产权界定，两者是合二为一的，不能分开。中国的产权界定和保护，是通过合约以及再合约的形式，不断扩大私有产权的内容，提高私有产权保护的强度，直到后来被列入宪法保护范围的私人合法财产权利，最初都是从城乡公有经济的承包合约中产生并发展起来的。因此，可以说当下中国的许多私有产权都来源于公有产权，这是中国产权制度不同于资本主义私有产权制度的重要特征。在产权司法中，应注意中国私有产权制度来源的特殊性，办案中应充分考虑案发时的国家政策和改革方向，不能仅因为私有产权来源于公有产权就质疑其正当性和合法性。

（二）尊重和保护企业家的原因

把企业家请回到中国，是改革开放中的又一创举。经济发展要靠市场配置资源，要靠企业组织生产和销售，就需要有企业家。

如何认识企业家存在的必要性？科斯教授认为，真实市场中的交易都是有成本的，商品服务的买家和卖家，资本家与工人，他们在市场上要相互发现、订约和履约,都要付出交易费用。因此,真实世界中既不存在自动的等价交换,也不存在不需要经营、管理的公司企业。从这点看,企业家的存在绝不是多余的,他们发挥着发现市场、协调供求、组织生产、监督管理、促进创新等多项职能。企业家作用的典型例子是沙特和以色列的对比。沙特有非常丰富的石油资源,但几十年下来,它的经济还是靠卖油,企业没有创新能力,国际上将这一现象称为"沙特病"。而以色列没有什么自然资源,只有600万人口,但这600万人口中有世界上最为优秀的企业家、银行家、金融家,他们天天都在动脑筋考虑怎么样致富、怎么样繁荣经济,做到了在四边都是敌国的情况下生存和发展壮大。这两个国家的情况说明,发展经济最重要的不是自然资源而是人,人力资源中最宝贵的是企业家。中国改革开放和发展市场经济的成功实践也表明,企业家对于中国市场经济的繁荣发展是不可或缺的,无论是民营企业还是国有企业,要实现创新和发展,都不能离开企业家。

什么人称得上是企业家?美国著名管理学家德鲁克认为,企业家是敢于承担风险和责任,开创并领导了一项事业的人。企业家承担的不是一般的风险,而是前人和同行未曾承担过的风险。承担这种独特的风险,并对后果负责的人才能称作企业家。中欧国际工商学院的许小年教授将企业家分为三大类:一是交易型企业家,他们的特点是发现和捕捉市场机会,我国目前这类企业家比较多;二是管理型企业家,他们的特点是在管理过程中进行创新;三是创新型企业家,比如比尔·盖茨,通常我们所说的企业家,多指第三类企业家。需要说明的是,企业家并不是天生的,而是来自经验的积累,需要长期专注于技术和市场,才能抓住创新的机会。

企业家是一种特别的人力资本。其特殊性在于,这种人力资本像人所拥有的体力,掌握的知识、技能一样,总是依附在个人身上,并且只归个人调用。如果这种人力资本不被法律承认和保护,没有公平的市场定价机制,控制人力资本的人就没有将这种人力资本充分贡献出来的积极性。为什么企业要对企业家进行股权激励,就是为了激发企业家发挥其独特作用，使他们愿意冒着风险不断地通过创新和行动，把产品和服务做出来，把市场做出来，从而实现将企业做大做强的目标，客观上也促进整个市场经济的繁荣和增长。

说到这里，就不难理解为什么中央要专门出台保护产权的文件，"两高"要制发保护产权、保护非公经济，保护企业家特别是民营企业家合法权益的司法文件。企业家这种人力资本，不仅是稀缺的，而且是脆弱的，需要法律为其发挥作用提供制度保障，需要市场和企业正视和尊重其特殊的价值，否则就不可能发挥其对创新和增长的独特作用。

（三）中国市场经济框架的确立过程

科斯教授认为，市场价格机制是最有效的资源配置方式，但世界上并不存在完美的市场，因为市场价格机制是有成本的，这一成本就是为了完成产品的市场交换而发生的"交易费用"。随着市场的扩大，交易成本就会越来越高，因此有必要成立一定的组织，通过内部协调的办法降低交易费用，这就是公司。公司虽然可以节约交易成本，但也是有成本的，就是公司决策、监督、管理的成本，称为"组织成本"。当公司节约的交易费用与由此增加的组织成本在边际上相等时，公司与市场的边界就确定了。关于市场与公司的关系，他有一个形象的比喻：真实的市场经济好比大海，公司就是海洋中大大小小的岛屿。在交易费用与组织成本并存的真实世界里，海洋不可能覆盖一切，岛屿更不可能覆盖全部海洋。这一段话道出了市场经济最基本的两大要素：市场价格机制和公司企业制度。

对中国改革开放以来市场经济框架的确立过程，需要沿着这两个维度进行梳理：

首先，确立市场价格机制，发挥"看不见的手"对资源的基础配置作用。从1985年5月开始，中国政府连续几年推动"价格闯关"，将原来由国家规定和控制的物价，放开由市场决定。而之前，中国形成的是一种"价格双轨制"，即按计划指令生产的产品由国家定价，超计划生产的产品按市场定价。这一过渡性的价格体制形成了同一产品的两种价格，是"官倒"等特定时期社会现象的制度根源。当然，推进价格

第十讲 产权错案的案例与解读

放开的过程并不一帆风顺，期间伴随着通胀与整顿，这一过程直到1993年春天才基本完成。此时，中国社会零售商品总额的95%、农副产品收购总额的90%、生产资料销售总额的85%，全部放开由市场供求决定。市场价格机制配置资源成为中国经济制度的支点之一。

其次，推进企业制度改革。中国企业制度改革的起点是"超级国家公司"的运转不灵。计划经济体制可以看作把全体社会成员都变成国家公司的雇员，整个经济体就是一个"超级国家公司"。而从新制度经济学的视角看，这样的超级国家公司组织成本高，而资源配置的效率低。因此，中国企业制度的变革，是沿着搞活公有制经济和发展非公经济两条路走的。

国有企业制度的变革开始于扩大国营企业的自主权。这一改革开始于四川地方改革的试验，因为外资进入后，国营企业无法快速作出决定，什么都要请示审批，明显没有市场竞争力。为此，1978年中央决定把由国家经济机关控制的决策权放到企业层面，给国营企业放权、松绑。这开启了国有企业改革的进程，之后的承包经营、抓大放小、股份制改造，以及当前的国有企业混合所有制改革，都是在这一基础上进行的。

非公经济，在中国经历了从个体经济到私营经济的过程。改革开放后，首先出现的是农村的"承包经营户"和城镇的"个体工商户"。个体经济的出现，一方面是由于计划经济满足不了城乡居民家庭的的生活需要；另一方面是单一公有制经济不能容纳日益增长的就业要求，特别是不能吸纳包产到户改革后释放出来的巨大"农村剩余劳动力"。随着个体经济的积累，雇佣更多工人的"私营经济"也开始出现，比如20世纪80年代初非常有名的民营企业"傻子瓜子"，这一过程伴随着人们思想的碰撞和转变。这一过程直到1986年中央5号文件宣布可以把私人企业放到社会主义框架里处理才初步告一段落，中国的工商登记开始有了"私人企业"这一类别。后来，这一规定被写入了1988年、1999年宪法修正案，私营经济不但得到了宪法的承认，还被纳入了社会主义初级阶段的基本经济制度框架，成为社会主义市场经济的重要组成部分。至此，国家不但承认劳动者基于自己劳动的财产权，还可以在法律和政策的框架内，通过市场合约包括雇工合约来组织生产获得财产，这是中国市场经济改革的第二次飞跃。也正是有了这次飞跃，成就了后来的阿里、京东、联想、华为等一大批民营企业的崛起，成就了今天中国的国富民强。

司法者必须了解中国市场经济的发展过程，了解当下许多问题的根源所在，注意中国市场经济框架确立发展中的一些特殊影响因素，才能办好涉及国企改制、破产清算、产权纠纷、非法经营等涉产权申诉案件。

（四）正确处理国家权力与市场的关系

著名经济学家张五常教授提出，就竞争稀缺资源而言，人类社会形成了两种基本的经济制度：一种以等级制特权来规范和约束人们的行为，防止稀缺资源被滥用；另一种是产权制度，即以财产权利的界定来划分人们从事经济活动的自由空间，以刺激生产、交换、分工和合作。张五常还推测，当第一种经济制度转向第二种制度即市场经济的时候，腐败将大量发生，因为原来的等级特权无可避免地要争取最高的"权力租金"。这个过程甚至可能形成一种独特的"秩序"，即"制度化腐败"。腐败行为，多数是国家权力不当介入市场的权力滥用行为。转型经济如何应对腐败、特别是制度化腐败，是一项严峻的挑战。

如何遏制国家权力不当介入市场的权力滥用行为？我们目前已经采取了道德教育、党的纪律和法治反腐等多种办法，特别是党的十八大以来，中央提出了全面从严治党的要求，根据监督执纪的"四种形态"，抓住"关键少数"群体，整合了反腐力量，通过了国家监察法，成立了国家监察委，采取了"打虎、拍蝇、猎狐"等强有力的行动，形成了对腐败的压倒性态势。司法机关是法治反腐的重要力量，必须充分发挥检察、审判职能，依法推进反腐败斗争的深入。同时，法治反腐要求司法机关在办案中恪守法律和司法程序，尊重和保障诉讼当事人、辩护人的合法权利，保障每一起案件办理的合法性、公正性。

从根本上遏制国家权力不当介入市场的行为，还需要界定国家权力的边界，厘清政府与市场的关系，建立法治政府和法治国家，依靠法治来约束和规范国家权力。市场经济是高度竞争的经济，企业创新更具有高度的不确定性，如何保护市场竞争和企业创新的积极性，需要市场规则的确定性、明确性、公平性。就像高度竞争的体育比赛，结果总是不确定的，但要求比赛规则具有高度的确定性和明确性，否则就难以保障比赛积极性和公平性。对于市场经济和企业来讲，就是需要影响市场的国家权力行为要有很高的明确性、稳定性，这就需要建立一套稳定明确的企业创立、营运、管理、兼并、破产的规则，一套稳定的市场价格机制维护规则，一套稳定的货币、财政和税收规则等，不能动辄就用行政手段干预市场。而这一切，都需要一个完善的立法体系，需要一个法治政府，需要一个公正、权威、高效的司法体系。这些年来，全国人大修订了宪法、公司法、合同法，制定了民法总则，正在推进民法分则的编纂，市场经济法律体系正在完备。中央政府正在推进"放、管、服"改革，制定政府权力清单，减少和下放行政审批事项，强化行政管理和服务职能，目的也是将市场能决定的归市场，减少权力寻租的空间。司法机关正在从全国层面推进司法改革，比如人财物省级统管改革、司法责任制改革等，目的就是解决司法的行政化问题，减少地方对司法的不当干预，提升司法的公正和效率。

　　司法是一项重要的国家权力，也需要守住自己的边界，同时还应发挥司法保障权利、制约权力的作用。面对权利时，司法首先应当是谦抑的。这就要求在办理民商事案件中，司法应充分尊重市场主体的意思自治，发挥市场主体内部治理机制的作用，不随意介入经济活动。在办理刑事案件时，司法应严格依照证据认定事实，准确把握犯罪构成要件，落实权利保障、罪刑法定、疑罪从无等法律原则，防止刑事手段不当介入民事纠纷。在权利被侵犯时，司法又应当是可靠的救济手段。司法应当是合法产权的守卫者，是市场交易规则的维护者，是产权和交易纠纷的公正裁决者，因为没有可靠的司法作为救济，也就没有真实的权利。司法，还应当是公权力的监督者、制约者。在办理刑事案件中，司法应通过审查批捕、审查起诉和法庭审判，对刑事侦查权进行监督和制约；

在办理行政诉讼案件、公益诉讼案件时，司法应通过审查行政行为的合法性、合理性，通过检察建议和提起公益诉讼的方式，促进政府依法行政。总之，只有正确理解司法权的边界，理解司法在权力架构中的作用，才能做一个合格的司法者。

第十一讲　再审裁判的评鉴与审查

　　一份再审裁判就是一本活的司法教材。刑事再审裁判，特别是重大冤错案件的再审裁判，处理的往往是重大、疑难、复杂案件，常常经历了复杂的诉讼程序，有的甚至由最高人民法院直接作出，且因推翻了原审生效裁判，往往引起广泛的围观争议，寄托着公众对司法公正的诸多期盼，对司法实务具有很强的导向意义，是司法实务研究的绝佳样本，值得法官、检察官和律师认真评鉴。

　　从检察机关角度讲，再审裁判虽然特殊，但仍是法律监督的对象。其中，适用一审程序作出的再审裁判，是可以提出二审抗诉的，检察机关应审查是否需要提出监督意见。适用第二审程序作出的再审裁判，属于生效的刑事裁判，检察机关也应进行审查，以确定裁判是否正确、适当，是否需要再次启动再审程序，是否需要提出监督意见。

　　为了说明上述两方面问题，笔者对我国2012年至2018年的20份重大冤错案件的再审裁判文书进行了认真梳理和研究，以此为样本谈一下再审裁判的评鉴与审查问题，作为本书的第十一讲。① 本讲主要内容有四方面：一是再审裁判的特点，笔者总结了七个方面，主要是从与一审裁判的区别角度，谈再审裁判在诉讼称谓、案件由来、裁判内容、裁判范围、叙事说理等方面的特别之处；二是再审裁判的类型，根据裁判针对的问题和裁判文书主要内容，将重大冤错案件再审裁判区分为两大类，一类是事实证据导向型，以聂树斌案再审判决为代表，另一类是法

---

　　① 20份再审裁判主要包括网络上公开的聂树斌案、张文中案、赵明利案等3份再审判决书，最高人民检察院原刑事申诉检察厅主编的《精品的魅力——全国刑事申诉检察精品案件选》（中国检察出版社2017年版）中的16份再审判决书。

律适用导向型,以张文中案再审判决为代表;三是再审裁判的功能,是指再审裁判区别与一审裁判的特有功能。笔者认为,再审裁判的功能主要有三方面,即纠正冤错案件、确立再审规则、司法政策传导。其中,纠正冤错案件是直接功能,确立再审规则和司法政策传导是间接功能;四是再审裁判的审查内容和方法,简要讲一下检察机关如何审查再审裁判的问题。

一、再审裁判的七个特点

再审裁判,针对的是原审生效裁判,常常表现为无罪判决,面临着证据表述、事实认定上的"二元性"难题,说服对象不仅是检辩双方、社会公众,还包括原审法官乃至原审法院,存在着明显不同于一审裁判的诸多特点,表现在诉讼称谓、案件由来、裁判内容、裁判范围、叙事说理等七个方面。

(一)诉讼称谓更多样

刑事审判,必然存在检、辩、审三方诉讼主体。制作一审裁判,诉讼三方的称谓比较简单,控方称为"公诉机关"或"自诉人",辩方称为"被告人及其辩护人",审理方称为"本院"。但由于再审案件具体审理时不仅可适用一审程序,还可以适用二审程序,再审程序中有再审、提审、发回重审,还有原审,加上各地对诉讼三方的称谓表述不规范,使再审裁判对诉讼各方的称谓十分多样。

再审裁判中的检察机关。再审裁判对原提出犯罪指控的检察机关一般称"原公诉机关",也有的称为"公诉机关"。如果再审是通过抗诉启动的,提出抗诉的检察机关被称为"抗诉机关"。

再审裁判中的被告人。再审裁判将被告人一般称为"原审被告人"。适用二审程序再审的,也有的称为"原审上诉人(原审被告人)",还有的将原审被告人称为"申诉人"。

再审裁判中的法院。再审裁判中,既存在原审的一审法院、二审法院,也存在作为再审法院的"本院",如果原审中有多次发回重审的,表述上更应当清楚区分。

（二）案件由来需说明

再审裁判中需要说明再审启动理由和过程。我国再审程序是特别救济程序，启动再审程序必然对法院原审判决的既判力乃至二审终审制形成一定的冲击，必须具有充分的启动理由，因此法律也为再审启动设置了较为严格的条件。从实践情况看，一审案件审理由检察机关或自诉人起诉启动，比较简单。再审则相对复杂，既可以由检察机关抗诉或提出检察建议启动，也可以由法院自行启动，而且实践中刑事申诉往往持续多年，再审启动前一般经历了复查过程，这些都需要在再审裁判中简要说明。从再审启动原因上看，实践中有的再审是因为"真凶再现""亡者归来"而启动，如余祥林案、呼格案、聂树斌案，有的是因为原审裁判存疑或法律适用错误，这些也需要在再审裁判中简要交待。因此，相对与一审裁判而言，再审裁判中对再审启动理由和过程的说明是其特色，也是再审裁判不可或缺的一部分。

（三）原审裁判要交待

原审裁判是再审裁判分析评判的"靶子"。表述原审裁判，特别是原审生效裁判事实认定、证据采信和法律适用，是再审裁判中非常重要的一项内容，这也是再审裁判不同与一审裁判的显著特点之一。再审裁判中表述原审裁判在对象上应有所侧重，二审裁判维持一审裁判结论的，应重点表述一审裁判；二审裁判改变一审裁判结论的，应重点表述二审裁判。再审裁判中表述原审裁判在内容上也应有所侧重，再审裁判改变原审裁判事实认定的，应重要表述原审裁判的事实认定部分，再审裁判改变原审裁判法律适用的，应重点表述原审裁判关于法律适用的分析及原审裁判中检辩双方的法律适用意见。

（四）裁判焦点要突出

相对一审裁判，再审裁判焦点更突出。虽然我国法律规定刑事再审适用"全面审理"原则，不必拘泥于申诉理由，但实践中法院一般不会对原审进行全面审理，而是围绕检辩双方的争议焦点进行的，对于双方没有争议的事实和证据，再审中一般直接确认，不会重复审理。

上述审理情况会体现在再审裁判文书的两个方面：一是再审裁判文书一般会侧重于事实认定或法律适用中的一个方面；二是再审裁判中无论是事实认定、证据采信，还是法律适用，都是围绕再审中的焦点问题展开的，重点说明的是新认定事实和证据，详写的是检辩双方存有争议的事实认定或法律适用部分，略写的是无争议的问题，需要重点回应的是双方经过再审仍未达成一致意见的问题。

（五）叙事说理宜二元

再审裁判的叙事说理具有"二元化"特征。再审裁判叙事说理的"二元化"，是指再审裁判特别是无罪的再审裁判，虽然否定了原审被告人的刑事责任，但一般不会完全否认原审裁判的事实认定和证据采信，因此在认定再审事实和证据分析上，既存在需要认定的部分，又存在需要否定的部分。再审裁判叙事说理的"二元化"，使传统上广泛适用于一审裁判文书的叙事说理逻辑，即"事实认定——证据罗列——综合说理"模式存在适用难题，特别是难以客观详细地分析存疑的事实和证据。因此，无罪的再审判决特别是存疑无罪的再审判决中，一般会将原审裁判中"能够认定的事实证据"与"不能认定的事实证据"分别表述、分别说明。其中，"能够认定的事实证据"一般是双方没有争议的，再审裁判中只需要简要表述。"不能认定的事实证据"则是再审裁判关注的重点，也是再审裁判最见功夫、最为精彩，在制作中需要大书特书，不惜笔墨的部分。

有文章对2016年最高人民法院公布的聂树斌案再审判决进行了分析，认为其开创了再审裁判文书"二元"叙事说理逻辑新模式，不仅将"能够认定的事实证据"与"不能认定的事实证据"分别表述，而且一改经常适用的"罗列证据"写法，对证据分别进行了九方面的分析，成就了一份极具导向意见的再审裁判典范。① 笔者经梳理发现，其实这一模式早为地方法院再审裁判所采用，如2014年再审的海南黄家

---

① 臧德胜：《从聂树斌案再审判决看如何处理事实认定问题》，载《法律适用》2017年第2期。

光案的再审判决就已经采用了叙事说理的"二元"模式。

(六) 裁判说理更充分

再审裁判的说理要求远高于一审裁判。主要原因有二：一是再审案件往往案情复杂、争议较大，且经过多次审判，广受社会关注，再审裁判文书不进行充分说理，难以说服检辩双方和社会公众；二是再审审理的对象是原审裁判，再审实质上是对原审裁判的重新评判过程。这意味着再审裁判的受众已经扩大到法官的同行，再审裁判不仅要回应检辩双方，还要足以说服原审法官乃至原审法院。因此，再审裁判文书的说理性要远高于一审裁判。①

(七) 裁判范围有限定

关于再审的裁判范围，存在两种对立的观点。一种观点认为，再审裁判只能针对原审裁判事项，不应涉及其他案件；另一种观点认为，对于"真凶再现"类的错案，再审也可超出原审裁判事项，涉及相关案件。② 笔者认可第一种观点，主要理由：一是再审是对原审裁判的再审，不应超出原审裁判的范围；二是再审的任务只是查明原审被告人是否实施犯罪，原案是否"另有真凶"等问题还需要做大量的侦查工作，且追查真凶的任务在再审中是难以展开和完成的；三是再审特别是抗诉引发的再审中，检察机关的主要角色是监督者，另有真凶问题应另案进行指控，否则检察机关的诉讼角色也会产生冲突。

二、再审裁判的两大类型

根据再审裁判所针对的问题及主要内容，可以将近年来的重大冤错案件再审裁判区分为两大类：一类是事实证据导向型，以聂树斌案再审判决为代表；另一类是法律适用导向型，以张文中案再审判决为代表。

---

① 参见江苏省高级人民法院审监庭编：《再审裁判文书制作中存在的问题及其对策》，载《法律适用》2003 年第 7 期。

② 参见胡云腾：《聂树斌案件再审：由来、问题与意义》，载《刑事申诉检察工作指导》2017 年第 4 辑。

下面分述之：

(一) 事实证据导向型

事实证据导向型再审裁判，主要解决的是原审裁判的事实认定问题，主要内容是对原审定案证据、在案非定案证据及新证据进行梳理和重新评价。在笔者收集的20份再审裁判中，绝大多数都是事实证据导向型，其中以聂树斌案件为代表。聂树斌案再审裁判，解决的主要问题是事实之争，而非法律之争。事实认定离不开证据，因此聂案的整个裁判文书自始至终是围绕证据展开的，在这篇1.4万余字的再审判决书中，除了首部及介绍各方意见的内容外，有1万余字是围绕证据问题展开的。裁判的写作思路就是坚持"让证据说话"的原则，整个裁判充分贯彻了证据裁判原则。①

(二) 法律适用导向型

法律适用导向型再审裁判，主要解决的是原审裁判的罪与非罪、此罪与彼罪及量刑问题，主要内容是对原审定罪与量刑的质疑和重新评价。笔者在对收集的20份再审裁判梳理中发现，2016年之前就存在一部分涉及诈骗、合同诈骗、假冒注册商标及贪污等经济犯罪和职务犯罪的再审裁判，多涉及法律适用问题。2016年以来，"两高"对产权申诉案件进行集中甄别和再审后作出的裁判，多是法律适用导向型的，如张文中案、耿万喜案、赵明利案再审裁判，其中张文中案再审裁判最具代表性。

张文中案再审裁判所涉罪名均为经济犯罪，纠错理由既有事实不清、证据不足，又有适法错误，其中以适法错误为主。张案再审裁判对冤错案件纠正的意义至少有两个方面：一是错案类型绝不限于自然犯罪。近年来，我国纠正的冤错案件以自然犯罪案件为主，且多为侵犯公民人身权利的犯罪类型。张文中案的再审裁判却不同，其所涉罪名为诈骗、单位行贿、挪用资金，均是经济犯罪类型，这一情况改变了我国长期以来偏重自然犯罪冤错案件纠正的"潜规则"；二是致错原因绝不限

---

① 参见臧德胜：《从聂树斌案再审判决看如何处理事实认定问题》，载《法律适用》2017年第2期。

于证据问题。张文中案三个罪名改判理由均为认定事实错误和适用法律错误两个方面,其中以适用法律错误为主。具体包括:将违规使用国债技改贴息资金行为认定为诈骗行为,将单位在经济活动中未谋取且未实际获取不正当利益而给付好处费的行为认定为单位行贿。因适法错误而纠正,是产权冤错案件纠正的一个特点,这与之前单纯因事实证据问题纠错的普通刑事犯罪案件也明显不同。

三、再审裁判的三种功能

与一审裁判相比,再审裁判的功能明显不同。笔者认为再审裁判至少有三方面的功能,即纠正冤错案件、确立再审规则、司法政策传导。纠正冤错案件是再审裁判的直接功能,源于再审程序的审判监督性质。确立再审规则是再审裁判的间接功能,源于我国再审程序立法规则的不完整,再审裁判实际上起到了填补程序立法漏洞的作用。再审裁判的司法政策传导功能,与近年来国家重视通过申诉与再审案件向社会传递重大政策信息有关。

(一)纠正冤错案件

再审裁判,特别是无罪再审裁判,是纠正原审裁判错误,宣告原审被告人无罪的法定形式。根据我国刑事诉讼法的规定,认定原审被告人有罪的权力专属于人民法院,而对原审有罪裁判的否定也必须通过再审并作出无罪裁判的方式进行。因此,再审裁判最直接的功能就是纠正冤错案件。这一点前面已经说的比较多了,此处不赘。

(二)确立再审规则

我国刑事诉讼法并未规定独立的再审程序,再审程序依附于一审、二审程序而存在,再审程序具体规则是粗线条的。关于再审的司法解释、司法文件数量也不多,再审审理范围、程序适用、审判方式、案件性质认定等问题,目前仍没有明确的规定,这立法状况与长期以来我国刑事再审案件数量较少有关。党的十八大之后这种状况开始发生变化,司法机关利用刑事再审集中纠正了一批重大冤错案件,这些再审案件多是重大、复杂、疑难案件,时间跨度大,涉及新旧法律适用选择问题,需要再审中予以明确,而再审裁判实际上发挥了程序规则的漏洞填补作用。

聂树斌案再审裁判就被认为确立了诸多再审规则。有文章指出,聂树斌案再审中面临四方面的问题:一是出现了"一案两凶"问题,再审裁判的范围需要确定;二是聂案跨度为20年,期间刑事诉讼法两次修改,如何适法需要确定;三是根据法律和司法解释规定,死刑二审案件必须开庭审理,而聂案再审时聂树斌已经死亡,审判方式需要确定;四是聂案再审由王书金案引发,聂案认定为冤案还是疑案,性质需要确定。聂树斌案再审裁判针对上述四方面问题作了回答,明确了再审审理范围限于原审裁判事项、再审程序应适用新法、原审被告人死亡时可以不开庭审理、不能确定真凶时宜作存疑无罪处理四方面的再审规则。①也有文章指出,聂案再审裁判确立了再审证据裁判"八个方面"的规则,包括全面裁量证据、证据关联性审查、有罪供述审查、客观证据审查、证据合法性审查、证据缺失裁判、疑罪认定处理、综合裁判方法等具体规则。②

(三)司法政策传导

通过再审裁判传导司法政策是近年来刑事再审的新动向。2016年11月,中央提出了产权保护的"五大原则""十大任务",其中十大任务中提到要"妥善处理历史形成的产权案件"。为了落实这一要求,"两高"相继发布了产权保护的司法政策,并集中甄别发现、决定再审了一批产权申诉案件。目前,张文中案、耿万喜案、赵明利案均经再审宣告原审被告人无罪,这些再审案件的判决中就直接体现了产权保护司法政策的要求。比如,张文中案再审裁判关于诈骗的再审事实认定,突出了原案案发时"国家已经对各种所有制企业明确了同等待遇"的政策表述。赵明利案再审裁判用一大段话来说明"对于市场经济中的正常商业纠纷,如果通过民事诉讼方式可以获得司法救济,就应当让当事

---

① 参见胡云腾:《聂树斌案件再审:由来、问题与意义》,载《刑事申诉检察工作指导》2017年第4辑。

② 参见于同志:《论聂树斌案再审证据裁判的"八个方面"》,载《法律适用》2017年第2期。

人双方通过民事诉讼来实现权利、平衡利益,而不应动用刑罚这一最后救济手段,"关键点在于"厘清经济纠纷和刑事犯罪的界限"。

四、再审裁判的审查要决

审查再审裁判是检察机关审判监督的重要组成部分。再审裁判的审查,与一审、二审裁判的审查既有共性,又有特殊之处。审查再审裁判,除审查是否及时送达、审理程序是否合法等事项外,应重点关注以下几方面:

(一) 诉讼称谓是否规范

再审裁判中检、辩、审三方诉讼主体称谓具有多样性,审查时应注意其表述是否规范,如对原提出犯罪指控的检察机关是否表述为"原公诉机关",提出抗诉的检察机关是否表述为"抗诉机关"。适用二审程序再审的,原审被告人是否表述为"原审上诉人(原审被告人)"。实践中,将"原公诉机关"直接称为"公诉机关",将原审被告人称为"申诉人",都是不规范的称谓表述。

(二) 事实认定是否准确

再审裁判一般改变了原审裁判的事实认定,在表述上又多采用二元结构,审查中一定要注意再审裁判的事实认定部分。要审查其应予认定的事实是否有遗漏,是否有充分的证据支持。不予认定的事实是否有明确表述,相关理由是否足以推翻原审裁判的相关事实认定。特别是对于多人多起事实的再审裁判,一定要对诸个事实分别进行审查,注意再审裁判是否准确全面地表述了每一起事实。

(三) 证据表述是否全面

再审裁判的证据问题比较复杂,涉及三类证据,表述上还要分为予以采信的证据、不予采信的证据。审查中一定要注意再审裁判作为定案依据的证据、尤其是再审中的新证据,是否经过了庭审举证、质证。对于检辩双方提出质疑的证据,再审裁判是否给予了关注和回应,是否阐明了充足的理由。

(四) 法律分析是否正确

法律分析是再审裁判的重要组成部分。产权案件再审裁判多是法律适用导向型的，审理这类再审裁判，应注意将检察机关提出的抗诉或再审检察建议、出庭检察员意见与再审裁判中的定性量刑分析进行比对，审查再审裁判对检察意见的采纳情况，特别要分析再审裁判未采纳检察意见的原因，审查再审裁判法律分析是否存在不合理、不正确之处，审查检察机关是否有再次提出监督意见或抗诉的必要。

（五）法条引用是否准确

再审裁判多为无罪裁判，需要区分是无辜无罪还是存疑无罪，这两种情况的法条引用不同，审查中需要特别注意。还要注意再审裁判作出的时间，2013年1月1日以后作出的再审裁判，适用"疑罪从无"规则的，无须再引用一审程序的规定，而是直接引用最高人民法院《关于执行〈刑事诉讼法〉若干问题的解释》第389条第2款"原审裁判事实不清或者证据不足，经审理事实仍无法查清，证据不足，不能认定被告人有罪的，应当撤销原判决、裁定，判决宣告被告人无罪"的规定。

再审裁判的具体审查方法主要有以下几种：一是通读再审裁判文书，审查相关称谓、表述是否正确；二是把再审裁判文书与出庭检察员举证、质证提纲进行比对，看再审裁判采信的证据是否经过了法庭质证，是否与出庭检察员发表的质证意见相一致，不一致的原因是什么；三是将再审裁判文书与抗诉书、再审检察建议书进行比对，看抗诉意见是否得到完全采纳，不采纳部分是否合理；四是审查再审判决适用法律部分，看是否遗漏、多引或错误引用法条；五是将再审判决书与出庭检察院意见书、答辩提纲比对，看判决书的说理是否充分。[①]

经过审查发现有问题的，检察机关应根据其轻重程度，分别选择采用口头纠正违法、发出纠正审理违法通知书、提出抗诉或再审检察建议等方式予以监督，这一过程与原公诉部门对裁判文书的审查是相同的，此处不赘。

[①] 参见桑涛：《公诉技能传习录》（第2册），中国检察出版社2017年版，第305~307页。

第十二讲　冤案纠正的比较与借鉴

经过人类历史几千年的积淀，现代司法理念和技术已经日臻成熟，罪刑法定、无罪推定、证据裁判等现代刑事司法原则更是让司法远离野蛮和蒙昧。进入大数据和互联网时代以来，甚至有人认为在不远的将来人工智能将取代人类司法。但笔者遗憾地告诉各位，当今世界各国包括法治最发达的国家，均没能消灭刑事冤错案件！因此，无论是在标榜程序公正的美国、英国，还是重视探究实体公正的法国、德国，也都存在类似的申诉与再审制度，以纠正人类司法难以回避的错判问题。笔者的这本小书意在介绍我国刑事申诉与再审办案的情况与技巧，对国外类似制度少有涉及。为了弥补这一缺憾，笔者将曾写过的一篇文字，关于中国台湾地区"冤狱平反协会"罗士翔先生所著《西四街笔记》的读后感作为本书的第十二讲，以对我国刑事申诉与再审制度提供的一点借鉴与反思。

本讲的内容主要有四方面：一是美国的"无辜计划"与定狱后DNA鉴定的实际运作情况；二是有检察官参与的定罪完善小组，及北卡州官方成立的冤案调查委员会的相关情况介绍；三是由学术研究机构建立的错案登记中心，以及美国学术界对冤案进行学术研究的状况；四是对美国洗冤运动和我国刑事申诉与再审办案进行初步的对比，谈美国洗冤运动对我国的几点启示。

《西四街笔记》是本小册子，讲述了罗先生2016年10月参加美国纽约大学亚美法中心举办的为期四周的冤案"实习计划"期间关于美国洗冤运动的见闻与思考，书名源于距纽约大学法学院最近的地铁站名——"西四街"（West 4 Street）。这本小册子只有百余页共15个小专题，但覆盖范围广泛，介绍了美国冤狱平反的五种机制，其中既有大家熟知的美国民间组织——无辜计划，也讲到了大家了解不多的有检察官参与的"定罪完善小组"、由法院倡导成立的"冤案调查委员会"以及由法学院成立的"错案登记中心"等众多冤案发现、研究组织的情况，还有美国关注冤案研究的学者及著作。

一、"无辜计划"与定狱后 DNA 鉴定

在美国，"无辜计划"是"无辜联盟"这一全美民间洗冤组织的组成部门，目前有约 60 名工作人员。无辜计划有两大任务：一是冤狱救援（针对个案）；二是减少冤案（促进改革）。"无辜计划"原则上只做定狱后 DNA 案件。大多数州层面也都成立有"无辜计划组织"，但各州无辜计划组织主要做非 DNA 案件，即没有再作 DNA 鉴定条件的申冤案件，也有几个州由于政治氛围等原因没有成立无辜计划组织。

"无辜计划"的第一项工作——冤狱救援，由"无辜计划"的定狱后诉讼部门承担，其只负责定狱后 DNA 案件。办案基本流程：一是收案与案件初筛。收案后首先看案件有没有 DNA 证据，如果有就开始查找证物，请求检验 DNA 证物等。在收到的案件中，约九成是没有 DNA 证据的，对此只能拒案。二是调查证据所在。即向证据保管单位查找原物证是否还存在，或者请求法院、检察官、律师协助调查原证物所在。实践表明，即使原案记载有 DNA 鉴定的，也有 1/4 案件因保管不善等问题已找不到原物证。三是寻求鉴定。主要是向法院或检察官提出再行检验 DNA 的请求。目前，全美 50 个州都有关于定狱后 DNA 鉴定的法律规定，但对于可以作 DNA 鉴定的案件范围规定不同，有的州如阿拉巴马州只有死刑案件才允许进行定狱后 DNA 鉴定，是最为严格的一个州。四是鉴定。这一阶段无辜计划工作人员主要是和法官沟通，确定要用哪一种方法检验 DNA。无辜计划人员也需要与实验室人员进行沟通，商量具体如何进行鉴定，如果可以的话一般是将物证分为两部分分交两处实验室进行比对，以减少可能的失误。五是后续工作。对于定狱后的案件，大抵有三种可能的非常救济途经：（1）驳回上诉后 10 天内提出

再审请求；（2）提出一个发现新证据的主张；（3）继续监禁有违宪法权利的人身保护令。其中，根据定狱后DNA鉴定意见主张人身保护令是无辜计划DNA冤案平反的主要渠道。

无辜计划的成绩单还是不错的，截至2016年10月，通过无辜计划的定狱后DNA鉴定机制，共为348人成功平反，其后还发现了上述案件的148名真凶。

无辜计划另一项主要工作——减少冤案，主要致力于刑事诉讼制度的改革，以防范冤案的发生。该项工作是由无辜计划的"策略性诉讼部门"负责，主要是参与正在进行中的司法诉讼，提出法庭之友意见，提供辩护咨询，对律师、法官进行教育训练，提出制度改革倡议等。目前，该部门正在关注的改革项目有指认错误、不可靠的司法科学证据和错误自白等。

美国的洗冤运动也有缺憾之处。比如关于刑事补偿，美国的状况就不尽如人意。美国只有32个州有关于刑事补偿的法律规定，且都难称完备，大多数冤案被告人是通过民事诉讼获得赔偿的。无辜联盟出于利害冲突的因素，要求各会员不得为平反者代理刑事或民事求偿诉讼。

二、定罪完善小组与冤案调查委员会

笔者对美国洗冤运动的印象一直是，美国的洗冤活动只有民间组织支持，官方在这方面缺乏积极作为。但读完《西四街笔记》后，这一印象有了很大改观。书中提到了纽约市的几处定罪完善小组，是由检察官参与的洗冤及防范冤错案件组织。北卡州的冤案调查委员会，则是由州最高法院倡导下成立的官方中立的刑事冤案专门调查机构。这些官方或由官方人士参与的洗冤组织，都刷新了笔者对美国洗冤运动"纯民间"性质的认识。

纽约市的几个定罪完善小组：

1. 曼哈顿地区于2010年建立了定罪完善小组，由预防错案研究委员会、定罪完善小组主任及政策咨询小组组成。

2. 布鲁克林郡的定罪完善小组，由检察官、调查员、法律学者等

15人组成，其中有11名检察官，2名辩护律师，通过开会审查案件。在成立至今的33个月中，已经平反了21件案件。

3. Bronx地区的定罪完善小组，在地区检察长倡导下于2016年成立，由资深律师、公设辩护人和检察官组成。运作至今已经接到50个案件，已有1件推翻了原有罪判决，还有5件正在深入调查。其基本工作程序是，定罪完善小组审查后向检察长提出是否推翻原审裁判的建议，由检察长决定是否向法院提出撤销原判的请求。

北卡州冤案调查委员会，是一个官方中立的冤案调查机构，也是目前由官方倡导成立的全美唯一的官方刑事冤案调查委员会。冤案调查委员会的成立，动因是2000年初北卡州发现了许多冤案，州议会决定由州最高法院院长负责组织调查冤案成因，提出改革方案，成立专门、中立的冤案调查委员会是其重要改革内容之一。北卡州冤案调查委员会正式成立于2007年，至2016年9月共受理1979件案件，审结1907件，有六成的案件经过审查并不认为是冤案，目前通过委员会调查已经为10位当事人成功平反，并发现了2名真凶。

北卡州冤案调查委员会共有8位委员，主要是有法律背景的人士，其中也有2位有DNA鉴定知识背景，主要负责DNA案件调查。向该委员会提出申诉，需要原审被告人主张自己系真实无罪，并主动放弃相关程序权利。委员会的工作程序是：初审（确认是否提出了真实无罪的申诉），复审（调卷并审查案卷），调查（进行案件调查、DNA鉴定等），正式调查（期间请律师参与，并通知被害人），委员会听证（确认是否有无辜证据并足以改变原审事实认定，如果原案为认罪案件需要8位委员一致同意，否则需要5位委员同意是否向法院提出救济申请）。委员会决议提出救济后，州最高法院需要指派三位法官审查该案件，如需改判需要三位法官一致同意。实践中，大多数案件在初审、复审中就被刷掉了，只有2%的案件进行调查阶段，最后进入听证阶段的案件更少。

当然，美国由官方参与的洗冤组织总体上仍很少，刑事冤案调查委员会只有北卡州一州有，检察官参与的定罪完善小组在各州也是凤毛麟角。

三、错案登记中心与冤案学术研究

《西四街笔记》中专门介绍了密西根大学法学院的错案登记中心。该中心 2012 年成立,已经整理了 1989 年以后的平反案件,到 2016 年 10 月共有 1900 件,实际上是关于错案的资料数据库。虽然叫错案登记中心,但其并非官方机构,不是基于申诉人提出申请而登记错案,而是从媒体报道中收集相关案件资料进行统计。错案登记中心的选案标准是,定罪后又因新证据而撤销原有罪判决的平反案件,具体包括:赦免、撤销原判和撤回起诉等形式改判的案例。

《西四街笔记》简要介绍了美国关于冤案的学术研究情况。首要的当是纽约大学亚美法中心,因为该书的内容就是作者参与亚美法研究中心举办的冤案"实习计划"见闻录。在中国人民公安大学听讲座时,笔者见到了亚美法中心组织的一个来自于美国、英国、加拿大和澳大利亚的国际化冤案研究团队,阵容相当"国际范"。《西四街笔记》还专门提到了旧金山大学的 Richard Leo 教授。Leo 教授的专长是进行警察讯问和自白的实证研究,他提出警方的讯问大多是以有罪推定为前提进行的,容易对被讯问者形成物理上或心理上的压迫,致力于让被讯问者承认犯罪。但实际上,警察不需要持有罪推定的心态才能发现案件真相,为此美国近年来发展了一套改进型的讯问方法,称为 PEACE 法,研究显示这套新的讯问方法可以有效减少假自白现象的发生。此外,Leo 教授还专门强调了讯问全程录音录像的重要性。在中国人民公安大学听讲座时,笔者有幸亲耳聆听了 Leo 教授的讲座,体会到了其严谨的学风和丰富的实证研究成果。

四、美国洗冤运动的几点启示

通过罗士翔先生关于美国洗冤运动的观察,笔者对美国洗冤运动产生了许多新认识,几点启示如下:

(一)洗冤运动需要社会组织的广泛参与

美国洗冤运动的突出特点是社会组织的广泛参与,如规模庞大的无辜计划、错案登记中心等都是社会组织，即使有检察官参与的定罪完善小组也有律师、专家学者的参与，社会性明显。在国内，近年来进行的洗冤运动主要由官方主导，目前虽有几家社会洗冤组织，主要由学者和律师发起成立，但发挥作用有限。从长远看，冤案平反不仅是官方机构的事，更需要社会力量的参与，如何发展中国的"无辜计划"并使其有效发挥发现冤案的作用，需要努力。

（二）冤案调查机构需要增强中立性

美国北卡州的冤案调查委员会，虽然是法院倡导成立，但并不属于司法机关，而是一个中立的调查机构。国内的情况是，错案的审查和提起均由法院、检察院承担，而检察机关是原案的指控机关，虽然近年来纠正的冤案是由检察机关刑事申诉部门负责，与负责原案指控的公诉部门具有内部的独立性，但在检察机关层面仍不具有中立性。检察机关内设机构改革后，刑事申诉与再审案件主要由刑事检察部门办理，如何保证办案人员在办理刑事申诉与再审案件时的客观性仍是值得研究的课题。由法院基于申诉人的申诉进行复查并自行启动再审程序来纠正错案，在国内目前为数不少，虽显示了法院的纠错决心，具有实践合理性，但这一做法也有违司法的中立性原理，存在无法回避的法理矛盾。因此，如何增强冤案调查机构的中立性，可否像美国北卡州、英国那样考虑成立一个独立的冤案调查委员会，需要认真研究。

（三）定狱后DNA鉴定制度是发现和纠正冤案的有效途径

美国的无辜计划进行的定狱后DNA鉴定，在发现和纠正冤案上发挥了极为重要的作用。定狱后DNA鉴定意见是一种客观性极强的新证据，足以改变原审生效裁判，美国无辜计划关于定狱后DNA鉴定的一系列制度，更值得研究和借鉴。目前，国内的错案纠正更多是基于原审证据不确实、不充分，以"疑罪从无"原则宣告无罪，而较少地使用定狱后DNA鉴定意见，也不存在一套完整的定狱后DNA鉴定申请和处理制度，这方面的功课亟待补上。

（四）冤案实证研究需要重视

美国学者在研究冤案上大量使用了数据库和实证研究的方法，如通

第十二讲 冤案纠正的比较与借鉴

过错案登记中心的数据对冤案情况和原因进行分析，通过对讯问过程同步录音录像的观察寻找导致有罪推定的因素，从而寻找改善讯问的新方法、新制度。在国内，也有学者开始对错案进行数据分析和案例研究，但对讯问过程等进行实证研究还比较鲜见。相对而言，中国司法实践中还不同程度存在违法讯问甚至刑讯问题，如何防范违法讯问及刑讯问题，保障供述的自愿性，不仅需要诉讼制度的改革，更需要讯问方法的改善，这方面需要中国学者进行实证研究，提出改革建议。

笔者体会，办好刑事申诉与再审案件非常不易。办案者不仅需要精通刑事法律和证据法，还要熟知刑事侦查技术和方法；不仅需要了解国内刑事申诉与再审制度，更需要开阔的思维和广阔的视角。为此，笔者特别筛选了几本国外洗冤类的代表性著作，是为荐，也为记！

注：本部分具体参考书目如下：

1. ［德］汤玛斯·达恩史戴特：《法官的被害人：德国冤案事件簿》，郑惠芬译，卫城出版社2016年版，介绍德国的冤案平反情况。作者是法学博士、著名记者，数十年来持续为德国《明镜周刊》供稿。

2. ［日］秋山贤三：《法官因何错判》，曾玉婷译，魏磊杰校，法律出版社2019年版，介绍了日本的冤案纠正情况。作者曾长期担任法官，现为日本著名的冤案事件辩护律师和冤案问题专家。

3. ［美］吉姆·佩特罗、［美］南希·佩特罗：《冤案何以发生：导致冤案的十大司法迷信》，苑宁宁、陈效等译，顾永忠校，北京大学出版社2012年版，介绍了美国冤案及其纠正情况。作者曾任美国俄亥俄州检察总长，在任期间致力于基因库建设，使许多尘封疑案得到解决，无辜之人得以洗冤。

4. ［加］肯特·罗奇：《错案问题比较研究》，蒋娜译，中国检察出版社2015年版，比较美国、加拿大、英国的错案及复审问题。作者是加拿大皇家学会院士、错案领域最著名的国际学术大师、多伦多大学法学院讲席教授。

5. ［法］勒内·弗洛里奥：《错案》，赵淑美、张洪竹译，法律出版社2013年版，研究法国错案及其原因。作者是法国著名律师。

附录 刑事申诉与再审办案规范索引

一、法律

1. 中华人民共和国刑法（1979年7月1日通过，自1980年1月1日起施行 1997年3月14日修订）

2. 中华人民共和国刑事诉讼法（1979年7月1日通过 1996年3月17日、2012年3月14日、2018年10月26日修正）

二、最高人民法院司法解释和文件

1. 最高人民法院关于全国法院立案工作座谈会纪要（1999年9月8日公布 法〔1999〕186号）

2. 全国审判监督工作座谈会关于当前审判监督工作若干问题的纪要（2001年11月1日公布）

3. 最高人民法院关于刑事再审案件开庭审理程序的具体规定（试行）（2001年12月26日公布，自2002年1月1日起施行 法释〔2001〕31号）

4. 最高人民法院关于规范人民法院再审立案的若干意见（试行）（2002年9月10日公布，自2002年11月1日起施行 法发〔2002〕13号）

5. 最高人民法院关于审理人民检察院按照审判监督程序提出的刑事抗诉案件若干问题的规定（2011年10月14日公布，自2012年1月1日起施行 法释〔2011〕23号）

6. 最高人民法院关于适用《中华人民共和国刑事诉讼法》的解释（2012年12月20日公布，自2013年1月1日起施行 法释〔2012〕21号）

7. 最高人民法院关于充分发挥审判职能作用切实加强产权司法保护的意见（2016年11月28日公布　法发〔2016〕27号）

8. 最高人民法院关于依法妥善处理历史形成的产权案件工作实施意见（2016年11月28日公布　法发〔2016〕28号）

9. 最高人民法院、最高人民检察院、司法部关于逐步实行律师代理申诉制度的通知（2017年4月1日公布　法发〔2017〕8号）

10. 最高人民法院关于印发《人民法院办理刑事案件庭前会议规程（试行）》、《人民法院办理刑事案件排除非法证据规程（试行）》、《人民法院办理刑事案件第一审普通程序法庭调查规程（试行）》的通知（2017年12月11日公布，自2018年1月1日起施行　法发〔2017〕31号）

三、最高人民检察院司法解释和文件

1. 刑事抗诉案件出庭规则（试行）（2001年3月5日公布　〔2001〕高检诉发第11号）

2. 最高人民检察院关于办理服刑人员刑事申诉案件有关问题的通知（2007年9月5日公布　高检发刑申字〔2007〕3号）

3. 人民检察院刑事申诉案件公开审查程序规定（2012年1月11日公布　高检发刑申字〔2012〕1号）

4. 最高人民检察院关于办理不服生效刑事裁判申诉案件若干问题的规定（2012年1月19日公布　高检发〔2012〕1号）

5. 人民检察院办理不服法院生效刑事裁判申诉案件工作指南（2012年7月3日公布）

6. 人民检察院刑事诉讼规则（试行）（2012年11月12日公布，自2013年1月1日起施行　高检发释字〔2012〕2号）

7. 人民检察院复查刑事申诉案件规定（2014年10月27日公布　高检发〔2014〕18号）

8. 最高人民检察院关于充分发挥检察职能依法保障和促进非公有制经济健康发展的意见（2016年2月19日公布　高检发〔2016〕2号）

9. 最高人民检察院关于充分履行检察职能加强产权保护的意见

(2017年1月6日公布 高检发〔2017〕1号)

10. 人民检察院刑事申诉案件异地审查规定（试行）（2017年11月14日公布 高检发刑申字〔2017〕3号）

11. 最高人民检察院关于规范办理涉民营企业案件的11条执法司法标准（2018年11月15日公布）

12. 人民检察院检察建议工作规定（2019年2月26日公布）

13. 最高人民检察院、全国工商联关于建立健全检察机关与工商联沟通联系机制的意见（2019年3月3日公布）

参考文献

一、著作

1. 陈光中：《刑事再审与人权保障》，北京大学出版社 2005 年版。
2. 陈光中主编：《刑事诉讼法》（第六版），北京大学出版社 2016 年版。
3. 陈瑞华：《刑事诉讼的前沿问题》，中国人民大学出版社 2000 年版。
4. 陈卫东：《刑事审判监督程序研究》，法律出版社 2001 年版。
5. 樊崇义：《底线，刑事错案的防范标准》，中国政法大学出版社 2015 年版。
6. 宫鸣、胡卫列主编：《刑事申诉检察业务教程》，中国检察出版社 2015 年版。
7. 胡铭：《错案是如何发生的》，浙江大学出版社 2013 年版。
8. 黄士元：《正义不会被缺席——中国刑事错案的成因与纠正》，中国法制出版社 2016 年版。
9. 焦悦勤：《刑事审判监督程序研究》，法律出版社 2013 年版。
10. 李玉华：《刑事证明标准研究》，中国人民公安大学出版社 2008 年版。
11. 罗庆东、温辉主编，刘小青、郭莉副主编：《刑事申诉检察实务讲堂》，中国检察出版社 2017 年版。
12. 罗士翔：《西四街笔记》，中国台湾地区冤狱平反协会 2017 年版。

13. 潘修平:《最新司法冤案、悬案》,中国政法大学出版社 2015 年版。

14. 孙长永主编:《刑事诉讼法学》(第三版),法律出版社 2016 年版。

15. 孙应征:《刑事错案防范与纠正机制研究》,中国检察出版社 2016 年版。

16. 熊秋红:《转变中的刑事诉讼法学》,北京大学出版社 2004 年版。

17. 张军、陈卫东主编:《新刑事诉讼法教程》,人民法院出版社 2012 年版。

18. 张军、姜伟、田文昌:《新控辩审三人谈》,北京大学出版社 2014 年版。

19. 张军:《刑事错案研究》,群众出版社 1990 年版。

20. 张丽云:《刑事错案与七种证据》,中国法制出版社 2009 年版。

21. 最高人民检察院刑事申诉检察厅编:《精品的魅力——全国刑事申诉检察精品案件选》,中国检察出版社 2017 年版。

22. 最高人民检察院刑事申诉厅编:《〈人民检察院复查刑事申诉案件规定〉条文释义与刑事申诉检察文书制作》,中国检察出版社 2014 年版。

二、论文

1. 陈光中:《古代疑罪处理原则异同反映立法宗旨变迁》,载《检察日报》2018 年 6 月 5 日第 3 版。

2. 陈光中:《以程序正义保护合法产权》,载《人民法院报》2017 年 12 月 30 日第 4 版。

3. 陈卫东、赵恒:《刑事申诉听证制度研究》,载《法学杂志》2016 年第 1 期。

4. 陈卫东:《刑事再审程序的回归与冤假错案的纠正》,载《法制日报》2016 年 4 月 20 日第 9 版。

5. 陈雪芬：《美国刑事申诉、国家赔偿制度考虑及思考》，载《刑事申诉检察工作指导》2015年第2辑，中国检察出版社2015年版。

6. 宫鸣、姜冰等：《美国刑事冤错案件纠防机制考察及思考》，载《刑事申诉检察工作指导》2015年第5辑，中国检察出版社2016年版。

7. 顾永忠：《关于刑事冤案再审程序的几个问题——以刑事冤案应当专设再审程序为研究重点》，载《法学杂志》2016年第1期。

8. 韩大书、杜亚起：《客观公正、依法履职、探索刑事申诉检察监督新领域》（上）、（下），载《刑事申诉检察工作指导》2017年第2辑、第3辑，中国检察出版社2017年版。

9. 何家弘：《错判的认定标准、证明方法及纠正程序》，载《刑事申诉检察工作指导》2014年第1辑，中国检察出版社2014年版。

10. 胡云腾、王连祥：《刑事申诉信访案件司法工作机制创新研究——以最高人民法院第二巡回法庭的实践视角》，载《中国青年社会科学》2018年第2期。

11. 李瑞芝：《刑事申诉案件公开听证程序的路径构建——以聂树斌案公开听证为借鉴》，载《中国检察官》2017年第18期。

12. 李玉华：《刑事审判人权保障40年：理念、制度与细节》，载《人民法院报》2018年9月12日第5版。

13. 刘计划：《刑事冤错案件的程序法分析——以聂树斌案为例》，载《比较法研究》2017年第3期。

14. 刘加云：《故意杀人错案的一般特点及审查重点》，载《刑事申诉检察工作指导》2016年第5辑，中国检察出版社2017年版。

15. 熊秋红：《刑事审判模式下的庭前会议功能定位》，载《人民法院报》2017年6月14日第2版。

16. 熊秋红：《以念斌案为标本推动审判中心式的诉讼制度改革》，载《中国法律评论》2015年3月。

17. 叶青：《论刑事申诉检察官的客观公正义务》，载《刑事申诉检察工作指导》2014年第3辑，中国检察出版社2014年版。

18. 尹伊君、罗庆东、高锋志：《〈人民检察院刑事申诉异地审查规定（试行）〉解读》，载《刑事申诉检察工作指导》2017年第4辑，中国检察出版社2018年版。

19. 赵志刚、刘品新等：《〈关于指派、聘请有专门知识的人参与办案若干问题的规定（试行）〉理解与适用》，载《人民检察》2018年第10期。

20. 钟晋、周瑾：《谦抑性原则何以丈量法定犯的边界——对玉米案等典型案件的再思考》，载《刑事申诉检察工作指导》2017年第2辑，中国检察出版社2017年版。

21. 朱孝清：《错案责任追究与豁免》，载《中国法学》2016年第2期。

三、译著

1. ［德］汤玛斯·达恩史戴特：《法官的被害人：德国冤案事件簿》，郑惠芬译，卫城出版社2016年版。

2. ［日］秋山贤三：《法官因何错判》，曾玉婷译，魏磊杰校，法律出版社2019年版。

3. ［美］吉姆·佩特罗、［美］南希·佩特罗：《冤案何以发生：导致冤案的十大司法迷信》，苑宁宁、陈效等译，顾永忠校，北京大学出版社2012年版。

4. ［加］肯特·罗奇：《错案问题比较研究》，蒋娜译，中国检察出版社2015年版。

5. ［法］勒内·弗洛里奥：《错案》，赵淑美、张洪竹译，法律出版社2013年版。

后　记

　　孔子曰："民无信而不立！"说的是人民的信任系立国之本。如果国家没有公信，就不可能长久。司法公信既是国家公信的重要组成部分，又是国家公信的最后一道屏障，对维护国家公信至关重要。而冤错案件的发生，则对司法公信及至国家公信会产生巨大冲击。刑事申诉和再审办案工作，旨在通过纠正冤错案件修补和恢复刑事司法公信，是以一种特别的方式向社会展示国家厉行法治的决心，根本目的在于预防冤错案件的再次发生，使正义不再迟来。

　　笔者自2015年从事刑事申诉和再审工作以来，对照以前公诉办案工作经历，结合刑事申诉与再审办案实际，对刑事申诉与再审的办案理念、思路、技巧进行了认真观察、思考和分析，本书就是这一学习过程的阶段性结晶。需要强调的是，虽然本书以《刑事申诉和再审办案十二讲》为标题，但笔者真的难称这方面的专家，而只是一名普通的刑事申诉与再审办案的实践者、观察者和学习者。在承办具体的申诉和再审案件时，笔者是实践者；在与其他同事共同办案时，笔者同时又是一个观察者，既参与办案，又以客观视角观察案件的来龙去脉，记录案件的办理过程；更多的时候，笔者是一名虔诚的学习者。四年来，笔者从一名公诉案件承办人、司法改革工作者转变为控告申诉案件承办人，得益于刑事申诉检察厅、第十检察厅各位领导和同事们的谆谆教导和无私帮助，对此笔者感激在心！特别是在本书初稿起草后，厅领导和同事们帮忙审核把关，提出中肯建议，大大提升了书稿的质量！对此要特别感谢杜亚起副厅长、王光月副厅长，马滔主任、姜冰处长和张立新处长！他们多是控告申诉检察工作的"元老级"人员，经验、资历、学识远在笔者之上，本书正是平常请教、交流的心得和记录。所以，从某种程度上讲，这也是一本刑事申诉与再审的检察版"论语"故事，笔者只是一名提问者和记录者！

要特别感谢陈光中先生、陈卫东教授、赵志刚主任百忙中为本书作推荐语，特别感谢熊秋红研究员和我的博士研究生导师李玉华教授为本书作序！各位老师和领导的勉励，是激励在下不断学习、思考和写作的无穷动力！

最后要衷心地感谢中国检察出版社对本书出版所给予的大力支持！

路漫漫其修远兮，吾将上下而求索！作为一名检察人、一名法学博士，我将继续认真观察和思考，积极投身中国的司法实践，秉持司法和学术的良知，为中国的法治事业做出自己的一份努力！

刘文峰
2019 年 6 月 25 日